教育部人文社会科学研究规划基金项目《明清士大夫"书籍之交"研究》，项目编号：19YJA770023

京师史学文库

明清士大夫的
"书籍之交"

张升 著

中国社会科学出版社

图书在版编目（CIP）数据

明清士大夫的"书籍之交"/张升著. -- 北京：
中国社会科学出版社，2025.4（2025.7重印）. --（京师史学文库）.
ISBN 978 - 7 - 5227 - 4856 - 6

Ⅰ. G256.1

中国国家版本馆 CIP 数据核字第 2025P6V316 号

出 版 人	季为民
责任编辑	张 湉 胡安然
责任校对	姜志菊
责任印制	李寡寡

出 版	中国社会科学出版社
社 址	北京鼓楼西大街甲 158 号
邮 编	100720
网 址	http://www.csspw.cn
发 行 部	010 - 84083685
门 市 部	010 - 84029450
经 销	新华书店及其他书店

印 刷	北京明恒达印务有限公司
装 订	廊坊市广阳区广增装订厂
版 次	2025 年 4 月第 1 版
印 次	2025 年 7 月第 2 次印刷

开 本	710×1000 1/16
印 张	16.5
插 页	2
字 数	265 千字
定 价	89.00 元

总　序

北京师范大学历史学科是北京师范大学最早形成的系科之一，由1902 年创立的京师大学堂"第二类"分科演变而来。1912 年称北京高师史地部；1928 年单独设系；1952 年院系调整，辅仁大学历史系并入；1980 年成立史学研究所；2006 年历史系与史学研究所合并，组建北京师范大学历史学院；2018 年古籍与传统文化研究院等部分师资并入历史学院。

北京师范大学历史学院是国内历史学人才培养和科学研究的重镇，学科门类齐全，体系完备，积淀厚重，特色显著，名家辈出，师资雄厚。现有考古学、中国史和世界史三个一级学科，是国内同类学科中最早获得一级学科博士学位授予权及博士后流动站资格的单位之一。其中，中国史为"双一流"建设学科，在全国第四轮、第五轮学科评估中位居 A$^+$ 学科前列；拥有中国古代史、史学理论与史学史两个国家重点学科，教育部人文社科重点研究基地"史学理论与史学史研究中心"、教育部与国家文物局"国家革命文物协同研究中心"、教育部等四部委"铸牢中华民族共同体意识研究培育基地"等研究平台；中国古代史、史学理论与史学史、中国近代文化史、中西历史及文明比较等研究享誉学界。

在北京师范大学百廿年的历程中，经过以陈垣、白寿彝和刘家和等为代表的多代学人辛勤耕耘，历史学科在学术研究方面取得了突出成就。《中国通史》《何兹全文集》《古代中国与世界》《南明史》《清代理学史》《1927—1950 年中英两国关于西藏问题的较量与争论》等一大批优秀成果获得国家级或省部级等奖励，产生了极大的学术和社会反响。

为推动文化繁荣，推进文化自信自强，推动中华优秀传统文化创造性转化、创新性发展，繁荣历史学研究，提升学科建设和研究水平，历史学院特组织"京师史学文库"学术文丛，集中展示北京师范大学历史学科的最新学术研究成果，以飨学林。"京师史学文库"分为考古学、中国史和世界史三个子系列。

本文丛取名"京师史学文库"。按：《尔雅》中注："京：大也"；"师，众也"。在先秦典籍中，"京师"又用来指周天子居住的都城。《春秋·桓公九年》："纪季姜归于京师。"《春秋公羊传》的解释是："京师者何？天子之居也……天子之居，必以众大之辞言之。"北京师范大学源于京师大学堂，位于中华人民共和国的首都，肩负着国家教育事业和学术研究之重任。取名京师，既是简称，也希望学科同人齐心协力，弘学术之大道，惠社会之大众，成京师之大者。

北京师范大学历史学院"京师史学文库"编委会

2023 年 8 月 8 日

目　　录

绪　　论

本书主要探讨明清时期的"书籍之交"（亦可称"书籍社交"），即书籍的社交属性及相关活动。笔者始终认为，古代私家出版主要目的之一是社交。这样一种传统，也影响到现在：很多人拿到新出之著作后，首先想到的是赠送，然后才是其他用途（如果有的话）。明清时期书籍社交发展到了极致，不但有形式多样的活动，而且有各类社交性书籍，如祁彪佳《寓山志》、张潮《幽梦影》及各种书帕本等，值得研究者投入更多的关注。

与西方将商品性当作书籍的第一属性不同，中国传统士大夫更愿意将书籍看作文化、身份的象征，用来阅读、收藏乃至送礼、求名、社交等。可以说，中国古代相当多的书都不是为了买卖而出版的。与此相应，古代书籍流通中非商业性流通比重较大，如传抄、赠书等。促使非商业性流通普遍存在的原因很多，例如，士大夫之间的私人交往多，赠书、相互传抄比较普遍，抄书便宜、方便迅捷，书价一直偏高，商业流通渠道不畅等。那么，如何把握非商业性流通的关键呢？笔者认为，应该从"书籍之交"入手。

所谓书籍之交，是指非商业性的书籍往还，包括借阅、赠送、传抄、交换、征集、鉴赏、临时展示、评点、校阅、题咏、撰写序跋等。在书籍流通中，商业性图书流通的核心是买卖，是钱；而非商业性图书流通的核心是书籍之交，是情。中国古代私家藏书多藏而不借，这是大背景。但是，在此大背景下，书籍之交在一定范围内还是相当活跃与发达的。在熟悉的圈子内，图书不但可以借阅，甚至还可以赠送。可以说，藏而不借、书籍之交这一对矛盾，一直贯穿于整个中国的图书流通史中。相对来说，明清时期的"书籍之交"内容更丰富，形式更多样，相关的材料也更多。本书希望通过对明清士大夫书籍之交作整体考察及深入的个案分析，更准确地考量明清社会书籍传播的方式、广度与深度，并据以探讨其对藏书史、士大夫之日常生活、地方文化等的影响。本书所涉的关键词需要稍作解释：明清时期，主要指明中期至近代以前这段时间（但个别研究会超出此时间范围）；士大夫，包括士子、乡绅以及官僚，即知识分子或读书人之通称；书籍之交，不包括宗教性质、官方性质的书籍往还，前者如佛道经籍、善书的派送，后者如朝廷颁赐书籍、征书等。

一　国内外研究现状分析及存在问题

学界专门从书籍之交或书籍社交的角度来谈明清非商业性图书流通的论著虽然比较少，但与此相关的研究还是比较多的。

（一）书籍社交研究

以书籍社交为主题词从知网上只搜到三篇文章：徐嘉弈《明清之际江南地区藏书家的书籍收藏阅读与书籍社交网络研究——以祁彪佳为例》[1]、李一凡《清遗民藏书家刘承干的书籍社交网络与书籍阅读探析——以〈求恕斋日记〉为例》[2]、张小伙《明清文人的书籍社交——以〈史记〉为中心的考察》[3]。徐嘉弈在梳理与书籍社交相关的概念（如罗伯特·达恩顿所构建的书籍"交流循环"模式及张升提出的"书籍之交"等）之后，将书籍社交诠释为以士人为主导的书籍（其类型包含经典文献、时人著作或自己的作品等）的民间性非商业性流动行为，其方式可大致分为借阅、共读、撰写序跋、赠送、展示等多种形式，并以祁彪佳为例加以说明。李一凡认为，书籍社交大致是指在社会交往中，人们以书籍为媒介、礼物而开展的交流互动，而刘承干的书籍社交方式主要为购买、

---

① 徐嘉弈：《明清之际江南地区藏书家的书籍收藏阅读与书籍社交网络研究——以祁彪佳为例》，硕士学位论文，曲阜师范大学，2021年。

② 李一凡：《清遗民藏书家刘承干的书籍社交网络与书籍阅读探析——以〈求恕斋日记〉为例》，硕士学位论文，曲阜师范大学，2022年。

③ 张小伙：《明清文人的书籍社交——以〈史记〉为中心的考察》，《内江师范学院学报》2024年第5期。

赠书、借阅。张小伙并没有对书籍社交作解释，但以具体的事例论证了书籍社交的表现（包括寻购、校勘、抵押置换等活动），丰富了我们对书籍社交方式的认识。

当然，有些论著没有直接提到书籍社交一词，但其内容与书籍社交亦密切相关。例如，孟艳芳《人情、学术和共享：图书的社交功能、实践及启示》一文①，通过对历史和当下社会中与书籍有关的文化现象进行观察与梳理，探究书籍在人类社交实践中的角色与地位，发现书籍在人情往来、学术交流、互动共享过程中发挥着重要作用。陈冠至提出藏书集团的概念，以描述藏书家的社交圈子②。徐雁平则提出书籍社会的概念，以论述民间士人的图书交流活动③。冯国栋《"活的"文献：古典文献学新探》认为："文本性、物质性、历史性与社会性是文献最重要的四个性质。"并指出："书籍、金石拓本常作为礼物在朋友之间传递，成为一种重要的交际物品。……从宋代御书、御集的例子可以看出，文献并非仅通过阅读产生其社会功能。作为'礼物'，文献书籍在不同的人群中交流，从而实现了情感沟通与信息传递的双重功能。"④

相对来说，西方学界比较多也比较早关注书籍的社交属性。西方早期阅读史表明，阅读是公共性的行为，充分展示了书籍的社交属性。例如，汤姆·斯丹迪奇《从莎草纸到互联网：社交媒体2000年》第二章"罗马时代"主要讨论古罗马时期书籍社交的具体表现："在古罗马时代，书籍也和新闻及传言一样，借人们在社交关系网内互相分享而得以传播"；"书的抄本在社交关系网内流传，并帮助强化关系网内成员的联系。用历史学家雷克斯·温斯伯里（Rex Winsbury）的话说，如此分享散文和诗歌是'把上层阶级聚在一起的社会黏合剂'的一部分"⑤。罗杰·夏蒂埃

---

①　孟艳芳：《人情、学术和共享：图书的社交功能、实践及启示》，《中国出版》2023年第19期。

②　陈冠至：《明代的江南藏书：五府藏书家的藏书活动与藏书生活》，明史研究小组2006年版，第300页。

③　徐雁平：《清代的书籍流转与社会文化》，南京大学出版社2021年版。

④　冯国栋：《"活的"文献：古典文献学新探》，《中国社会科学》2020年第11期。

⑤　参见［英］汤姆·斯丹迪奇《从莎草纸到互联网：社交媒体2000年》，林华译，中信出版社2015年版，第50、52页。

《书籍的秩序——14 至 18 世纪的书写文化与社会》指出:"高声朗读便有两个功能:一是将文本传达给不识字之人,二是巩固大大小小聚会的人际关系——家中成员的亲密,上流社会的亲和以及文人间的默契。"① 阿比盖尔·威廉姆斯《以书会友:十八世纪的书籍社交》② 认为,在十八世纪的英国,由于印刷业的蓬勃发展,在家庭聚会等活动中朗读书籍成为流行的社交方式,且"社交性阅读"催生了书籍的文本和形态变化,如出版商专门为方便当众朗读提供了选本、节本和小开本等。

(二) 明清非商业性图书流通研究

曾主陶认为,借阅、赠送是古代文献流通的辅助形式③。花家明认为,中国古代书籍的流通经历了官书垄断、抄写传播和印刷传播三种主要形式的演变④。李杰认为,古代文献流通形式主要有借阅、文献的师传与中外交流、佣书与贩书、石刻与捶拓这几种⑤。以上对流通方式的综括过于简单,且概括得不够全面,笔者认为,明清民间社会书籍之交包括赠送、借阅、临时展示等一般方式,以及图书流通协议(藏书约)、祭书、书帕赠送、私家征书等特殊方式。

关于某一类非商业性图书流通方式的研究,主要有以下四类。

第一类,借书。藏书家自古以来最为引人注目的一种性格特征,便是对于自己的收藏秘不示人。这在《中国藏书楼》《中国藏书通史》中有比较多的论述。周少川认为,明清两代,虽然私秘的风气不减,但藏书公开的观念也在不断深入人心,一些藏书家以慷慨借书为美德⑥。汲言斌认为,明末清初学者曹溶《流通古书约》提出了古书传抄互借的流通之法,

---

① [法]罗杰·夏蒂埃:《书籍的秩序——14 至 18 世纪的书写文化与社会》,吴泓缈、张璐译,商务印书馆 2013 年版,第 92 页。
② [英]阿比盖尔·威廉姆斯:《以书会友:十八世纪的书籍社交》,何芊译,北京大学出版社 2021 年版。
③ 曾主陶:《中国古代文献流通管理(三)·文献流通的辅助形式:借阅与赠送》,《图书馆》1991 年第 6 期。
④ 花家明:《文化传播视野中的中国古代书籍的流通形式》,《图书馆论坛》2007 年第 2 期。
⑤ 李杰:《我国古代文献流通形式初探》,《山东图书馆季刊》1996 年第 3 期。
⑥ 周少川:《藏书与文化:古代私家藏书文化研究》,北京师范大学出版社 1999 年版,第 281 页。

在我国首次以文字的形式倡导图书开放的思想①。与借书相关的是抄书。董火民认为明清是抄书活动的高峰，如小说、话本等的抄写比较活跃②。王建国认为，明代北京存在普遍的民间抄书活动，而刻书价格高、坊刻讹误多、被禁书籍多等因素是抄书兴盛的缘由，并指出抄书是图书流通不可或缺的一个环节③。

第二类，赠书。王国强以《金瓶梅词话》和《醒世姻缘传》为例，讨论了"书帕本"的真相，纠正了前人记载的失误④。曹之主要依据《四库全书总目》所收书帕本的情况探讨了书帕本存在的问题⑤。郭孟良指出了晚明"书帕"异化为金钱的现象⑥。汪小虎详细讨论了明代的颁历仪式、向封藩颁历、向朝鲜颁历、普通官民的历书供应情况以及财政问题等方面内容，其中涉及不少历日赠送之事⑦。此外，周中梁指出了明代大统历日主要通过官方颁赐、私人馈赠和商业销售三条渠道流通，认为历日是官场上常见的礼物⑧。陈冠至亦认为，在藏书家之间的礼尚往来当中，书籍往往是首选的礼品⑨。图书对外交流中的一些赠书现象，在朝鲜求书研究、中日书籍之路研究多有涉及，亦展现了中外士大夫书籍之交一个面向⑩。

第三类，私家征书。明清时期，士大夫、书坊时有征稿（书）之举，其中士大夫之征稿（书）多涉书籍之交。不过，学界只关注书坊之征稿。尽管如此，相关研究对考察士大夫征稿（书）之方式与效果仍有一定的

---

① 汲言斌：《曹溶与〈流通古书约〉》，《图书馆工作与研究》2012 年第 7 期。

② 董火民：《中国古代抄书研究》，博士学位论文，山东大学，2011 年。

③ 王建国：《明代北京的民间抄书活动》，《北京社会科学》2004 年第 3 期。

④ 王国强：《从〈金瓶梅词话〉看明代的"书帕"本》，《图书馆研究与工作》1987 年第 4 期。

⑤ 曹之：《"书帕本"考辨》，《图书情报知识》1989 年第 1 期。

⑥ 郭孟良：《书帕略说》，《寻根》2010 年第 2 期。

⑦ 汪小虎：《明代颁历制度研究》，博士学位论文，上海交通大学，2011 年。

⑧ 周中梁：《明代大统历日的流通方式》，《辽宁工程技术大学学报》（社会科学版）2012 年第 6 期。

⑨ 陈冠至：《明代的江南藏书：五府藏书家的藏书活動與藏書生活》，明史研究小组 2006 年版。

⑩ 杨雨蕾：《燕行与中朝文化关系》，上海辞书出版社 2011 年版；王勇等：《中日书籍之路研究》，北京图书馆出版社 2003 年版。

参考价值。如袁逸认为，明清书坊竞争激烈，故多征稿①。程国赋认为，明清坊刊小说稿件来源之一即为征稿②。法国学者戴廷杰认为，张潮在编书过程中常发布征启或书函以征稿③。

第四类，祭书。黄裳认为，祭书与知识崇拜有一定的关系④，而胡先媛认为，祭书与尊祖敬宗思想有一定的关系⑤。其实，祭书应分为两种，一种是例行的祭书，祭的是司书之神；一种是特殊的祭书，祭的是珍贵的图书。这后一种祭书在明清时期往往衍化成以临时性展示与鉴赏图书为主要内容的士大夫雅集，体现了书籍之交的特点。

（三）明清士大夫交往研究

关于明清士大夫交往的研究比较多，以下主要谈谈与书籍之交比较密切的几个方面。

其一，士大夫关系网。明清士大夫关系网最突出的表现为：在朝为党，在野为社。关于党社的研究，比较有代表性的如谢国桢《明清之际党社运动考》、陈宝良《中国古代的社与会》、何宗美《明末清初文人结社研究》及《续编》⑥。这些研究既有助于研究者梳理士大夫关系网，也有助于查考哪些社盟（如钞书社、读书社等）涉及书籍之交。

其二，士大夫交往礼仪。陈宝良详细介绍了明代士人交往的各种礼仪⑦。英国学者柯律格综述了西方送礼理论，并通过对文徵明的个案考察，指出其大多数书画作品都是应酬性的礼物（雅债，Elegant Debts）⑧。

---

① 袁逸：《古代的征文征稿》，《光明日报》2000 年 6 月 28 日第 B3 版。

② 程国赋：《明代坊刊小说稿源研究》，《文学评论》2007 年第 3 期。

③ ［法］戴廷杰：《雅俗共融，瑕瑜互见——康熙年间徽州商籍扬州文士和选家张潮其人其事》，载［法］米盖拉、朱万曙主编《徽州：书业与出版文化》，《法国汉学》第 13 辑，中华书局 2010 年版。

④ 黄裳：《祭书》，《读书》1980 年第 4 期。

⑤ 胡先媛：《祭书与尊祖敬宗》，《中国典籍与文化》1997 年第 4 期。

⑥ 谢国桢：《明清之际党社运动考》，辽宁教育出版社 1998 年版；陈宝良：《中国的社与会》，中国人民大学出版社 2011 年版；何宗美：《明末清初文人结社研究》，南开大学出版社 2003 年版；何宗美：《明末清初文人结社研究续编》，中华书局 2006 年版。

⑦ 陈宝良：《明代社会生活史》，中国社会科学出版社 2004 年版。

⑧ ［英］柯律格：《雅债：文徵明的社交性艺术》，刘宇珍、邱士华、胡隽译，生活·读书·新知三联书店 2012 年版。

其所述的送礼理论对本研究有重要的参考价值。可以想见，与书画作品相类，在明清社会中书籍也常常是应酬性的礼物。

其三，士大夫交往与地方文化。江庆柏认为，苏南地区的书籍交流十分活跃，促成了当地注重文化的大环境①。徐雁平以《管庭芬日记》为依据，从文人群体的书籍往还、赠书、小戏曲流通等方面论证了清代道咸两朝江南书籍社会的形成②。

（四）新书籍史研究

从20世纪五六十年代始，西方兴起了文献学与史学等其他学科相结合的书籍史研究。与传统的书籍史相比，新兴的书籍史注重将其视为整体史的一部分，更注重用社会史、文化史的方法来研究书籍，并且注重开发以往书籍史涉猎较少的领域（如传播、阅读等），进而通过书籍来研究社会、历史。因此，学术界把这种书籍史称为新书籍史，或直称为书籍社会史。其中一些学者利用这一研究思路来研究中国书史，取得了很好的效果。何朝晖认为其必将对中国书史研究在理论和方法上产生深刻的变革③。其中代表性的成果有：包筠雅《文化贸易：清代至民国时期四堡的书籍交易》，从一个在国内较少人关注的四堡的刻书入手，分析了其刻书之风的形成、销售路径、刻书种类等。周启荣《中国前近代的出版、文化与权力：16—17世纪》，探讨了书籍出版在明代的地位、科举考试与出版的商业化等问题。周绍明《书籍的社会史——中华帝国晚期的书籍与士人文化》，探讨了从宋代到清中叶雕版印刷业兴盛时期的书籍生产、发行、阅读、流传等各个方面的内容。贾晋珠《谋利而印：11至17世纪福建建阳的商业出版者》，通过对宋、元、明时期福建建阳民间坊刻作个案研究，探讨了这一地区书籍出版的具体流程、图书贸易、与江南经济圈的关系，以及不同社会阶层读者的阅读取向等问题。戴思哲《中华帝国方志的书写、出版与阅读：1100—1700年》，揭示了中国古代方志的流通渠道与阅读群体。大木康《明末江南的出版文化》，从印刷技术、原料供

---

① 江庆柏：《图书与明清苏南社会》，《中国典籍与文化》1999年第3期。

② 徐雁平：《〈管庭芬日记〉与道咸两朝江南书籍社会》，《文献》2014年第6期。

③ 何朝晖：《对象、问题与方法：中国古代出版史研究的范式转换》，《中国出版史研究》2017年第2期。

给、读者需求等几个方面考察了明末江南出版业的兴盛。井上进《中国出版文化史》，宏观分析了书籍出版与学术文化发展之关系。何予明《家园与天下——明代书文化与寻常阅读》，以独特的视角关注明朝笑话、酒令、戏曲杂书、通俗类书等时尚读物的生产与消费①。

学界在新书籍史的影响下，推出了许多新成果，其中与本研究最相关的是南京大学文学院最新推出的作为"中国古代文献文化史"系列著作中的赵益《中国古代文献：历史、社会与文化》、俞士玲《明代书籍生产与文化生活》、徐雁平《清代的书籍流转与社会文化》②。上述著作从诸多方面推进了明清书籍史研究，展示了明清时期民间图书流通的多重面向和丰富内涵。

总之，以往相关研究已取得丰富的成果，为本研究提供了很多启发。不过，以往的研究也存在三点不足。其一，对非商业性图书流通的特殊方式（如图书流通协议、祭书、私家征书等）缺乏深入的研究。其二，对非商业性图书流通的影响（深度与广度）认识不足。例如，学者多注意到书帕、历日赠送，而较少关注民间社会里士大夫日常交往中普遍存在的以书为礼现象。其三，对明清非商业性图书流通缺乏整体性、贯通性的研究。因此，本研究希望利用"书籍之交"的概念，对明清士大夫非商业性图书流通进行整体考察。

---

① ［美］包筠雅：《文化贸易：清代至民国时期四堡的书籍交易》，刘永华、饶佳荣等译，北京大学出版社 2015 年版；［美］周启荣：《中国前近代的出版、文化与权力：16—17 世纪》，张志强等译，商务印书馆 2023 年版；［美］周绍明：《书籍的社会史——中华帝国晚期的书籍与士人文化》，何朝晖译，北京大学出版社 2009 年版；［美］贾晋珠著，李国庆统校：《谋利而印：11 至 17 世纪福建建阳的商业出版者》，邱葵等译，福建人民出版社 2019 年版；［美］戴思哲：《中华帝国方志的书写、出版与阅读：1100—1700 年》，向静译，上海人民出版社 2022 年版；［日］大木康：《明末江南的出版文化》，周保雄译，上海古籍出版社 2014 年版；［日］井上进：《中国出版文化史》，李俄宪译，华中师范大学出版社 2015 年版；何予明：《家园与天下——明代书文化与寻常阅读》，中华书局 2019 年版。

② 赵益：《中国古代文献：历史、社会与文化》，南京大学出版社 2022 年版；俞士玲：《明代书籍生产与文化生活》，南京大学出版社 2022 年版；徐雁平：《清代的书籍流转与社会文化》，南京大学出版社 2021 年版。

二　本书的主要内容

书籍之交的一个重要前提是私家刻书（"寿之梨枣"）之普及。或者说，真正实现书籍之交是因为刻书的普及，尤其是私家刻书之普及，因为以抄本来赠送毕竟比较困难。晚清俞樾屡屡刻印自己的著作或诗文以赠人，并在书信中解释这是"刻以代钞"，即是此意。

私家刻书之普及，带来的是私家藏板之普遍。这一现象，以前甚少关注，因为传统文献学往往只关注藏书。私家藏板体现了中国古代图书出版的一大优势——书籍可以随时刷印。如前所述，私家印书其实主要是为了赠送，而私家藏板可以在很大程度上保证赠书是可持续性的、长久的。可以说，私家藏板大大拓宽了搜书之道，为搜书提供了多种可能性。例如，以成书相赠，出工本钱索赠，自备纸张来刷印，租板印刷，甚至出售板片等。其中，书板租赁是书板利益最大化的体现。有这种机遇的书板并不会太多，但对于特定地方和特定人物而言，则有可能比较多，如江南地区、名人之书板。因此，赁板印刷展示了书籍之交的另一个面向。

明清时期是传统社会中书籍出版、流通的繁盛时期，因而士大夫书籍之交最为普遍。士大夫书籍之交的最主要形式就是以书为礼。也就是说，士大夫间相互赠送图书是当时书籍之交的最主要方式。赠书是人情社会的体现，是礼物交换的一种形式，其既有现实收益，也会有预期收益，因此，士大夫都乐于赠书。就大多数私家著述、刻书而言，书籍就是为了赠送而出版的。

但是，赠书也是有成本的，因此会出现前述的出工本钱、自备纸张等折中做法。士大夫在赠书时，必然会考虑收益与成本的平衡。在一定意义上说，这种平衡是好名与好利的平衡。对于以求名为主的清初出版家张潮而言，其赠书虽然广泛而慷慨，但也无法做到对所有的索赠都"来者不拒"。因此，他不但在信中明确表示拒绝两类不合情理的索赠：一为屡索，一为多索。而且，他还在其所编丛书凡例中声明"人人如取如携，在在伤廉伤惠"，以婉拒那些不合情理的索赠。

张潮的婉拒有其"合理"的成分，但在传统人情社会里，则多少有些不"合情"，尤其是张潮这样做可能还包含自我宣传与营销策略的考虑。那么，怎么将书籍之交做到既合理又合情呢？曹溶《流通古书约》提供了一个示范。在对等条件下（三同原则），藏书家（士大夫）可以互抄双方需要的图书。《流通古书约》实际上是藏书家互通有无的交流协议，代表着先进、开放的理念，且有着简便明确的操作方法。更为重要的是，该约并不是曹溶所寄托之空想，而是被其多次付诸实施。

除了赠送与互相借抄，明清士大夫的书籍之交还有多种方式，这在陆陇其的搜书之道上有集中体现。陆陇其授徒讲学、应试履任，更历南北，所至常有书籍往还。其传世日记、年谱、文集及藏书目等材料可以互证、互补，充分展示了借、还、阅、示、赠、购等多种图书交流方式，有助于笔者综合考察清初士大夫的搜书之道。

近些年域外文献搜集、整理与研究的新进展，让笔者有更多的机会了解书籍流通中的域外之交，进而思考西方"知识共同体"与东亚汉文化圈内士人"书籍之交"的联系。笔者从 1995 年发表《明代的外交赐书》起，一直关注中朝、中日图书交流问题，其中一些研究成果写成《明代朝鲜的求书》《纪昀致朝鲜使臣书信四通辑考》《纪昀与〈白田杂著〉》《关于〈论语集解义疏〉流传的三个问题》等论文，另外一些研究成果写入了《历史文献学》第三章第四节"图书的对外流通"中，这里所收即是其中一部分。

本书结语部分是笔者与学生就明清民间社会的"书籍之交"所作的讨论。这个讨论比较集中地反映了笔者关于"书籍之交"的理解。

附录部分所收是不便归入上述各章但与书籍之交有或多或少关联的文章，共两篇：《祭书小考》《晚明清初江南征稿之风初探》。这两篇从不同的角度对前述各章所论起到参证互补的作用。

第一章　寿之梨枣

　　清代著名小说《歧路灯》第九十五回载，谭观察对谭绍闻说："我们士夫之家，一定要有几付藏板，几部藏书，方可算得人家。"① 这句话揭示了明清时期士大夫家庭的两个普遍现象：藏书与藏板。关于前者，大家都能理解并比较熟悉，而关于后者，大家则不一定能理解：难道明清士大夫家都藏有几副书板吗②？这其实是学界长期以来只重视研究私家藏书而不重视研究私家藏板造成的③。有鉴于此，本章拟初步探讨明清私刻书板的保存，以期引起学界重视。

　　明清士大夫常私刻著述，且所刻多为家族成员之著述，又以别集类为主。因此，欲考察明清私家藏板，最佳方案是广泛搜集别集类文献的版本信息。崔建英《明别集版本志》收录这方面材料颇丰，本章即据此展开讨论④。今从《明别集版本志》中觅得 148 条有关板片存留时间的例子，这些例子所涉之书板大部分刻于明代，小部分刻于清初（顺治、康熙年间，

---

　　① 李绿园著，栾星校注：《歧路灯》，中州古籍出版社 1998 年版，第 698 页。

　　② 《歧路灯》的作者为清朝乾隆年间河南人，但小说故事以明代为时代背景的。

　　③ 笔者目前还没发现对明清私家藏板作专门研究的论著。不过，关于图书馆等现藏书板状况的文章倒是有一些，对本章写作有一定的参考价值，参见王水乔《云南省图书馆所藏版片概述》，《文献》1990 年第 3 期；琚青春《河南省图书馆馆藏木刻书版考略》，《河南图书馆学刊》2013 年第 4 期；李彦《国内现存古代雕版需建立"家谱"》，《中国新闻出版报》2013 年 10 月 23 日第 6 版；刘洪权《当代中国的版片保护历程与现状研究》，《大学图书馆学报》2015 年第 5 期。这些文章提供了一些图书馆、博物馆等机构所藏明清书板的数量（如宁波天一阁博物馆藏有明清书板一千余片）。但是，这些书板相对于明清曾刊刻的书板而言，只是九牛一毛。那么，绝大多数的明清书板都去哪里了呢？这也是本章写作的动机之一。

　　④ 崔建英辑订，贾卫民、李晓亚参订：《明别集版本志》，中华书局 2006 年版。

1644—1722），相关书板保存时间，上起明初，下至清中叶，基本能反映明清私刻书板的普遍情况。今按板片保存状态将这148条例子分为四类，并作统计分析：其一，全失；其二，损坏严重，指损坏、丢失书板一半以上者；其三，损坏不太严重，主要指原板需补修，但损失量一般不到原板的一半者；其四，基本完好，主要为以原板直接重印，或因原板轻微损失而补修者。为了便于统计分析，也为了慎重起见，这里需要说明几点。首先，可能会有个别误收。例如，有个别例子无法完全确定其为官刻或家刻，但考虑其为家刻的可能性大而收入。其次，以上涉及原板保存时间的例子，往往涉及的是那些重刻、补修或重印的别集，而这些别集大多比较有名（相对而言），或者其作者的家族经济状况比较好，因此，这些别集板片的保存相对会更好。也就是说，其他更多的别集板片的保存比本章所述的情况可能更差。再次，板片保存所涉时间范围为明初至清代中期。其中改朝换代对板片保存影响比较大，需要特别注意。最后，板片的保存时间，有的是可以明确考知的，但大多数情况下只能考证出一个范围值。例如，研究往往以重刻或补修的时间作为判定某一副板片保存状态（如残缺）的时间节点，但是，该板片的保存状态（如残缺）有可能在此时间节点之前即已存在，因此，该板片的保存状态应理解为此时间节点以前而且接近于这一时间节点的状态。此外，本章所讨论的板片保存时间范围，并不是板片保存时间的最大范围。例如，有的板片保存了200多年，并不是说其只能保存200多年，而是因为现有材料只是提供了这样一个时间范围。

一 书板全失

表 1 - 1　　　　　　　　　　　全失书板表

书名	原板状况	毁失原因	保存时间	资料来源（《明别集版本志》）
汲古堂集	毁		未几	第 233 页
张南湖先生诗集	毁	火	6 年	第 163 页
湘中草（1）[①]	失	为偷儿窃去殆尽	11 年	第 412 页
吴歈小草	散毁	兵燹	约 10—20 年	第 620 页

---

① 该书不止一个版本，故在书名后标序号以示区别。下表同。

书名	原板状况	毁失原因	保存时间	资料来源 （《明别集版本志》）
檀园集	毁废	兵燹	约10—20年	第439页
林登州遗集	失	兵燹	约10—20年	第562页
四照堂文集、诗集	失	是刻为汉卓携入蜀失去	21年	第797页
湘中草（2）	毁	为乱民所掠	22年	第412页
仰节堂集	不存	兵燹	25年	第623页
梓溪文钞	毁	回禄	20余年	第785页
留省稿	毁	倭寇	约30年以内	第26页
吴文恪公文集	毁	兵燹	33年以内	第289页
岘泉集	毁	兵	约40年	第169页
螯芝集	尽失	改革以来	约40年	第181页
石仓诗稿	片简无存	海寇焚掠	50年以内	第628页
商文毅公集	毁	入清之初毁于寇	约50年	第23页
西楼全集	毁	不意西楼近毁（火灾），藏书一空	55年以内	第212页
赐余堂集	散佚	鼎革后	约50—60年	第291页
杨文懿公文集	散佚	家数被灾	68年以内	第581页
杨文敏公集	毁	回禄	约70年以内	第593页
丽奇轩文集	散失无存		近80年	第331页
自娱集	散失	兵燹	81年以内	第756页
竹居诗集	散失		88年以内	第74页
瓯甄洞稿	毁	融风为灾（火灾）	90年以内	第292页
洨滨蔡先生文集	毁	兵火	97年	第548页
八厓集	无存	兵燹（鼎革之际）	约110年以内	第730页
浒东先生文集	毁	中更兵火	117年以内	第163页
绿波楼集	不存	兵火	119年以内	第174页
康对山先生集	失	兵燹	130年以内	第25—26页
荷亭文集	毁	燹	139年以内	第227页
宋文宪公全集	无存		158年以内	第361页
贞白先生遗稿	散佚		185年以内	第300页
杏东先生文集	不存	兵燹	188年以内	第54页

续表

书名	原板状况	毁失原因	保存时间	资料来源 (《明别集版本志》)
西村集	尽毁失	兵燹后	218 年以内	第 618 页
孙月峰先生全集	亡		220 年以内	第 204 页
葛端肃公文集	亡		220 年以内	第 527 页
圭山近稿	散失	时间久	227 年以内	第 165 页
张太岳先生文集	亡	镌版久亡	267 年以内	第 185 页

以上共 38 条,约占总条目的 26%。其中保存时间最长的是 267 年以内,但该条说"镌版久亡",即在此之前书板早已亡佚。保存时间最短的为 6 年(还有一条是"未几",但不好判断其具体保存时间)。因此,大致可推断在 6 年至 267 年的时间内,约四分之一的书板会全失。这个比例是比较高的,是否合理?需进一步分析造成全失的原因。

据表 1-1 可知,全失原因为战乱(兵、寇、改革、鼎革)① 的,共 20 条;为火灾的,共 5 条;为其他的,共 13 条。显然战乱是最主要的原因,其中相当一部分指明末清初的战乱。上述书板全失的主要原因之一是明末清初的战乱,这毕竟比较特殊,因为明清的书板不一定会经历明末清初时期,因此,上述比例是否合理?明末清初战乱持续时间较长(约从明天启年间至清康熙年间,1621—1722),而本章讨论的书板大部分刊刻于明代中期以后至清代康熙年间(1662—1722),经历了明末清初时期。大致可以这样认为,书板经历明末清初时期,全失的可能性应超过 26%;而不经过此一时期,全失的可能性会低于 26%。综合来看,约 26% 的全失比例基本合理。

上述比例固然有合理之处,但仍嫌笼统,还可进一步分析。以上条目中,100 年以内全失的占 25 条,其中 10 年以内全失的只有两条,全失的原因应该属于意外;10 年以上至 100 年全失的有 23 条;100 年以上全失的有 13 条,而全失的表述绝大多数是"久亡",即在此时间节点之前书板久已不存。据此可推断,表 1-1 中所列之书板大部分是 100 年以内全失的。

---

① 改革、鼎革,指明清易代,而在谈书板损坏原因时实际上指的是战乱。

综上述，约26%的书板会在267年内消失，其中大部分在100年内消失。其消失的原因主要是战乱与火灾，尤以前者为主。明末清初的战乱对书板毁失的影响较大。

二 书板损坏严重

表1-2 损坏严重书板表

书名	原板状况①	损坏原因	保存时间	资料来源 （《明别集版本志》）
梦泽集	残失又已过半 （增修）	原版曾入他人 之手，后赎归	12年	第73页
鲁文恪公文集	刻板散失者十五		21年	第331页
林初文先生诗选	磨灭	久	21年	第561页
许钟斗文集	渐秃		29年	第64页
了庵诗集	曼（漫）漶		29年	第796页
石门集	缺	岁久	约30年	第392页
兼山集	日就湮蚀		35年	第573页
逊志斋集（1）	朽敝	时间久	39年	第10页
逊志斋集（2）	漫漶		40年	第9页
一峰先生集	蚀而败		40年	第641页
增定太白山人漫稿	仅存者什之一	岁久业荒， 悉以饱蚁鼠之腹	42年	第194页
西园诗集	已毁大半（增修）	乙酉兵燹	46年	第60页
中丞马先生文集	补修（尚缺大半）	偶于书肆中 得残版，仅百 余页，尚缺大半	约48年	第659页
解文毅公集	渐成蠹简		49年	第323页
备忘集	毁缺，约缺一半 （补修）	时值变迁	40余年	第423页
苏门集	渐蚀		55年	第14页
去伪斋文集	残毁		57年	第636页
改亭诗集、文集	蟫蠹	缄縢不慎	50余年	第793页

---

① 重刻、补修或增修，在一定程度上也反映了原板保存状态，所以在括号中表示。以下各表类此者，均表此意。

续表

书名	原板状况	损坏原因	保存时间	资料来源 (《明别集版本志》)
苏平仲文集	朽失过半	历年既久	62 年	第 512 页
五岳山人集	存者十三 (补修)	多历年所, 为风雨虫鱼 所蠹废者十七	约 64 年以内	第 547 页
十科策略笺释	板多散轶	久	68 年以内	第 672 页
澹然居士文集	残阙,百无一二	久	约 77 年	第 719 页
屠康僖公文集	漫漶	岁久	96 年	第 743 页
高忠宪公诗集	漫漶		约 100 年	第 20 页
潜学稿	剥蚀殆尽(补修)	板且数易	104 年	第 208 页
世经堂集	散佚十已八九, 所仅存者亦复字 迹漫漶,甚至不 可别识。……计 补刻共一千一百 余页(补修)	历年既远, 中更兵燹	108 年以内	第 348 页
碧山学士集	漫漶		约 110 年	第 540 页
林次崖先生集	漫漶		约 141 年	第 566 页
编蓬集	其中遗失者 十之三,破坏者 十之八(补修)		约 141 年	第 30 页
瑞阳阿集	率多漫灭	时日既久	149 年	第 365 页
兰汀存稿	残缺	于世已久;兵燹	156 年	第 394 页
曾西墅先生集	漫灭	岁久	159 年	第 761 页
溪田文集	梨枣之存 仅有其半(增修)		163 年	第 655 页
北海亭诗集 四卷文集四卷	枣梨剥蚀	旧有刊本,日久 枣梨剥蚀,先君 子欲覆刊而未逮	185 年以内	第 3 页
洞麓堂集	漫灭	历岁已久,家藏 原板漫灭,先世 志念重锓未果	190 年以内	第 215 页
汲古堂集	漫漶散佚		100 余年以内	第 233 页

　　以上共 36 条,约占总条目的 24%。显示在 12 年至 190 年之间,约四

分之一的书板会严重残缺。需要注意者，"190 年以内"条云："历岁已久，家藏原板漫灭，先世志念重锓未果。""185 年以内"条云："旧有刊本，日久枣梨剥蚀，先君子欲覆刊而未逮。"可见书板在各该时间节点前早已残缺。据表 1-2 可知，残缺的原因有：战乱（共 4 条），时间久（共 16 条），缄縢不慎（1 条），其他（20 条）。这些条目的相关记载表明，"其他"主要指时间久和保管不善。可见战乱、火灾的影响不大，时间久、保管不善才是书板残缺的主要原因，时间久尤为主要，因为书板残缺的主要表现是字画漫漶，而字画漫漶往往是书板历时久的典型特征。

书板保存多长时间才可称之为久呢？表 1-2 书板"时间久"的条目中，保存时间最短的是 21 年。书板保存 20 年以上，一般就被认为时间久了，其中有缺损即属正常现象。据此可推断：如果无特殊情况，保存时间在 20 年以内，书板应基本完好；20 年以上，书板会多有残缺，越往后越严重。换言之，书板在 20 年以内如失毁或缺坏严重，多半是特殊原因造成的；20 年之后，如要重印，则多需修板，不修板即重印者较少。例如，表 1-2 第一条，书板在 12 年内即损失过半，显然是特殊原因造成（原板曾流入他人之手，然后才赎归）。

表 1-2 保存时间在 20 年以内者只有一条，为特例。在 20 年至 190 年间者共 35 条（其中 20 年至 100 年间者共 23 条，占大部分），应是普遍情况。因此，书板保存 20 年以上，残缺的可能性就较大。这与前述"20 年以上"即为"时间久"的现象正可印证。

综上述，在 20 至 200 年内，约 24% 的书板严重损坏。20 年应该是一个时间节点，在此之前，书板的保存问题不大；在此之后，其逐渐发生较为严重的损坏。书板历时 20 年以上即被认为"时间久"，有缺损属正常现象，缺损的主要标志之一为字画漫漶。

三 书板损坏不太严重

表 1-3　　　　　　　　　　损坏不太严重书板表

书名	原板状况	损坏原因	保存时间	资料来源（《明别集版本志》）
康德瞻集	亡其少半	印房壁坏	1 年	第 25 页

书名	原板状况	损坏原因	保存时间	资料来源 (《明别集版本志》)
衡庐精舍藏稿	蠹者几半（补修）		11 年	第 601 页
为可堂初集	板多散失， 尚存什六（增修）	甲申流寇之变， 举家移澄溪	15 年	第 807 页
纺授堂集	（补修）	灾于回禄	17 年	第 761 页
高太史大全集	字画漫灭（补修）	历岁滋久	19 年	第 17 页
空同集	散失（增修）		20 年	第 443 页
备忘集	补修		约 20 年	第 423 页
王考功诗文集（1）	亡其十之二三（补修）		22 年	第 80 页
南坞集	脱简者什有一二， 而字画漫灭， 目号芟落者殆几 百余焉（补修）	叨荫縻宦京朝， 兹板遂失珍收， 间有涣轶	25 年	第 150 页
金文靖公集	板成错落， 遂失其全（补修）	求者门无虚日， 印者手无停工	约 25 年	第 753 页
陶庵文集	增修		27 年	第 538 页
鸿宝应本	凡文中尾尽缺无存， 甚而正张多所散失 （补修）		29 年以内	第 316 页
湖上编（等）	丧失板若干块 （补修）	舅氏屋屡徙	约 30 年	第 173 页
王考功诗文集（2）	（补修）	群痴烘燎	33 年	第 80 页
梦蕉存稿（1）	脱遗蠹朽（补修）		35 年	第 421 页
虚舟集	板缺（补修）	年久	约 37 年	第 79 页
海隅集	板渐漫漶， 文多剥蚀（补修）	日侵月染	30 余年	第 348 页
龚安节公野古集	板多遗失（补修， 补版约三分之一）	岁久	44 年	第 41 页
沧州诗集	残敝（增修）	此板原在淮安， 又流入京师	44 年	第 177 页

书名	原板状况	损坏原因	保存时间	资料来源 （《明别集版本志》）
宋学士文集	漫缺（补修）	岁久	51 年	第 359 页
沈山人诗	多残缺（补修）		53 年	第 397 页
新刊宋学士 全集（1）	板模（补修）		59 年	第 360 页
鸡土集	磨灭剥落者已十 之二三（补修）	鸡土集板为他氏 所获…… （云宵公）取前 板以归，然中 之磨灭剥落者已 十之二三矣	约 59 年	第 678 页
刘尚宾文集	（增修）		50 余年	第 664 页
琼台诗 文会稿重编	（补修）		62 年	第 686 页
来禽馆集	残断（补修）	家之藏板经兵 燹而不全也	62 年	第 213 页
锦泉先生文集	（补修）		64 年以内	第 246 页
枫山章先生 文集（1）	（补修）		65 年	第 37 页
糟庵遗稿	多蠹缺（补修）	岁久	75 年	第 242 页
东里文集	蠹蚀残缺几半 （补修）	久	75 年	第 583 页
三易集	（补修）		76 年	第 31 页
陆文裕 公行远集	漫漶阙失（补修）		85 年	第 693 页
新刊宋学士 全集（2）	（补修）	火灾	86 年	第 360 页
枫山章先生 文集（2）	（增修）		88 年	第 37 页
玉书庭全集	稍有残缺（补修）	日久	91 年	第 687 页
张愈光诗 文选（1）	缺遗（补修）		93 年	第 187 页
定园集	残缺（补修）		96 年	第 683 页

续表

书名	原板状况	损坏原因	保存时间	资料来源 （《明别集版本志》）
输廖馆集	蠹蚀漫漶， 十阙三四（补修）		97 年	第 499 页
朱文懿公文集	多残缺（补修）	兵燹	约 97 年	第 252 页
梦蕉存稿（2）	（补修）		98 年	第 421 页
山堂萃稿	散失，存者不过 十之六七（补修）		90 余年	第 350 页
新刊宋学士 全集（3）	残缺、破坏、 朽蠹、模糊、 讹谬（补修）	火灾	101 年	第 360 页
鸟鼠山人集	（补修）		约 107 年	第 596 页
震川先生集	缺失、漫灭（补修）		108 年	第 312 页
金正希先生 文集辑略	渐次残阙 （补修，可能只是 补了十八页书版）		约 114 年	第 754 页
亦玉堂稿	（补修）		117 年	第 398 页
张愈光诗 文选（2）	（补修）		120 年	第 187 页
王槐溪 先生文集	（补修）	遭闽变， 惊恐多病， 板因失落不全	122 年	第 69 页
梓溪文钞	磨刓溃佚（补修）		122 年	第 785 页
林忠宣公全集	（补修）		123 年	第 568 页
梦蕉存稿（3）	漫漶殊是（补修）		132 年	第 421 页
北园蛙鸣集	散失（补修）		133 年	第 777 页
李介节先生全集	残蚀（补修）		138 年	第 822 页
史惺堂先生遗稿	（补修）		150 年	第 617 页
周讷溪公全集	字多漫漶（增修）	久	163 年	第 738 页
魏文靖公摘稿	刓缺（补修）	历年既久	171 年	第 376 页
玉岩先生文集	散失（补修）		186 年	第 728 页
翠渠摘稿	腐坏漫漶（增修）		207 年	第 730 页
洹词	（补修）		约 230 年以内	第 245 页
翠屏集	（补修）		296 年	第 166 页

以上共 60 条，约占总条目的 41%。显示在 1 年至 296 年之间，约 41% 的书板会遭受不太严重的损坏。据表 1 - 3，损坏的原因有：印房壁坏（1 条），时间久（8 条），战乱（5 条），疏于管理（4 条），火灾（2 条），其他（41 条）。这些条目的相关记载表明，"其他"主要指时间久和保管不善，可见战乱、火灾的影响不大。

60 条案例中，保存时间在 10 年以内者仅 1 条，其书板损坏的原因是"印房壁坏"，属特例；时间在 10 年至 296 年者达 59 条，占绝大多数，具普遍意义。因此，在 10 年至 296 年之间，约 41% 的书板会遭受不太严重的损坏。10 年应是一个时间节点，在此期间，如无特殊情况，书板多基本保存完好；10 年以上，正如表 1 - 3 "衡庐精舍藏稿"条所提到的"蠹者几半"，书板很可能遭受一定程度的损坏①。表 1 - 3 "高太史大全集"条提到"历岁滋久"，而其保存时间为 19 年。这大致与前文所论 20 年为"时间久"相合。还有一点需要注意，据表 1 - 3 最后三条案例，极少数书板在长达二百余年的时间内仅遭受不太严重的损坏。

综上述，一般的情况下，书板保存 10 年以内应基本完好；10 年以上，则很可能有一定的损坏（如虫蛀等）；20 年以上，由于"时间久"，发生损坏更属正常。极少数书板能保存二百余年而损坏并不太严重。

四 书板基本完好

表 1 - 4　　　　　　　　　基本完好书板表

书名	原板状况②	损坏原因	保存时间	资料来源（《明别集版本志》）
徐文长三集	（重印）		19 年	第 340 页
韩忠定公集	（重印）		48 年	第 521 页
刘文烈公全集	（重印）		约 50 年	第 666 页
西林全集	（重印）		约 53 年	第 353 页
刘大司成文集	补（重印）		50 余年	第 661 页
孟云浦先生集	（重印）		66 年	第 206 页

---

① 从原板状况为"补修"看，"蠹者几半"有夸大之嫌。

② 重印，指以原板直接重印；补修，指因原板轻微损失而补修后重印。

续表

书名	原板状况②	损坏原因	保存时间	资料来源 (《明别集版本志》)
绿滋馆稿	（重印）		约70年	第289页
慎修堂集	（重印）		72年	第5页
仰节堂集	（重印）		74年	第623页
坦斋刘先生文集	（重印）		76年	第663页
夏桂洲文集	千百间损什一 （补修）	为日颇久， 风雨飘摇， 难免朽蠹	81年	第140页
明德先生文集	（重印）		120年	第636页
方玉堂诗草等	有残缺（重印）		约121年	第356页
未轩公文集	（重印）		180年	第537页

以上共14条，约占总条目的9%。书板保存时间在19年至180年之间，其中100年以内的11条，100年至180年的3条。即在100年以内，不到十分之一的书板基本保存完好；100年以上至180年以内，只有极少数书板能基本保存完好。

综上述，在180年内，约9%的书板可以重印，且主要指那些保存时间在100年以内的书板。可以说，超过100年的书板，如果不作大的修补，基本不能重印。

另据表1-4，除了特别流行的文集往往会较快重印或重刊，一般而言，私家刻印的文集短期内不会重印（要到19年后才会重印）。

五　总结与思考

综上，以下从三方面作总结与思考。

（一）书板保存时间

据上文分析，明清私刻书板保存有几个重要的时间节点。

10年。10年以内，如无意外，书板状况大都较好；10年以上，不论是否有特殊情况，书板都可能遭受不同程度的损坏（如虫蛀、自然风化等）。

20年。20年以上，书板被视为存世已久，很可能损坏严重，损坏的主要标志之一是字画漫漶。

100 年。100 年以内，保存完好的书板不到十分之一；约四分之一的书板会消失，其余（近四分之三）的书板会受到不同程度的损坏。100 年以上，保存完好的书板极为罕见，幸存者基本都受到不同程度的损坏。

200 年。200 年以上，书板很难保存下来，极个别幸存者也会受到不同程度的损坏。

以上主要据《明别集版本志》得出，或有局限，下面再参考其他材料进一步论证。

美国学者贾晋珠（Lucille Chia）指出，因虫害、霉烂等问题，荣宝斋在短短三五十年就替换掉 10%—20% 的书板①。可见，经过三五十年，荣宝斋书板的损坏程度约为 10%—20%。作为琉璃厂书坊，荣宝斋应更重视对书板的保存；当然，其书板使用频率也高，更易造成损坏。折衷来看，荣宝斋书板的保存情况与上述结论大致相当。

清朝高纲自刻《雪声轩诗集》15 卷，其中 1 卷—12 卷刻于清雍正十一年（1733），13 卷—15 卷约增刻于乾隆元年（1736）。全书正文共 318叶，至少需 160 块板才能印成（两面刻，再加上封面）。但到乾隆四十年，高家所存该书书板只剩 128 块②。可见，经过 40 年，书板损失约20%。

湖南长沙人陶煊于清康熙六十年（1721）在江南刊刻了《国朝诗的》，后将书板带回老家，堆放在磨房中。因篇页繁多，一直未再印刷，也无人检点，渐有残缺。乾隆四十三年（1778）文字狱发生时，陶煊之子陶士修向官府呈交该书板片 1283 块，另有残缺板 15 块，尚缺少 26块③。可见，经过 57 年，书板残缺约 3%。

明末袁继咸将其文集稿本《六柳堂集》寄交同县好友张自烈保存。袁氏身后，张自烈于康熙十一年（1672）代为刊刻，共刻 38 块板。待袁氏之孙克覲年长，张氏将书板交其收藏。后来，书板又归了克覲长子振翮，再传之振翮子晏九。晏九不知这些书板是其祖宗遗集板片，遂堆放空

---

① ［美］贾晋珠著，李国庆统校：《谋利而印：11 至 17 世纪福建建阳的商业出版者》，邱葵等译，福建人民出版社 2019 年版，第 43 页。

② 上海书店出版社编：《清代文字狱档》，上海书店出版社 2007 年版，第 158 页。

③ 上海书店出版社编：《清代文字狱档》，第 226—227 页。

房，不行收检。乾隆十七年（1752）袁起宗（晏九之堂兄弟）自京归里搜寻袁继咸遗文时，才从袁晏九家内找到该书板片，其中 11 块已朽烂，因念先人著述不忍湮没，随补刊新板 11 块，印刷数部，留存家内，随便分送与人①。可知，经过 80 年，书板损坏约 29%。

以上例子均说明，书板经过数十年之后都会有一定程度的损坏。

（二）书板损坏、散佚的原因

据上述可知，书板损坏、散佚的原因有：战乱、火灾、虫蛀、时间久、保管不善和其他。"其他"在大多数情况下还是指时间久和保管不善。以上应是明清私刻书板受损的主要原因。除此之外，是否还有其他一些影响比较大的原因（上述"印房壁坏"这样的特殊原因除外）呢②？笔者认为还有以下一些原因值得注意。

1. 买卖③

旧版片的买卖，也是私刻书板损失的一大原因。一些书商或藏家好收购旧板片以印书。例如，毛氏汲古阁的书板后来有一部分归了扫叶山房④。又据《清代文字狱档》载："《唐律分注》板片，据供卖与省城二酉堂书店。……赴二酉堂书店起出《唐律分注》板片。"⑤ 民国初年刘承干购入板片十余种，均刻于道光、同治、光绪年间，包括朱氏《结一庐丛书》、黄氏《清颂堂丛书》的书板，其中最久远的是刘氏购入之前六七十年所刻⑥。有的书板售归书坊后，遭改头换面，如来集之家刻本《倘湖樵书》的书板，售归书坊后，书名被改作《博学汇书》继续刷印⑦。

当然，买卖书板不必然会造成书板损毁，但增加了损毁的风险。而且，有的书板在买卖之后，会被削板再刻。这种情况下，实际上前板已毁。

---

① 上海书店出版社编：《清代文字狱档》，第 190—196 页。
② 书坊的书板常会因为印刷频繁而损坏，但私刻书板大多不会出现印刷频繁的情况。
③ 以书板抵债或抵押，也可算作书板买卖。
④ 杨丽莹：《扫叶山房史研究》，复旦大学出版社 2013 年版，第 29—42 页。
⑤ 上海书店出版社编：《清代文字狱档》，第 226—227 页。
⑥ 陈谊：《嘉业堂刻书研究》，博士学位论文，复旦大学，2009 年，第 35—37 页。
⑦ 张丽娟、乔红霞：《来集之〈倘湖樵书〉与〈博学汇书〉版刻考》，《古籍整理研究学刊》2015 年第 2 期。

2. 主动烧毁

上述火灾指被动烧毁，而主动烧毁书板的情况亦有，主要是因担心违碍。"伊（陶士修）曾祖陶汝鼐所著《荣木堂集》二本，其板片原存伊分居堂弟陶士伦家，因年久残缺烧毁。……据陶士伦供：那《荣木堂集》书板因年久搬移，散失甚多，留存无用，又恐书中或有违碍，劈碎烧毁。"①

3. 挪作他用

以书板当柴烧。例如，"据李东献等供称：李骦本支无后者居多，因无亲房可继，亦无家产遗存，是以未经立嗣。其在兴化穷苦无聊，徙居扬州教书度日。所作《虬峰集》不知在扬何人与伊刊刻刷印，族中并无存留。所有书板亦不知何人何时送至兴化祠堂存贮，伊等族人从未取阅，以致看祠之李赓万认为无用之物，日逐劈作柴薪烧毁，止存原板一块，业已查出。"②

此外，《歧路灯》载，盛希瑗责怪其兄盛希侨未妥善保管祖上书板，希侨辩解说："我便罢了。你不是读书也中过副榜么？我不肯动着，还是我的好处哩，我毕竟是能守的，后辈自有能刷印的人。像那张绳祖，听说他把他老人家的印板，都叫那些赌博的、土娼们，齐破的烧火筛了酒。又如管赀安家朱卷板，叫家人偷把字儿刮了，做成泥屐板儿。我虽不肖，这一楼印板，一块也不少，还算好子孙哩。"③泥屐即木屐。可见，除了当柴烧，书板还会被人用来制作木屐。

需要注意的是，也许有人认为偷盗也是书板损毁的主要原因之一。实际上，明清私家藏板被盗的情况并不多（上表所列的例子中只有一条明确提到书板被盗）。这是为什么呢？私刻书板很难直接兑现为财富，且其数量多（往往有上百乃至数百块板片）、体积大、质量重，一般不易被偷盗。正因如此，这些书板往往被存放于家族中空闲而相对开放的处所（如祠堂、磨房及其他堆放杂物之处），而非深藏密室。即便是李渔这样以出版畅销书著称的书商，也不担心书板被盗，甚至认为书板可以防盗。据李渔《粤游家报之一》载："离家后记起一事，靠东一带墙垣，单薄之

---

① 上海书店出版社编：《清代文字狱档》，第226—227页。

② 上海书店出版社编：《清代文字狱档》，第232页。

③ 李绿园著，栾星校注：《歧路灯》，第704页。

甚，此穿窬之捷径也。……为今之计，欲尽立木栅，则数间之屋，非十余金之费不能。米盐莫支，何从办此？不若以生平所著之书之印板，连架移入其地，使之贴墙，可抵一层夹壁。贼遇此物，无不远之若浼。以书籍梨枣等物，皆致贫之具，出门求财者，以不见为祥。且蓄此之家，其无厚积可知，与藏布帛菽粟者反之。见信即移，勿俟来日。"① 尽管"书板可以防盗"未必是当时普遍认识，但此例子应能说明，书板肯定不是小偷心仪之物。

（三）关于"寿之梨枣"

古人谈到出版图书时经常使用"寿之梨枣"一词，如"寿之梨枣，以垂永久""寿之梨枣，藏诸祖庙""拟寿之梨枣，藏之名山""寿之梨枣，勒诸贞珉""寿之梨枣，以广流传"等。"寿之梨枣"表面意思指将文字刻在木板上可以长久保存，但其蕴含的真正含义实有两层：其一，书板可长久保存，如"寿之梨枣，勒诸贞珉"；其二，刻好的书板可印书，而印成的书也可以长久保存，如"寿之梨枣，以广流传"。由于成本、用途等方面影响，私刻者初次印刷不可能印制太多，而希望留存下来的书板可以多次印刷。因此，"寿之梨枣"很好地反映了古代私刻者的藏板理念：书板可以长久保存；保存下来的书板可以随时根据需要刷印。这也是为何古代私家出版多选择雕板印刷而非活字印刷的主要原因之一。

但是，"寿之梨枣"只是明清私刻者美好的愿望，很难真正实现。

其一，书板不易长久保存。

上述《明别集版本志》中的 148 个例子已经充分说明，书板能够较好地保存达 100 年者很少，200 年以上者则更少。如果我们综合分析上述书板损坏的主要原因后就会发现，书板不易保存在很大程度上是书板本身决定的：一方面，木材毕竟不像金石那样坚固耐久，易受火灾、水灾、虫蛀、风化等诸多因素的影响；另一方面，如前所述，书板往往被存放于家族中空闲而相对开放的处所而非密室，这就意味着书板在平时并不会得到特别的留意和保护。上述时间久和保管不善是书板损毁的主要原因，即充分说明了这一点。我们也可以这样理解："寿之梨枣"本身就决定了书板

---

① 李渔：《李渔全集》第一册，浙江古籍出版社 2014 年版，第 157 页。

将会保存不善，因为古人认为，既然刻于木板（相对地不易损坏），即可达到传之久远的目的，那么平时无需特别保护；而平时不注意保护，书板则更易损坏。

其二，书板很难有重印的机会。

如前所述，保存书板的主要目的是为了日后可以随时刷印。但事实上，私刻书板鲜有重印机会，例如，《明别集版本志》明确记载私刻书板重印的情况寥寥。这是为什么呢？

首先，没有太多的需求。私刻本初次印数多在二十部至二百部之间①，基本能满足一般私家在一定时期内的需要。因此，除了特别流行的文集，私家刻印的文集通常在相当长时间内（如前所述，大致是 19 年）是不会重印的。

其次，重印并不易，一方面，必须达到一定的印数才方便开印。例如，据《歧路灯》记载，谭观察想让盛希侨将其家藏书板印刷一遍，说道："卷帙浩繁，也恐一时纸价腾贵，赀力不给。大约一块板得三十张，方可刷印一番，不然润板刷墨，不是轻易动作的。"盛希瑗道："如今要印多少部？"盛希侨道："得三十部。"②所谓"一块板得三十张"，即一块书板一次刷印要印三十张纸。也就是说，要对一副藏板开印，每次最少要印三十部才合算。印数越多，需要的人力、物力自然越多。另一方面，由于时间久，书板往往需要修补。如前所述，私家刊刻的文集要 19 年后才有重印机会，而从前述书板保存时间可以看出，书板 10 年之后往往会有一定程度的损坏。因此，书板完好之时没有机会重印，而到需要重印之时则书板往往都需要修补。

此外，由于要经过相当长时间后书板才有重印机会，那时决定书板是否重印者，往往已非私刻者或著作者本人，而是其子孙辈。考虑到成本、分家、书板现状、图书用途等因素，子孙辈的重印愿望往往并不强烈。

总之，绝大多数私刻书板在印刷一次之后就存放于家族中某一空闲之处，听任时间、自然和人为的损耗，故每副书板的总印数一般很低。

---

① 张升：《从"文字狱档"看清代以书为礼现象》，载杨共乐主编《史学理论与史学史学刊（2019 年下卷）》总第 21 卷，社会科学文献出版社 2020 年版。

② 李绿园著，栾星校注：《歧路灯》，第 703、704 页。

综上，中国古代雕板印刷的特色和优势是每次不必多印，但可随时印、多次印。对于私家刻板来说也是如此，"寿之梨枣"即是对这一特色和优势的高度概括。但是，从明清私家书板保存的实际情况来看，"寿之梨枣"本身就是一个悖论：既然"寿之梨枣"，即意味着不易消亡，而听之任之，反而更易消亡；保存书板主要为了重印，而绝大多数私刻书板其实并无重印机会，因此，其保存也就没有实质的意义；书板在完好之时无重印机会，而到需要重印之时往往已多残缺。这些认识对于我们了解明清书板、书籍的流传有着重要的启示意义：其一，明清私家刻书多，但其书板流传下来的并不多，因为虽然"授之梨枣"，但未能"寿同梨枣"。其二，明清私家刻书多，但其印本流传下来的也不多（这是相对当时印本的总种数而言的），因为既然藏板，可随时重印，故初印时就不必多印；但真正重印的机会又很少，因而最终每种书的总印数都不多，其长久流传于世的概率也就不大。

第二章　赁板印刷[*]

　　藏板者，指书板的所有者。梓行者，指图书的印行、发行者，即利用书板印制成书而予以流通者①。一般情况下，古代图书的藏板者往往也是梓行者。但是，我们看古书的时候，有时会在一书的封面（亦可称为扉页）中看到其藏板者与梓行者不一样，这是为什么呢？除了一部分是书板售归梓行者外（但是，这种情况下梓行者其实可以铲除藏板者之名②），绝大部分应该是赁板印刷造成的③。赁板印刷是指某一方向拥有板权的一方租赁板片，刷印书籍。也就是说，藏板者将板片有偿租给梓行者来印刷，而梓行者有权在封面上印上自己的名号，以为广告之用④。赁板印刷

　　* 本章写作得到山东大学何朝晖教授的帮助，谨致谢忱。

　　① 例如，《列国志辑要》，四知堂藏板，金阊函三堂梓行；《重订幼学须知句解》，宝宁堂梓行，凝旭书屋藏板。参见文革红《乾嘉时期小说书坊与通俗小说》，世界图书出版社广东有限公司 2015 年版，第 47、116 页。

　　② 张潮编，王定勇点校：《尺牍友声集·尺牍偶存》卷十一，黄山书社 2020 年版，第 483 页"与张紫裳"："正欲将《会意解》板片卖去……倘有人买去，俟兑价完足之日，即将潮家姓名尽行铲去，另换买人姓字，任彼流通，固所愿也。"关于封面的最新研究，参见石祥《签条与封面：书籍史与印刷史的考察》，《古典文献研究》2022 年第 25 辑上。

　　③ 当然，也有例外，如《近文堂重刊兴贤堂绣像汉宋奇书忠义水浒传》，封面署"近文堂藏板"，正文卷首署"兴贤堂梓行"。此书是近文堂翻刻的兴贤堂本，因兴贤堂本有名，故还要借名。赵益《"装订"作为书籍"交流循环"的环节及其意义：一个基于比较视野的书籍史考察》，（《中国出版史研究》2021 年第 3 期）也指出有例外情况。

　　④ "版片拥有者刷印并批发出去以后，根本无法干涉各地零售商加上标有其堂号的扉页；而零售商另行刻印扉页，成本极低。如果版片拥有者收取了单独刷印者的'板头钱'，当然就更没有权力干涉刷印者另加扉页或在为数不多的版片某处剜改堂号；不仅不干涉，甚至有可能提供专门的剜改服务。"认为赁板者会另刻扉页，而且其标署有时也出现在各卷卷端、书口、序文、目录等处。参见赵益《"装订"作为书籍"交流循环"的环节及其意义：一个基于比较视野的书籍史考察》，《中国出版史研究》2021 年第 3 期。

从宋代印刷术普遍应用开始就成了惯常现象，因为印书者可以只付出少量钱和劳动而省却出版的大量费用与劳动（如雕板等）来获得图书，而板权方则利用板片寻租而最大化其剩余价值。不过，以往的研究表明，赁板印刷往往是指官府或书坊之书板而言的，且在书坊中更为普遍，也更为突出。那么，私刻（家刻）书板是否也存在赁板印刷现象，具体如何操作，是否普遍，其影响如何？本章主要想探讨上述问题。

需要说明的是，书板主无偿（不收取赁板费）替人刷印书籍，不属于本章讨论的赁板范围，因为在古代士人交往中，有大量的只支付纸墨钱与人工钱以及甚至不支付任何费用的刷印书籍以应付索赠的情况①。这类似于赠送的变种，不是赁板印刷。正因如此，私刻书板的赁板印刷往往是商业行为，反映了士人与书商的合作。关于士人与书商的合作，以往学界主要关注士人为书坊主提供书稿、编书、作序等模式②。其实，我认为还有一种重要（可能更主要）的合作模式，即士人私家刻版，而书坊赁板印卖。这一模式的本质是士商合作，而且是有关私刻本的合作。除非迫不得已，私家不会把板片卖给书商（或书坊）。书商（或书坊）除非明确有高利润回报，也不可能新刻一套书板。因此，赁板印刷是士商博弈而达成双赢的结果，是私刻本进入市场的重要推手。

一　学界关于赁板印刷的认识

在古代图书是相对较为贵重的商品，大多数情况下不会被大量印刷，而是按需而印。也就是说，图书市场上往往不是总有充分的现货供人选择。为了避免印刷造成的浪费，供需双方会通过赁板印刷的方式予以制衡，即需求方向板权方租板印刷，或请人代为印刷。这种情况在宋代就已出现。

叶德辉《书林清话》卷六"宋监本书许人自印并定价出售"载："南宋刻林铖《汉隽》，有淳熙十年杨王休记，后云：'象山县学《汉隽》每部二册，见卖钱六百文足。印造用纸一百六十幅，碧纸二幅，赁板钱一百

---

① 如张潮的赠书就有不少这种情况。
② 参见何朝晖《晚明士人与商业出版》，上海古籍出版社 2019 年版，第 113、352 页。

文足，工墨装背钱一百六十文足。'……淳熙三年，舒州公使库刻本州军州兼管内劝农营田屯田事曾穜《大易粹言》，牒文云：'今具《大易粹言》壹部，计贰拾册。合用纸数、印造工墨钱。下项纸副耗共壹千叁百张，装背饶青纸叁拾张，背青白纸叁拾张，棕墨糊药印背匠工食等钱，共壹贯伍百文足，赁板钱壹贯贰百文足。库本印造，见成出卖，每部价钱八贯文足。右具如前。淳熙三年正月口日，雕造所贴司胡至和具。'……明正德己卯重刊宋庆元元年二月刊《二俊文集》，前有记云：'《二俊文集》一部，共四册。印书纸共一百三十六张，书皮表背并副页共大小二十张，工墨钱一百八十文，赁板钱一百八十六文，装背工糊钱（按，此下有脱文）。右具如前。二月口日，印匠诸成等具。'明影宋绍兴十七年刻王黄州《小畜集》三十卷，前记一则云：'……今具雕造《小畜集》一部，共捌册，计肆佰叁拾贰版。合用纸墨工价下，印书纸并副板肆佰肆拾捌张，表背碧青纸壹拾壹张，大纸捌张，共钱贰佰陆拾文足。赁板棕墨钱伍百文足，装印工食钱肆佰叁拾文足，除印书纸外共计壹贯壹伯叁拾陆文足。见成出卖，每部价钱伍贯文省。右具如前。绍兴十七年七月。'"① 可见，宋代地方官府刊刻的书籍允许私人租板印行，但要缴纳赁板钱，如《汉隽》《大易粹言》在书中就标明了具体的赁板钱。

目前我们没有发现关于元代赁板钱数的记载，但能找到元代图书需求者前往官方藏板机构刷印书籍的材料。例如，元至元五年（1339），谢应芳为印置《十七史》，获"中统钞题助者：赵师吕、萧昭卿、王伯祥、王子芳、王仲德各一百贯，葛用中、王君寿、道士邓混然各五十贯，祁尘外、萧子璋、金君玉各廿五贯，僧琇玉林廿贯。命甥女婿周明举诣集庆路，干托士友陈雪心买纸，儒学内印置，共作四百六十册，所用装潢作料工直等费计二百贯"②。有学者认为，"有宋一代，官府所刻书板例许士人纳纸墨钱收赎自印，同时亦有定价出售。元代则沿袭了这一成例"，并指出："从现有的史籍记载来看，当时人们大多采取纳纸墨钱租赁书板自印的方式获得所需图书，赁板钱也就经常见诸有关记载。而当时人们之所以

①　叶德辉著，李庆西标校：《书林清话》，复旦大学出版社2008年版，第126—127页。

②　谢应芳：《龟巢稿》卷十三，商务印书馆1936年影印《四部丛刊三编》本。

赁板自印,而非按定价购书,应与雕版图书和宋元图书市场的特点有关。宋元是雕版印刷普及、雕版图书市场初步形成的时期。雕版图书具有书板的印刷使用寿命长、随需随印的特点,刊售者可以控制图书印造、现卖的数量,其产量富有伸缩性。宋元图书市场上雕版图书的供给,需求价格弹性大,大多需求不足,价格过高,这就使刊售者可以采取赁板自印和现卖并行的方式出售其产品,而买者则可以选择赁板自印的替代方式,廉价获取其所需雕版图书。赁板自印乃是特定图书市场条件下的产物。"①

上述是就官刻而言的,至于坊刻,宋朝的情况不太清楚,元朝则和明朝的情况大致一样,也有赁板印刷。当时书坊间的版片租赁是如此普遍,以至于相隔遥远之书坊间均可达成合作。贾晋珠《谋利而印:11 至 17 世纪福建建阳的商业出版者》认为,元明时期,建阳出版商的版片有时会以买或借的形式,"从一个出版商转到另一个出版商手中,甚至辗转千里"②。书板长距离运输毕竟不太方便,故贾晋珠在随后的注释中补充说:"其实并不确定这套版片是否曾辗转于两地,因为版片中带有书坊版记的那一部分可以被轻易挖改,每个出版商可以在同一地点印刷属于自己的'版本'。"③ 这其实所指就是赁板印刷。贾晋珠在后文对此还有更明确的表述:"尽管书坊之间的竞争十分激烈,而且往往几乎同时印制同一著作的几近相同的版本,不过,一旦一套书版镌刻完毕,便可以出借给任何想印这部书的人。这种做法也就可以说明,为何一部书会有两个,甚至更多的不同刊行人的牌记。"指出书坊间合用书版,赁板印刷者会换上自己的牌记④。

前述贾晋珠《谋利而印:11 至 17 世纪福建建阳的商业出版者》主要讨论的对象是十七世纪以前(清初以前)的书坊,而包筠雅《文化贸易:

---

① 周生春、孔祥来:《宋元图书的刻印、销售价与市场》,《浙江大学学报》(人文社会科学版)2010 年第 1 期。

② [美]贾晋珠著,李国庆统校:《谋利而印:11 至 17 世纪福建建阳的商业出版者》,邱葵等译,福建人民出版社 2019 年版,第 44 页。

③ [美]贾晋珠著,李国庆统校:《谋利而印:11 至 17 世纪福建建阳的商业出版者》,邱葵等译,第 46 页。

④ [美]贾晋珠著,李国庆统校:《谋利而印:11 至 17 世纪福建建阳的商业出版者》,邱葵等译,第 241、273 页。

清代至民国时期四堡的书籍交易》则主要探讨清代至民国时期的书坊。相对而言，包筠雅对赁板的研究更细致、深入："一家书坊可以从其他书坊租用、购买雕版。如果是租用，则需保留原书坊名；如果是购买，则可以用自家的书坊名代替原书坊名。当然，除非是处于困境，急需资金，否则书坊一般不轻易出售雕版，而会采用出租或等价交换的方式。这是因为刻印雕版在书籍出版中是最大的一笔投资。"① 这一观点是很有价值的，有助于我们了解：如何通过封面原藏板者留名与否来判断其书板是出租还是已出售的；租赁书版较买断书版更为普遍。此外，包筠雅还提供了两份租版价格表②。尽管其认为据这两表很难总结出普遍的租价规律，但起码可以说明书坊租版的普遍性，且明码标价。

文革红主要关注清朝乾嘉以前书坊的小说出版，其研究成果同样也说明，清朝书坊赁板印刷很普遍，其中涉及小说、医书比较多。她指出："广州书坊还有一个很大的特点就是一副书板，多家书坊共用，也就是说转板、租板、批发经营的现象增多。"③ 文革红还明确指出："由此看来，凡是由某家藏板而由另一家梓行的书，都是由一家刊版而由另一家印刷、发行"；常常在通俗小说扉页中同时出现的"××藏板"和"××梓行"，乃是版片拥有者和刷印、分销者的不同标识④。可见，一书的藏板者和梓行者不同，这种情况多为赁板造成的，因为梓行除了表示刊刻，还有发行之意。如果只是刊刻，则不必标梓行。倘若藏板者是书坊的话，更不会这样宣传对方（梓行者）。因此，梓行应该是承担发行之意，即赁板印刷。

赵益《"装订"作为书籍"交流循环"的环节及其意义：一个基于比较视野的书籍史考察》对明清赁板印刷有深刻的揭示："明清时期付'板头钱'刷印成为书坊出版的常态之一，正是这种分工的典型表现。明清时代内府、寺庙、书院所刻书版，往往成为某种公共资源，任由书坊或个

---

① ［美］包筠雅：《文化贸易：清代至民国时期四堡的书籍交易》，刘永华、饶佳荣等译，北京大学出版社 2015 年版，第 126 页。

② ［美］包筠雅：《文化贸易：清代至民国时期四堡的书籍交易》，刘永华、饶佳荣等译，第 127—129 页。

③ 文革红：《乾嘉时期小说书坊与通俗小说》，第 201 页。

④ 文革红：《清代前期通俗小说刊刻考论》，江西人民出版社 2008 年版，第 639—641 页。

人付费刷印,比较典型的例子是明南京大报恩寺藏《永乐南藏》书版、清内府已刻书版,以及清阮元学海堂所刻《皇清经解》等。"① 不过,该文主旨在于揭示出版中装订环节的合理性与普遍性,为解决通俗小说纷纭复杂的版本问题(主要体现为在一书中标署出版方名号不一致)提供新的思路,且主要关注的是坊刻,尤其是通俗小说的出版,对私刻赁板印刷并没有具体讨论。

以上的研究表明:其一,尽管具体的操作细节不是很清楚,但自宋代至清朝,官刻与坊刻一直都存在着赁板印刷,而且相对来说坊刻的赁板印刷越往后越普遍。其二,某些图书封面上所标的藏板者与梓行者不同,除了个别是买断版权所致之外,大多数应该就是赁板印刷造成的。不过,上述研究主要集中于官刻与坊刻,因此,以下拟以清代为例,谈谈私刻的赁板印刷现象。

二　清代私刻的赁板印刷

清代私刻很多,但关于私刻赁板印刷的记载并不多。

(一)张潮、王晫

张潮的身份比较特殊,其刻书有归属私刻还是坊刻之争,而我倾向于其为私刻②。张潮自己曾明确说:"其所以付之梨枣者,亦因友人索看者多,聊代钞录,藉以就正云耳,初非侔利计也。台谕所云获利不赀,仆窃惑焉。近年坊贾大半折阅,良由买书者少,借看者多。八闽翻刻之风,不啻黎丘昼见。……仆非选手,亦非坊人,不识于何处获此不赀之利乎?"③ 他认为自己不属于"坊人",刻书也并非为了牟利。

在图书出版中,张潮主要负责编书,也兼顾刻板,然后找坊人发兑。据陈鼎致张潮书云:"正在穷居萧索之候,忽接手教,又得多书,足以慰诸同人。……承谕封面悉发各坊,此书各坊早已闻之,前王子庞携得两部来,因乏食,寄宝翰楼,一得银六钱三分,一得银四钱八分,盖金陵诸名家垂

---

① 赵益:《"装订"作为书籍"交流循环"的环节及其意义:一个基于比较视野的书籍史考察》,《中国出版史研究》2021 年第 3 期。

② 另可参见赵益《中国古代文献:历史、社会与文化》,南京大学出版社 2022 年版,第 153 页。

③ 张潮编,王定勇点校:《尺牍友声集·尺牍偶存》卷四,第 381 页"复李季子"。

涎此书已久矣，故弟有二三十部之索也。今坊中人多穷，不能来印，十月间书客一到，必蜂拥要此书，坊间必怂恿来印。"① 可见，张潮的策略是将封面分发给书坊作广告，招揽书坊来刷印，而不是印成书再分发给书坊销售。张潮"寄余淡心征君"云："《虞初》拙选借光《王翠翘传》，兹先以八卷成书，听坊人发兑，想明春吴门亦可购矣。"② 所谓听坊人发兑，也是指等坊人来印刷，而不是印成书让坊人售卖。从这个意义上，发兑其实就是指书坊赁板印刷。至于张潮"寄王丹麓"云："其（指《檀几丛书》）前集并《昭代丛书》，闻都门颇多购者，近扬州有一坊贾，付与板片，似可放心，将来可以发兑矣。"③ 可知书板也可寄存于书坊，以方便其赁板印刷。

　　当然，张潮也会自己先印成一批书，用来应酬与宣传，甚至出售。但是，大批量的发兑，还是依靠书坊来赁板印刷，尤其是丛书这样的大部头书籍。例如，张潮将《檀几丛书初集》等先印出一部分发坊间卖，又赠给陈定九一些，然后说："所谕拙选丛书，只印出二十余部，发去坊间赶考之外，所存不多。今寄去《檀几丛书初集》五部，《昭代丛书》五部，《幽梦影》四部，暨《凯旋诗歌》，到日乞检入。从来索书者不过一部，多则二三部足矣，今先生各索一二十部，独不虑人以奇贪异酷议其后耶？一笑。附上封面数张，烦付各书坊粘贴肆中，如欲得书，听其买纸来印。至于板头可以从轻，止得加一足矣。"④ 张潮这次赠书其实是有所托付的，即让陈定九帮忙到书坊中推销。板头（钱），即指赁板钱，如张潮"寄戴田友"亦云："拙刻数种附呈台政，倘省中有欲印行者，悉听来印，板头从便可耳。"⑤

　　王晫的图书出版运作模式与张潮的相类，而且他们之间也多有合作⑥。王晫《霞举堂集》即是当时赁板印刷之一例证。清康熙间刻本《霞举堂集》是王晫的家刻本，其书内正文书口刻有王晫书斋名"霞举堂"，但封

----

① 张潮编，王定勇点校：《尺牍友声集·友声后集·癸集》，第214页。

② 张潮编，王定勇点校：《尺牍友声集·尺牍偶存》卷三，第352页。

③ 张潮编，王定勇点校：《尺牍友声集·尺牍偶存》卷五，第392页。

④ 张潮编，王定勇点校：《尺牍友声集·尺牍偶存》卷六，第404—405页"寄复陈定九"。

⑤ 张潮编，王定勇点校：《尺牍友声集·尺牍偶存》卷七，第418页。

⑥ 参见［法］戴廷杰《雅俗共融，瑕瑜互见——康熙年间徽州商籍扬州文士和选家张潮其人其事》，载［法］米盖拉、朱万曙主编《徽州：书业与出版文化》，《法国汉学》第13辑，中华书局2010年版。

面有"还读斋梓行"字样。还读斋是杭州书商汪淇的书坊名。显然，此书为霞举堂所刻，但由还读斋赁板印行、发卖。

（二）赵翼

赵翼"书贾施朝英每年就我刷印拙刻《瓯北诗钞》《陔余丛考》《廿二史札记》《十家诗话》等各数百部，书以一笑"诗云："和凝板本早雕镂，却被屠沽索价酬。鼠璞料无三倍获，鸡林可有百金求。奇分宛委藏书穴，气压麻沙贩客舟。我是为名他为利，大家不免达人羞。"① 诗意大概为：五代时和凝刻印自著之书分惠众人，而我赵翼刻书也是如此（而且早已刻好，存板于家），本不想销售，却被书商（屠沽）出钱要求刷印（这说明书商是出了赁板钱的）售卖。我的著作不是很好（鼠璞，自谦之辞），应该不会有太高的销售利润回报②。但是这些书似乎在市场的表现还不错，卖得比一般的畅销书还好。不管如何，求名求利，我和书商各有所图，让各位达人显贵见笑了③。

赵翼的诗有一些玩笑性质，但却很好地揭示了当时士人与书商合作的普遍模式——赁板印刷以及这种模式背后的动因（一者为名，一者为利）。施朝英应该是湖州比较有名的书商，而且是家族式的书商。洪亮吉《北江诗话》中所谓"掠贩家"施汉英④，可能即是施朝英的兄弟辈，与

---

① 赵翼著，李学颖、曹光甫校点：《瓯北集》卷五十，上海古籍出版社1997年版，第1288页。

② "鸡林（指新罗）"句，典出元稹《白氏长庆集序》（白居易著，朱金城笺校：《白居易集笺校》，上海古籍出版社1988年版，第3973页）：白居易的诗颇流行，"鸡林贾人求市颇切，自云：本国宰相每以一金换一篇，其甚伪者，宰相辄能辨别之。自篇章以来，未有如是流传之广者。"

③ 另可参见赵翼著，李学颖、曹光甫校点《瓯北集》卷四十四，第883页，"呼匠刷印所著诗文戏作"："恨不借祖龙火，烧尽好诗独剩我。恨不借黄虎刀（见《明史流贼传》），杀尽才士让我豪。笑问此心赧不赧？要显我长幸人短！果能置身万仞冈，何山敢与争低昂？乃欲临深作高鼜，固知所挟本浅浅。归田已历三十年，著书未满二百卷。（余所著《陔余丛考》四十三卷，《廿二史札记》三十六卷，《瓯北集》四十四卷，《唐宋以来十家诗话》十卷，《皇朝武功纪盛》四卷，《杂记》四卷，共一百四十卷）。"此诗作于嘉庆七年（1802）。

④ 洪亮吉著，陈迩冬校点：《北江诗话》，人民文学出版社1983年版，第46页："又次则于旧家中落者，贱售其所藏，富室嗜书者，要求其善价，眼别真赝，心知古今，闽本蜀本，一不得欺，宋椠元椠，见而即识，是谓掠贩家，如吴门之钱景开、陶五柳，湖州之施汉英诸书估是也。"黄丕烈提到书估湖人施锦章（黄丕烈著，余鸣鸿、占旭东点校：《黄丕烈藏书题跋集》，上海古籍出版社2013年版，第119页），也可能是施朝英族人。

赵翼亦有往来："我昔初归有余俸，欲消永日借吟诵。汝从何处闻信来，满载古书压船重。我时有钱欲得书，汝时有书欲得钱。一见那愁两乖角，乘我所急高价悬。虽然宦橐为汝罄，插架亦满一万编。我今老懒罢书课，囊中钱亦无几个。愧汝犹认收藏家，捆载来时但空坐。"① 赵翼在当时颇有诗名，而施朝英显然是看中了赵翼的名气，才会主动参与销售赵氏著作。因此，有施氏这样的书商加持，赵翼的书才能畅销（每年数百部的销量对于私刻来说是相当大的），而其名声也愈加显扬。而这显扬的名声又会进一步推动书商刷印其著作。可以说，这是士人与书商双赢的合作模式。

（三）蔡显

蔡显，字景真，号闲渔，江苏松江府华亭县（今上海松江区）人，雍正七年（1729）举人，以开馆授徒为业，所著有《闲渔闲闲录》《宵行杂识》《红蕉诗话》《潭上闲渔稿》《闲渔剩稿》《老渔尚存草》《续刻红蕉诗话》等。其中《闲渔闲闲录》共九卷，是一部见闻笔记，所载内容庞杂，或记人，或记事，或记诗文，间有评述，有一定的史料价值。其资料来源，有得于亲历者，有得于书上者，有得于道听途说者。乾隆三十二年此书刻成后，浙江湖州书商吴建千自备纸张将《闲闲录》刷印了一百二十部，其中留二十部给蔡显抵偿板价，而自己带走了一百部②。可见，湖州书商吴建千通过赁板印刷的方式得到了一百部《闲渔闲闲录》。

以上三个例子尽管比较少，但有一些共性。笔者尝试以此为基础，参考其他相关材料，分析清代私家刻书赁板印刷的普遍体现与特点。

其一，什么样的书板会被赁板印刷？

李绿园《歧路灯》载，谭绍闻道："如今本城中，还有藏着一楼印板之家。"观察道："是谁家呢？"绍闻道："是盛藩台家。"观察道："什么书名？是刷印送人的，是卖价的？"③ 这里揭示了明清私刻图书的主要用途：送人与售卖。当然两者并非非此即彼的关系，有时也可相互结合，即既可送人又可售卖④。上述三例即是如此。

---

① 赵翼著，李学颖、曹光甫校点：《瓯北集》卷二十八，第616页，"赠贩书施汉英"。

② 上海书店出版社编：《清代文字狱档》，第85—92页。

③ 李绿园著，栾星校注：《歧路灯》，中州古籍出版社1998年版，第698页。

④ 当然还有既不售卖，又不赠人的，如族谱等，但这比较特殊。

张潮出版的图书中有些作为礼物赠送，有些则通过主动联系书商而托其销售。如前所述，张潮有一定的书商性质，编刻书多，与书商有长期的合作，熟谙其中的运作之道，故其虽然自称不求利，但实际上是既求名又求利。因此，张潮一方面将编刻之书大量送人①（其送人主要是为了宣传，扩大影响），另一方面又将这些书的封面发往各家书坊，以便书坊来赁板刷印。张潮特别注意将两者结合，即在赠人的同时托受赠者将封面发往书坊，或托其往书坊中宣传。其经营之道可概括为：以赠人获名来助推售卖（赁板刷印）；以售卖（赁板刷印）坐实其名，进一步推动征稿、宣传与售卖。这一既求名又求利的图书出版运作模式，在明清江南下层文人中被普遍采用，如前述的王晫。相对来说，张潮可能更看重求名，所以其获利并不多。换言之，从求名来说，张潮是成功的；但从获利来说，则不能算成功。

蔡显的《闲渔闲闲录》也是既赠人也售卖的②。从《清代文字狱档》看，《闲渔闲闲录》在刻成书板后似乎并没有马上被印刷，而首次印刷品即是湖州书商吴建千所印的一百二十部。蔡显并不是知名人士，其别的著作似乎也没有受到书商的青睐，因此，蔡显很可能主动联系书商，请其来商谈刷印之事，最后谈成以二十部书为赁板印刷之费。这样做，蔡显既能印成书，又不花钱，又可获名（一百部书可以销售，二十部可送人），对他这样财力有限的士人来说是再合适不过了。湖州书商吴建千当然也有自己的考虑，认为此书可能有一定的市场，而且所花赁板费并不多。事实上，吴氏于乾隆三十二年（1767）三月印刷的一百部《闲渔闲闲录》，到六月文字狱案发时只余四十五部，应已售出五十五部，可见此书也还算好销。

赵翼的著作也是既赠人又售卖的。赵翼在当时名气较大，而且有丰厚的财力，因此能吸引书商的注意。赵翼平时与书商来往颇多，而施氏就是经常卖书给他的书商，故能知其著述情况。从其与书商施朝英、施汉英长期来往看，双方的合作是水到渠成之事。

从上述三例可看出私刻赁板印刷出现的一些共性：首先，书业发达之

---

① 其大部头的丛书往往是分开以零种送人的，以降低成本。

② 参见张升《从"文字狱档"看清代以书为礼现象》，载杨共乐主编《史学理论与史学史学刊（2019 年下卷）》总第 21 卷，社会科学文献出版社 2020 年版。

地。张潮是徽州人，长期生活在扬州；王晫是杭州人；蔡显是华亭县人；赵翼是常州府阳湖县人。以上这些地方都属于广义上的江南。江南在宋代以来即是书业发达之地，书商众多。士人平时与书商多有来往，肯定了解赁板印刷的运作模式。这些地方赁板刷印经常发生，且广为人所接受。其次，名气较大的作者。由于图书本身的畅销与否很难悬断，而且从内容等方面也很难去推求是否畅销，因此，作者的名气就成了书商决定是否赁板印刷的重要因素。例如，赵翼在当时颇有诗名，而张潮（字山来）在当时图书市场上也有较大的名气，正如他自己所提到的："……潮素有薄名，世所共知，是以京省坊客肯要，若换去张山来三字，势必与前大不相同。"① 相对来说，蔡显的名气比较小，但也有一定的才名，而且著述颇丰。最后，在赁板印刷的士商合作中，士人往往是更积极主动的一方。也就是说，一般由士人发起，主动联系书商，寻求赁板印刷。例如，张潮就多次主动联系书坊，分发封面进行宣传。蔡显也很有可能是主动联系书商来印刷的。至于赵翼，尽管其有较高的身份与名气，也很可能是主动联系书商，因为正如其在"编诗"中所说的："旧稿丛残手自编，千金敝帚护持坚。可怜卖到街头去，尽日无人出一钱。"② 他自己很难推销其著述。事实上，我们从常理上也能很好理解这一点。通过赁板印刷，士人既可获名又可获利，旱涝保收。但书商以逐利为唯一目标，而赁板印刷是一项带有风险的举措，故书商只能通过压低甚至拖欠赁板钱来保障自身的利益（如下文提到张潮的例子）。例如，私刻本中最主要的是文集，而出售的文集有时甚至低于成本价③。在这种情况下，作者从赁板刷印中获利是有限的，而更主要的是为了求名。为了达成合作，士人可能会做出更多的让利。

当然，我们不排除书商甘冒风险去推出新人等特殊情况，但上述三点应是达成赁板印刷的重要因素。其中三者俱全，赁板刷印的可能性更大。如果只备其一，也有可能赁板刷印。如果三者俱无，则很难有机会赁板刷

① 张潮编，王定勇点校：《尺牍友声集·尺牍偶存》卷十一，第483—484页"与张紫裳"。
② 赵翼著，李学颖、曹光甫校点：《瓯北集》卷三十六，第839页。
③ 可能主要是托售之书，这样书商不需要花本钱。参见徐雁平《清代的书籍流转与社会文化》，南京大学出版社2021年版，第218页。

印。像《闲闲录》这样普通之书，书商也能印一百余部，可见，江南地区赁板刷印的机会确实较多。因此，在清代江南著述众多、私刻众多的背景下，我们可以推想，其中不少私刻本可能有过赁板印刷的经历。这对于我们研究清代江南私刻图书的版本、印数及传播会有一定的启发意义。

其二，赁板印刷处所。

私刻书板原先多在私家刊刻，故往往藏于私家，而其刷印也常在私家。赵翼、蔡显的例子即是如此。但是，后来书坊或刻字铺承刻私家著述的情况越来越多①，这样就会出现：书板寄存于书坊或刻字铺；书板仍运回私家保存。例如，张潮的书板既有存于自家的，亦有存于书坊的。这些书板的刷印处所当然会有不同。而且，即使板存私家，有时也会将书板运往他处（如书坊或刻字铺）来刷印。因此，有必要讨论一下赁板刷印之刷印处所。

首先，在私家刷印。在私家刷印应是比较普遍的情况，因为书板多存于私家。由于士人重视藏板，即便在外地刊刻的书板，他们也会想方设法将书板运回自家妥为保存。这样的例子非常多。例如，湖南长沙人陶煊于清康熙六十年（1721）在江南刊刻了《国朝诗的》，然后将书板带回老家的磨房中堆放②。乾隆年间韶关知府高纲出资为其幕客沈维材刊刻《嫁衣集》，然后将书板从韶关运回天津家中保存③。乾隆三十八年山西按察使黄检在太原为其父黄廷桂刊刻奏疏集，于乾隆三十九年将板片差家人赍送回涿州老家保存："所有刊刻板片刻成刷印二十部之后，即带至涿州奴才旧宅存贮。"④ 因此，在私家刷印应该是赁板刷印大多数情况，因为这省却了来回运输书板的麻烦。此外，在私家刷印，也方便板主控制印数，监管操作以免损坏板片等。

其次，在书坊或刻字铺刷印。这又可分为两类。第一类，书板本来就是由书坊或刻字铺代刻的，而且寄存于书坊或刻字铺。如前所述，有的书

①　最新研究可参郑幸《清代刻工与版刻字体》，中华书局 2022 年版。

②　上海书店出版社编：《清代文字狱档》，第 226—227 页。

③　上海书店出版社编：《清代文字狱档》"于敏中奏查阅高棚高积家存书籍折（乾隆四十年十一月初七日）"，第 158 页。

④　上海书店出版社编：《清代文字狱档》"于敏中奏查阅高棚高积家存书籍折（乾隆四十年十一月初七日）"，第 248 页。

坊或刻字铺代刻的书板，私家往往会将其运回自家。但有时因为一些特殊情况（如不方便运或其他原因等），这些书板也会暂存于书坊或刻字铺，而其所有权仍属于私家。例如，张潮刊刻之书较多，其书板既有自家刻的，也有委托他人刻的，如张兆铉致张潮书云："前接手教，时《三字经》已授梓矣，今即印二十册奉上。如仍要若干册，付信即刷，遇便邮到。其板听便携取，或存刻家印卖，总听尊裁。"① 此《三字经》书板应为张氏的，但当时寄存于刻家，由张潮决定是否赁板刷印。

第二类，运至书坊或刻字铺印刷。例如，张潮"与张紫裳"云："即如岱宝楼王元臣领板印卖……王元臣所欠板头钱不知凡几。"② 显然，张潮的书板由书坊岱宝楼赁板印刷。又如，张潮"寄王丹麓"云："其（指《檀几丛书》）前集并《昭代丛书》，闻都门颇多购者。近扬州有一坊贾，付与板片，似可放心，将来可以发兑矣。"③ 如果只是将书交其销售为发兑，那为何要付与板片？可见此发兑就是赁板印刷。

板片体积大、质量重，不便长途运输，且容易出现损坏和丢失，因而如果书板不是原来寄存于书坊或刻字铺的话，私家往往不愿将其运到书坊或刻字铺来刷印。而且，如果书板在书坊或刻字铺刷印，板主也不便监控其印数。因此，私刻书板在书坊或刻字铺刷印的，要不其书板先已寄存于书坊或刻字铺，要不书板存处与书坊或刻字铺距离不远。从这个角度来看，赁板印刷一般不会长途运输书板④。

其三，赁板钱。赁板钱，又称为板头钱（银）、板租银，是租赁板片的价钱。影响赁板钱的主要因素有书板的价格、印数与利润⑤。清代文献中虽然有一些材料提到板头钱，但讲得都比较模糊，我们很难从中归纳出板头钱的标准。而且，板头钱的支付方式往往比较灵活，包括金钱支付、

---

① 张潮编，王定勇点校：《尺牍友声集·尺牍友声初集·甲集》，第 11 页。

② 张潮编，王定勇点校：《尺牍友声集·尺牍偶存》卷十一，第 483 页。

③ 张潮编，王定勇点校：《尺牍友声集·尺牍偶存》卷五，第 392 页。

④ 前引［美］贾晋珠著，李国庆统校：《谋利而印：11 至 17 世纪福建建阳的商业出版者》及赵益的文章均可以证明这一点。

⑤ 周生春、孔祥来：《宋元图书的刻印、销售价与市场》，《浙江大学学报》（人文社会科学版）2010 年第 1 期。该文云："赁板钱是在图书印造中作为固定资产的书板价值之损耗，以折旧或租金的方式逐渐转移到书籍印造成本中的价值，乃剩余价值或利润之体现。"

印书支付、其他实物支付等。当然也有拖欠乃至不支付板头钱的情况。

　　在讨论私刻赁板钱之前,我们先看看官刻与坊刻的赁板钱。

　　据前引《汉隽》《大易粹言》《小畜集》的资料看,《汉隽》赁板钱一百文足,书价六百文足,赁板钱相当于书价的16%;《大易粹言》赁板钱壹贯贰百文足,书价八贯文足,赁板钱相当于书价的15%;《小畜集》赁板钱384文足①,书价伍贯文省(相当于3850文足),赁板钱相当于书价的10%。据以上三例可以推断出,南宋前期官刻赁板钱约占一书书价的13.7%。而且,这是每印一部书的赁板钱。明清时期官刻赁板钱目前不太清楚②。例如,具有官办性质的学海堂书院规定:学海堂《皇清经解》书板,"每刷一部,纳板租银一两";每次刷印《经解》多则一纲(六十部),少亦半纲(三十部);在学海堂藏书楼(文澜阁)中由板权方负责刷印。从《经解》共一千四百卷的篇幅看,这个板租银是比较低的。

　　相对来说,坊刻书板的赁板钱应较高,因为书商会追求利润最大化。清代以前坊刻书板赁板钱的情况不太清楚。清代的相关材料稍多,我们可以尝试考察当时赁板钱的大致标准。例如,张潮致陈定九书云:"附上封面数张,烦付各书坊粘贴肆中,如欲得书,听其买纸来印。至于板头可以从轻,止得加一足矣。"③加一,亦称加一点或一成,即十分之一,也就是从所印书中抽取十分之一作为板头钱。张潮熟谙书坊赁板印刷之道,且"板头可以从轻"应是针对书坊租价而言的,故书坊租价会高于所印书总

---

　　① 原载其"赁板棕墨钱伍百文足",周生春、孔祥来《宋元图书的刻印、销售价与市场》[《浙江大学学报》(人文社会科学版)2010年第1期]推断其赁板钱为384文足。

　　② 如明朝私人可以借印南京国子监书板,据朱长春"与臧晋叔"云:"仆有书癖,辟雍图书之府,木板俱在,藏有奇籍,一一使闻,并示纸工直,当龠金从门下乞刷印数百十册尔。"(臧懋循撰,赵红娟点校:《臧懋循集》,浙江古籍出版社2012年版,第235页)这里只提纸工钱,而没有提赁板钱。清朝私人可以借印官修方志书板,参见[美]戴思哲《中华帝国方志的书写、出版与阅读:1100—1700年》,向静译,上海人民出版社2022年版,第281—285页。清朝国子监等衙门及相关人员可以借印武英殿书板,参见项旋《皇权与教化:清代武英殿修书处研究》,中国社会科学出版社2020年版,第263页。以上研究均没有提到赁板费,故不清楚是否有赁板费以及赁板费的多少。清代朝廷颁下各省翻刻之书,鼓励士子及坊贾刷印,并不收取赁板费。参见索尔讷等纂修,霍有明、郭海文校注《钦定学政全书校注》卷四"颁发书籍",武汉大学出版社2009年版。

　　③ 张潮编,王定勇点校:《尺牍友声集·尺牍偶存》卷六,第405页。

售价的十分之一。又如，光绪刻本《拱宸桥竹枝词》钤有红色木记："每部取工料洋贰角。借板刷印，抽取三成。板存察院前文元斋。"① 可知文元斋（堂）的赁板钱为所印书总数的十分之三。又如，清代福建四堡邹氏下祠邹步蟾（邹完士）在道光年间的财产分关中写道："凡本经书板汝兄弟（间）可出租，不通同刷印，亦不得出售；如杂书板（指经史之外的书板）听其愿与不愿，租印妨碍本人生意，至租印之板十部抽租一部。若外人并亲朋俱不租印，各宜遵家规。"② 十部抽一部作为赁板钱，是考虑到兄弟的关系，故较正常的租价偏低。如果是外人赁板印刷，应较此租价为高。包筠雅提供了两份福建四堡书坊间租版价格表③，其中租价高的相当于二十五部书的售价，低的相当于一部书的售价。如果取其中间值，租价大约相当于十余部书的售价。显然，坊刻赁板钱确实会较官刻赁板钱高一些，但也是在一个合理的范围内。当然，这里没有标明印数，到底是租了之后可以不限制印数，还是有一定的限制，不太清楚。何朝晖认为，古代书板单次刷印的印量一般在数十部至数百部之间④。贾晋珠则认为，单次实际印数在二十部至二百部之间⑤。两者的结论大致是差不多的。考虑到后者主要关注的是福建建阳书坊，故后者的结论可能更适合作为福建四堡书坊间赁板印数的参考。而且，赁板者来自书坊，所租的往往不是特别畅销之书的书板⑥，因为担心销路不会轻易多印，而出租板片的书坊主担心对书板有损害，也会控制印量⑦。因此，赁板的单次印量不会接近或

---

① 转引自沈津《伏枥集》，广西师范大学出版社 2019 年版，第 343 页。

② 转引自吴世灯《清代福建四堡刻书业调查报告》，载叶再生主编《出版史研究》第 2 辑，中国书籍出版社 1994 年版。

③ ［美］包筠雅：《文化贸易：清代至民国时期四堡的书籍交易》，刘永华、饶佳荣等译，第 127—129 页。

④ 何朝晖：《试论中国传统雕版书籍的印数及相关问题》，《浙江大学学报》（人文社会科学版）2010 年第 1 期。

⑤ ［美］贾晋珠著，李国庆统校：《谋利而印：11 至 17 世纪福建建阳的商业出版者》，邱葵等译，第 43 页。

⑥ ［美］包筠雅：《文化贸易：清代至民国时期四堡的书籍交易》，刘永华、饶佳荣等译，第 126 页。

⑦ 从下文看，书板在板主处印刷的情况较多。即使板移租方，但租方与出租方往往距离不远，如果再印，则要洗板晾干，相对麻烦，也费时间。这些因素都会有利于板主控制印数。

达到书板单次印刷的最大量，可能也就在二十部至百部之间。前述学海堂的租板印数为三十部至六十部，也可在一定程度上印证这一点。如此说来，前述包筠雅所提供的赁版价格要大于所印书总售价的十分之一。

私刻书板的印量不多，且不以追求利润为主要目的，故其赁板钱肯定不会有坊刻赁板钱那么高。也可以说，私刻赁板钱最高也不会超过坊刻赁板钱。参照前述张潮的说法，私刻的赁板钱应小于或相当于所印书总售价的十分之一，而且往往以书充抵。笔者认为这一推论还是有一定的合理性的，原因有三。

第一，以书充抵赁板钱是清代私刻赁板印刷的普遍做法。除了前面所举张潮等例子外，李绿园《歧路灯》也记载，观察想让盛希侨将其家藏板印刷一遍，说道："卷帙浩繁，也恐一时纸价腾贵，赀力不给。大约一块板得三十张，方可刷印一番，不然润板刷墨，不是轻易动作的。学生即送印刷工价到府，俟匠役工完，只赒赇十部，便叨惠多多。"① 一共印三十部，自要十部，留二十部与盛氏，就算是赁板钱了。以书充抵这一做法的好处是：首先，方便操作。无论印书多少，均可按比例抽取，多印多抽，少印少抽，对双方都合理。其次，私刻的板头钱不好确定。也可以说，板头钱不太好折算成现钱来支付。前述的宋代官刻、坊刻等，这些书本来就是售卖的，而且预先已定售价，所以比较方便将赁板钱折算成现钱。前述包筠雅提供的两份租版价格表，所列赁板钱均为钱而不是书，也说明书坊销售之书有明确的售价。私刻之书不是为了售卖的，既没有定价，也不好定价，而且，如果要定价，可能往往由赁板的书商来定。与其这样，板主当然认为还不如以书抵钱。最后，双方都好接受。以书充抵对于租者而言更好接受，因为其不知道赁板印刷是否能获利。而对于不以追求利润为主要选择的板主而言，也需要印本，甚至更想要印本而不是折换成的现钱。这可能也是前述蔡显通过赁板印刷首次获得其著述印本的主要原因。

第二，书坊赁板现象比较普遍，因此，私刻赁板肯定会参考书坊赁板钱。如果说书坊的赁板钱为大于所印书总售价的十分之一的话，那么私刻

---

① 李绿园著，栾星校注：《歧路灯》，第 703 页。

赁板钱肯定会以这一标准为参照，上述张潮的例子即是证明。而且，私刻赁板印刷方一般都是书坊主，其更熟悉书坊的租价与运作，以书坊的租价为参考更是顺理成章之事。

第三，私刻赁板钱肯定会较坊刻赁板钱低，且有时难以据实收取。首先，私刻主对收益的追求是多元的，如张潮既求名又求利，但赵翼可能会更希望求名。总的来看，私刻不以谋利为主要目的，不会只考虑其书板利润最大化，而租板方为书坊主，肯定会千方百计压低其租价。例如，张潮"寄戴田友"云："拙刻数种附呈台政，倘省中有欲印行者，悉听来印，板头从便可耳。"① 其次，与书坊刻板的租方可能会考虑多印不同，私刻书板的租方每次印数都不多，如果其租价高于书坊租价，租方肯定不划算，也不会答应。最后，与上述官刻、坊刻赁板印刷由出租方负责印刷（即不用将板片交由租方印刷，故其对印数是可控的，赁板钱也是可以明确的）不同，虽然大多数私刻书板存于私家（这样赁板印刷也在私家进行，故其印数还是可控的），但有的书板会运到书坊或寄存于书坊，由书坊来印刷，在这种情况下私刻赁板钱的收取就比较困难。例如，张潮"与张紫裳"云："即如岱宝楼王元臣领板印卖……王元臣所欠板头钱不知凡几。"② 这一条材料说明：从王元臣所欠板头钱"不知凡几"看，板头钱是据印次、印数来计算的；如果书板寄存于书坊，其印次和印数是难以控制的。

总之，清代坊刻赁板钱应大于所印书总售价的十分之一，而私刻赁板钱应小于或相当于所印书总售价的十分之一，而且往往以书充抵。

三 余论

清代私刻赁板印刷虽然不能说非常普遍，但还是有不少的，尤其在江南这样书业发达的地方。上述三个例子即可证明此一点。笔者以上述三例为基础，结合明清出版史，尝试对私刻赁板印刷作进一步的考察。

（一）推动私刻赁板印刷的其他重要因素

前文已经总结了达成赁板印刷的重要因素：书业发达之地，名气较大

---

① 张潮编，王定勇点校：《尺牍友声集·尺牍偶存》卷七，第418页。

② 张潮编，王定勇点校：《尺牍友声集·尺牍偶存》卷十一，第482—483页。

的作者，士人的积极推动。除此之外，还有一些重要因素需要注意。

1. 私刻本的普遍性

明代中叶以后，私家刻书越来越多。何朝晖引述日本学者胜山稔的统计指出，明代私刻本和坊刻本分别占到所有出版物的 45.46% 和 47.78%①。大量的私刻书板为赁板印刷提供了丰富的资源。而明代中叶以后，书业进入了加速发展时期。书业的发展需要大量的货源。不过，私刻虽然很多，但是自印数量有限，而且作者往往不太主动将其提供给市场。因此，书商对私刻的搜求与发现是私刻本进入市场的重要推手。由于很多私刻也由书坊、刻字铺来承刻，或者雇佣的是同一批刻字匠，故书坊主其实不难了解私刻的情况。如果发现有可"行"的书，书坊主自然会想法发兑。

2. 士人与书商交往的普遍性

明代中叶以后，士人与书商、书坊的交往越来越频繁、密切，甚至出现了士商合一的现象，书商多是儒商，其既是士人，又是书商，如吴勉学、陆云龙、李渔、汪淇等，而张潮、王晫多少也有书商的影子。士人与书商交往的普遍，不断推进士商合作，相互服务，相互支持，如士人为书坊供稿，为书坊吹嘘等；书商为士人出版其著作，为推扬其名声提供服务，而赁板印刷即是其合作形式之一。

3. 书坊不愿意大量刻板与藏板

除了特别流行的书，书商一般不会重新刊板。前述施朝英每年都到赵翼家刷印其著述各数百部，但也不愿意自己刻一套书板来印刷，显然施氏有成本的考虑。商品性是书籍的主要属性，故书籍流通主要是由市场来决定的。研究者以往对私刻和坊刻的区分往往主要从出资方来考虑，这样的认识是不全面的。其实，从市场经济的角度来看，适合进入市场的书就用或"应该"用坊刻，不适合进入市场的书就用或"应该"用私刻②。例如，畅销书（如科举考试参考书）由书坊刊刻，而不畅销的书（如时人的文集）则绝大多数是私刻的。至于赁板印刷，则可视为两者的交汇点或临界点③。

---

① 何朝晖：《晚明士人与商业出版》，第 94 页。

② 官刻则是例外，其基本不受市场经济的影响。

③ 如果私刻本畅销，书商会通过买断板权、翻刻等方式将其变成坊刻本。

也就是说，对于市场前景不太确定的私家著述，往往是通过赁板印刷的方式进入市场的。

4. 士人重视藏板

与书商不同，士人会想方设法将其或家人的著述寿之梨枣，流传久远。寿之梨枣是士人著述得以传世的重要标志，因此，士人重视刻板与藏板，甚至只刻而不印，如前述的蔡显《闲渔闲闲录》刻成书板后并没有马上印刷，而由湖州书商吴建千以赁板印刷的方式完成该套书板的首次印刷。古代士人的藏板观念是如此强烈，往往将藏板视同藏书，甚至胜过藏书，并以之为文化持守的一种象征，代表着祖先的重要遗产。将书板卖与书商或他人，往往被认为是不肖子孙所为，是家族衰败的一种标志。因此，除非迫不得已，私家也不会出售书板。前述赵翼的例子即可以在一定程度上证明这一点：哪怕书商每年来印刷，赵翼也没有将板片卖与对方的意思。因此，即使书商看中一套书板，也不是想买就能买的。在这样的背景下，赁板印刷是实现士商双赢的最佳合作方式。

总之，尽管私刻赁板印刷在全国范围内不能说是很普遍，但在一定的地区、一定的范围内还是比较流行的。从赁板印刷的角度看，我们以前可能低估了私刻本的印数、流通渠道，也低估了书坊的货源。

（二）私刻与坊刻的区分

以往研究者看到的一些明显应该是私刻之书，但又有书坊的牌记，一般会将其理解为书坊买板印刷所致。但通过前面的考述可知，书坊买板印刷的情况不会很多，上述现象更多是赁板印刷造成的。因此，赁板印刷有助于我们分辨哪些书"应该"是坊刻，哪些书"应该"是私刻，从而厘清私刻与坊刻纠缠不清的关系①。

例如，除了一些名人的文集外，书坊出资刊刻时人文集是比较少的②。如果封面上有类似"……（书坊名）梓行"这样的标记，其书多为书坊赁板印刷。例如，清康熙元年（1662）刻本《顾与治诗》八卷，封面标"书林毛恒所梓行"。毛恒所为明末清初南京书坊主。此书是施闰章等多

---

① 参见何朝晖《晚明士人与商业出版》，第21—26页。

② 张献忠：《从精英文化到大众传播——明代商业出版研究》"明代南京书坊及其刻书表"（广西师范大学出版社2015年版，第96—107页）显示，书坊刊刻的当代人文集是很少的。

人捐资刻的①，而书后有顾氏外孙之跋，因此，此书可能板归顾家，而由毛氏赁板印刷。陶望龄《歇庵集》十六卷，明万历三十九年（1611）王应遴真如斋刻本，封面标"聚奎楼刊行"。聚奎楼为明万历间南京书坊，此书应为聚奎楼赁板刷印的。即使封面没有"……（书坊名）梓行"这样的标记，我们也可以参照此理来推断。例如，万历四十年金陵三山街唐国达广庆堂刊本《张太岳诗文集》，实际上应是张氏家刻本（张居正儿子出资刻的）。唐国达是晚明南京书坊主，且该书大题标明"新刻"云云，明显是书坊的做派②，故此书很可能是广庆堂赁板刷印的。又如，北京大学图书馆藏明万历唐国达刻本《新刻刘直洲先生文集》囗卷（存卷一至卷八）③，也应该是广庆堂赁板刷印的。清初林璐《岁寒堂初集》五卷，国图所藏为钱塘林氏崇道堂本，湖北省图书馆所藏为清康熙年间还读斋刊本。其实经比较后可看出，两书为同一版所印，后者为还读斋书坊赁板印刷的④。

（三）士人著述流行的重要标志——赁板印刷

　　明清士人著述的出版大多都采用私刻，而士人对其著述的最高期待是"行与传"（在序文中经常会表达这样的期许）。"传"的问题比较复杂，且与本章关系不大，故这里主要想谈谈"行"的问题。那么，如何判断一部私家著述是否"行"呢？以往学者更多从传播的普遍性来考虑，但是，如果只是这样理解，那么私家著述作者利用自己的财力印刷大量的书来分送就可以实现"行"了。事实上，明清时期私家著述常被用作为交往礼物，但作为礼物的书其数量和传播范围都是非常有限的。真正的"行"在当时应有一个共识，就是书商是否接受。如果书商接受，那就是真正的"行"。这一现象在现代市场经济中比较好理解。如果你的书是"行"的，书商会主动找你联系出版并给你相应的报酬。如果是不能

---

① 崔建英辑订，贾卫民、李晓亚参订：《明别集版本志》，中华书局 2006 年版，第 818 页。

② 崔建英辑订，贾卫民、李晓亚参订：《明别集版本志》，第 185 页。当然此书也有可能是该书坊承刻的，然后赁板印刷。

③ 崔建英辑订，贾卫民、李晓亚参订：《明别集版本志》，第 661 页。

④ 张舰戈：《隐于书后：17 世纪江南汪氏书坊经营实录》，文化艺术出版社 2022 年版，第 256—257 页。

"行"的，大概只能自己出资印行。如果我们用这样的标准来衡量明清时期的私家著述，会发现真正流行的就是那些被书商接受的著述。例如，李梦阳、唐顺之、王稚登、袁中道、袁枚的文集，当时确有多家书坊刊刻。但这毕竟是有限的，更多的私家著述只能寄希望于通过赁板印刷的方式被书商所接受，从而实现"行"的目标。

第三章 以书为礼

　　明清时期，是传统社会中书籍出版、流通的繁盛时期，士大夫书籍之交最为普遍。而士大夫书籍之交的最主要形式就是以书为礼。也就是说，士大夫间相互赠送图书是当时书籍之交的最主要方式。赠书是人情社会的体现，是礼物交换的一种形式，其既有现实收益，也会有预期收益。因此，士大夫都乐于赠书。就大多数私家著述、刻书而言，我们甚至可以说，书籍是为了赠送而出版的。本章通过三个个案（实际上是四个）来讨论明清以书为礼现象。

一　从《明代徽州方氏亲友手札七百通考释》看明代以书为礼

　　《金瓶梅》第三十六回载："蔡状元那日封了一端绢帕、一部书、一双云履。安进士亦是书帕二事、四袋芽茶、四柄杭扇。各具宫袍乌纱，先投拜帖进去。西门庆冠冕迎接至厅上，叙礼交拜。家童献毕赘仪，然后分宾主而坐。"第四十九回载："二官揖让进厅，与西门庆叙礼。蔡御史令家人具赘见之礼：两端湖绸、一部文集、四袋芽茶、一面端溪砚。"① 蔡状元（即蔡御史）、安进士送给西门庆的礼物中都有书籍，那么，书籍作为礼物在明代是否普遍呢？本节主要想谈谈这个问题。

　　关于明代以书为礼现象，目前学界主要关注的是书帕本和历日赠送。关于书帕本，王国强《从〈金瓶梅词话〉看明代的"书帕"本》② 以

---

① 参见兰陵笑笑生《金瓶梅》，作家出版社 2010 年版，第 732—733、1010 页。

② 王国强：《从〈金瓶梅词话〉看明代的"书帕"本》，《图书馆研究与工作》1987 年第 4 期。

《金瓶梅词话》和《醒世姻缘传》两部话本小说中关于"书帕"的描述为例，指出"书帕"本是明代万历以前官宦之间来往的普通礼物。曹之《"书帕本"考辨》① 主要依据《四库全书总目》所收书帕本的情况探讨了书帕本存在的问题。郭孟良《书帕略说》② 指出了书帕异化为金钱的问题。关于历日赠送，目前最深入的研究是汪小虎的《明代颁历制度研究》③。该书详细讨论了明代的颁历仪式、向封藩颁历、向朝鲜颁历、普通官民的历书供应情况以及财政问题等方面内容，其中涉及不少历日赠送之事。此外，周中梁《明代大统历日的流通方式》④ 指出了明代大统历日主要通过官方颁赐、私人馈赠和商业销售三条渠道流通，认为历日是官场上常见的礼物。书帕本和历日赠送显然也是以书为礼的两种形式，但不能涵盖以书为礼的方方面面，尤其是这些赠送多发生在官场上，无法反映民间广泛存在的以书为礼现象。因此，我们还需要进一步探讨以书为礼的大背景及其表现，关注民间社会中士大夫之书籍往还。

关于明清士大夫的书籍之交，拙作《论题：明清民间社会的"书籍之交"》⑤ 有较详细的讨论，指出：所谓书籍之交，是指民间非商业性的书籍往还，包括赠送、借阅、临时展示等。因为这种书籍往还是以人情为纽带的，故称为"书籍之交"。该文对明清时期的"书籍之交"表现方式也作了初步的讨论，并以清代道光年间管庭芬的《管庭芬日记》为例进行了论证⑥。不过，由于材料所限，该文对明代书籍之交的讨论还比较薄弱，因此，笔者特别希望能找到明代类似于《管庭芬日记》这样的材料。非常幸运的是，笔者找到了《美国哈佛大学哈佛燕京图书馆藏明代徽州方氏亲友手札七百通考释》（以下简称《明代徽州方氏亲友手札七百通考释》）⑦。

---

① 曹之：《"书帕本"考辨》，《图书情报知识》1989 年第 1 期。

② 郭孟良：《书帕略说》，《寻根》2010 年第 2 期。

③ 汪小虎：《明代颁历制度研究》，上海三联书店 2020 年版。

④ 周中梁：《明代大统历日的流通方式》，《辽宁工程技术大学学报》（社会科学版）2012 年第 6 期。

⑤ 张升：《论题：明清民间社会的"书籍之交"》，《历史教学问题》2015 年第 4 期。

⑥ 管庭芬撰，张廷银整理：《管庭芬日记》，中华书局 2013 年版。

⑦ 陈智超：《美国哈佛大学哈佛燕京图书馆藏明代徽州方氏亲友手札七百通考释》，安徽大学出版社 2001 年版。

《明代徽州方氏亲友手札七百通考释》收录的数十通礼帖突出地反映了明代民间社会中士大夫的书籍之交情况。因此，本节主要对此份材料展开初步研究。

此外，送礼是一门社交性艺术（Social Art），其中蕴含着丰富的含义，相关的研究也不少。本节主要参考了英国学者柯律格《雅债：文徵明的社交性艺术》① 一书所述的送礼理论。该书重点讨论了文徵明的送礼（书画），指出清高的明代艺术家文徵明的大多数书画作品都是其应酬性的礼物（雅债，Elegant Debts）。显然，我们据此来看明代以书为礼现象也会发现：与书画作品相类，看似超凡脱俗的书籍在明代也成了"交游酒食之资"。

（一）《明代徽州方氏亲友手札七百通考释》所见之"以书为礼"

陈智超《明代徽州方氏亲友手札七百通考释》（以下简称《考释》）是一本考释哈佛大学哈佛燕京图书馆所藏七百多通明代信札的著作。这批手札有七百三十一通，外加账单一件、名刺和礼帖一百九十二件，合计为九百二十四件。原件分日、月、金、木、水、火、土七册，于20世纪中叶入藏哈佛燕京图书馆。这是目前已知的数量最大的一批明人信札，且收信人基本为同一人——方用彬。方用彬（1542—1608），字元素，南直隶徽州府歙县岩镇人。他兼有文人与商人的双重身份。其家本富饶，入赀为国学生，曾师事著名文人汪道昆。方用彬具有较深的文化素养，同时又在里中开设店铺经营古文化产业和典当业，且生平好游，是故交游多四方知名之士。

这批手札中有不少涉及以书为礼的内容，尤其是其中所收的礼帖（不包括邀请帖）五十一通，大部分与书籍赠送有关。礼帖，也可称为礼单，即用来送礼书写的"柬帖"，文字比较短，其内容主要包括：礼品，送礼之原因，署名。例如，"谨具诗扇叁握、小书壹部、白金一两奉引睍敬。侍生陈万言顿首拜。""诗扇"等物是礼品；奉引睍敬是送礼的套话，以表达敬意（送礼的原因）；陈万言是送礼之人。兹将《考释》中以书为礼的内容列表② （见表3－1）。

---

① ［英］柯律格：《雅债：文徵明的社交性艺术》，刘宇珍、邱士华、胡隽译，生活·读书·新知三联书店2012年版。

② 书法绘画作品以及单篇诗文的赠送，不包括在内。

表 3-1　　　　　《明代徽州方氏亲友手札七百通考释》所见赠书表

送礼者	受礼者	内容	出处	备注
王学曾	方用彬	外兰香二百、枕顶一付、刘随州诗一部侑敬，望检入	第 73 页，王学曾书	
方用彬	黄应坤	承惠佳刻，感谢感谢	第 146 页，黄应坤书	佳刻，应是方氏自编的诗集
方用彬	周良寅	华册得颂高章，沨沨乎风雅哉	第 150 页，周良寅书	华册，应是方氏所赠的诗册
李维极	方用彬	因司理公见召，恐文驾遽归，先具诗扇一握，先集二册，自制墨二种代候	第 186 页，李维极书	先集，可能是指李氏先人之诗文集
管稚圭	方用彬	薄具小书三种奉敬，拙作一首呈上削之	第 197 页，管稚圭书	
方用彬	方万山	昨扰盛筵，何当重贶？恐冒不恭，祗领佳刻二册，余附璧，谨谢	第 220 页，方万山书	
潘纬	瑶翁、方用彬	草率一书并俚语新刻，附烦行李，幸为致瑶翁。……新刻一册呈教，内刻有向所赠足下诗。近作亦入梓，尚未完也	第 256 页，潘纬书	1. 请方用彬带其新刻诗集给瑶翁 2. 赠方用彬新刻诗集
潘纬	方用彬	奚囊韵二种、沈速素带香二种奉献记室，并以粗香二种伴上，幸笑留之	第 262 页，潘纬书	奚囊韵，指诗韵
吴稼䜅	方用彬	先公《岁编》，谨往一部，奉充乙夜之览	第 333 页，吴稼䜅书	先公《岁编》，指稼䜅父维岳之《天目山斋岁编》
璩之璞	方用彬	周山人诗一册、芝供一小番，奉兄将意，不足为报	第 360 页，璩之璞书	
黄河水	方用彬	徐紫山先生集一部、滇菜一种，少宣芹意，幸照入	第 363 页，黄河水书	
方用彬	胡岳松	佳刻见赠，不意留他人所三年，乃今得之	第 381 页，胡岳松书	佳刻，应指方氏自刻诗集
杨一洲	王十岳（寅）	王十岳欲赠寄一书，未知可能一带	第 388 页，杨一洲书	
陈仲溱	方用彬	兹具草笔四十矢、通报十册，奉充途次赏赍之费	第 412 页，陈仲溱书	通报，即邸报

续表

送礼者	受礼者	内容	出处	备注
姜鸿绪	方用彬	新刻壹部,奉博一笑	第415页,姜鸿绪书	
姚舜牧	方用彬	诗韵一囊、毫笔十矢,政大方所日用者,希叱存荷荷	第434页,姚舜牧书	
汪建功	方用彬	《剑术》已完,附来伻一册奉览	第544页,汪建功书	《剑术》,可能为汪氏所著书
詹濂	方用彬	《灵岳秘简》《女诫》《远壬文》《心经》各一种奉寄,一笑	第582页,詹濂书	《考释》将《远壬文》《心经》误为一书,并将"壬"误释为"王"
方用彬	吴守淮	向承惠诗册为宗人取去,兹专僮更乞一册,希勿吝何如	第624页,吴守淮书	
方用彬	吴良止	今承馈佳墨美刻,不敢即受	第670页,吴良止书	美刻,可能是方用彬所赠自刻之书(应为诗集)
汪应廑	方用彬	倪如丹丘氏言,或肯见惠一二册以终教益,计感幸又宜如何。外附上拙稿一册,就正有道	第672页,汪应廑书	一二册,可能是指方用彬编集的《瑞麦诗集》等
方用彬	闵道扬	兹承佳刻神品下颁,令人益增感愧	第695页,闵道扬书	佳刻,可能是方用彬所赠自刻之诗集
方宇(羽中)	汪道真	羽中许赐《宋书》十册,乞讨来付来手尤感尤感	第713页,汪道真书	
潘纬	方用彬	新刻一册奉览	第753页,潘纬书	
闵龄	方用彬	兹以……祝京兆、苏长公墨刻并冗刻三种,骰子一色,少将辽意	第755页,闵龄书	
佘祁	方用彬	谨具……汗巾二方、书一集奉充鄙敬	第773页,佘祁书	
方用彬		《副墨》之刻,锁钥为家僮带至扬州未归,今借得二部,权应足下馈送。俟他日更图之如何	第794页,汪道会书	以汪道会《副墨》来送人
周天球	方用彬	菫具……家刻二种奉引微敬	第805页,周天球礼帖	以下多为礼帖
邬佐卿	方用彬	拙稿一册、拙书四幅、诗扇一柄请教	第823页,邬佐卿书	

续表

送礼者	受礼者	内容	出处	备注
方用彬	汪大成	嘉刻种种，知足下交游半海内之英	第836页，汪大成书	
刘之谊	方用彬	社草具一册奉上呈教。……佳刻幸惠教一册何如	第860页，刘之谊书	
南	方用彬	口口家刻《庄》《骚》一套奉览，拙草附呈求正	第864页，南书	
朱永年	方用彬	谨具……《诗选》一部，奉赆黟江先生词宗记室	第1024页，朱永年礼帖	
方弘静	方用彬	谨具……《诗韵》壹册奉将	第1030页，方弘静礼帖	
梁士楚	方用彬	谨具新书陆册、折仪叁星、雷葛壹端，奉申赆敬	第1032页，梁士楚礼帖	
黄学曾	方用彬	外具折仪壹两、小刻四册侑敬，幸检入	第1036页，黄学曾书	
李维桢	方用彬	谨具新历贰拾本、帕仪伍钱、诗扇肆柄、草书肆幅奉敬	第1044页，李维桢礼帖	
张尧文	方用彬	谨具薄仪壹两、小书壹部奉敬	第1050页，张尧文礼帖	
龚三益	方用彬	谨具……赠言二册……程仪五星奉敬	第1052页，龚三益礼帖	
赵斌	方用彬	托价奉上……小书一册，少引芹意	第1068页，赵斌书	
陈万言	方用彬	谨具诗扇叁握、小书壹部、白金一两奉引赆敬	第1080页，陈万言礼帖	
舒邦儒	方用彬	谨具新书贰拾册奉览	第1082页，舒邦儒礼帖	
杨师柳	方用彬	谨具新书捌本奉敬	第1083页，杨师柳礼帖	
俞承宗	方用彬	谨具《史记》壹部、诗扇贰握奉	第1085页，俞承宗礼帖	
彭好古	方用彬	谨具新书拾册奉览	第1085页，彭好古礼帖	

续表

送礼者	受礼者	内容	出处	备注
赵任	方用彬	谨具书仪伍星诗册壹帙奉	第1091页，赵任礼帖	
张濂	方用彬	谨具《白沙稿》壹部、神品贰函……奉引赆奉	第1091页，张濂礼帖	神品，可能指极精妙的书画等
方用彬	郑伟	谨具佳刻肆册……奉引璧敬	第1092页，郑伟礼帖	佳刻、璧敬，应是指退回的礼物
张尧文	方用彬	谨具小传贰册、薄席一两奉	第1093页，张尧文礼帖	
方滨	方用彬	谨具息香贰百、仕籍肆册……奉申赆敬	第1094页，方滨礼帖	仕籍，应是指记载官吏名籍的簿册
朱正初	方用彬	谨具《诗韵》二册……荡悦四幅奉敬	第1095页，朱正初礼帖	
方用彬	姚舜牧	佳刻、佳篆、佳墨具领，葛履璧上	第1095页，姚舜牧书	
方文明	方用彬	谨具领绢二方、息香壹百、官览肆册、通报壹册奉引敬	第1102页，方文明礼帖	
方用彬	黄全初	承惠嘉仪，敬领诗简肆册，余悉完璧，幸照人	第1102页，黄全初书	
王大道	方用彬	谨具……诗集贰部奉申	第1108页，王大道礼帖	
丘爱	方用彬	谨具新书拾册奉申	第1109页，丘爱礼帖	
金百炼	方用彬	谨具……武录壹册奉申	第1110页，金百炼礼帖	
刘之骥	方用彬	谨具……诗刻二册、警语肆幅奉敬	第1110页，刘之骥礼帖	
李右谏	方用彬	黄历拾册奉申节敬	第1113页，李右谏礼帖	
李右谏	方用彬	谨具新书拾册奉	第1115页，李右谏礼帖	
汪尚齐	方用彬	谨具《百家绮语》壹部、蓝绢壹端代银伍星奉申	第1117页，汪尚齐礼帖	

续表

送礼者	受礼者	内容	出处	备注
钱中选	方用彬	谨具新书拾册奉敬	第 1117 页，钱中选礼帖	
赵滋德	方用彬	谨具新书贰拾册奉申览	第 1119 页，赵滋德礼帖	
方远宝	方用彬	谨具……官录肆册奉申贶意	第 1121 页，方远宝礼帖	
程云鹏	方用彬	谨具试录贰册……奉引敬	第 1122 页，程云鹏礼帖	

据表 3-1 材料可看出方用彬交游圈中以书为礼的基本情况。

1. 以书为礼之普遍

以上共有六十六条材料反映了方氏交游圈中以书为礼的情况。这些材料在《考释》所收手札中不能算很多，但是，如果只看其中的礼帖，则不难发现以书为礼的情况是相当普遍的。《考释》共收礼帖五十一通，其中涉及赠书的达三十通，占百分之六十。可以说，但凡送礼，大多会涉及赠书。换言之，书籍是士大夫交往中最常见的礼物之一。

如前所述，书信中反映的赠书现象并不多，而礼帖中反映的赠书现象比较多，哪种情况更可信呢？显然，礼帖反映的情况更可信，原因有二。第一，送礼时一般需要写礼帖，但不一定写信。例如，过年过节的巡拜，士大夫常会送礼帖或拜帖，但并不会专门写信。第二，即使写信，因为有礼帖在，书信中往往只是泛言送礼甚至不一定提送礼之事。因此，礼帖更具体、准确地反映了送礼情况，而礼帖中的以书为礼现象更具有典型意义。当然，正如《考释》不可能全收方氏所收到的书信一样，它也不可能全收方氏所收到的礼帖。从上述礼帖中涉及赠书内容的比例看，如果方氏所收到的礼帖都能保存下来，应该会有更多关于以书为礼的内容。

礼帖相对而言更不容易流传于后世，因此，我们现在对明代以书为礼现象的认识主要依据的是书信、日记、笔记、文集等材料，而不是礼帖。如果我们能发现更多类似于《考释》中礼帖的材料，那么，我们对明代以书为礼现象的认识肯定会更为全面、准确。从这个角度来看，《考释》

中所保存的这些礼帖就显得尤为珍贵。

2. 赠书者

表 3 – 1 所列收书者大多数情况下都是方用彬,而赠书者(除方用彬外)则有四十九人之多。赠书者与方氏的关系,可分为以下五类:

方氏之族人:方弘静、方宇、方远宝、方文明。

方氏之乡人:汪建功、汪应廛、汪尚齐、潘纬、詹濂、闵龄、刘之谊、程云鹏。

徽州地方官:彭好古、王大道、刘之骥、钱中选、舒邦儒、金百炼、李右谏。

方氏之友人:吴稼竳、王学曾、李维极、李维桢、管稚圭、璩之璞、黄河水、杨一洲、陈仲溱、陈万言、姜鸿绪、姚舜牧、周天球、邬佐卿、朱永年、朱正初、梁士楚、黄学曾、张尧文、张濂、龚三益、俞承宗。

其他不明身份者:方滨、杨师柳、佘祁、南、赵斌、赵任、赵滋德、丘爱。

以上这些人,大多数的功名和社会地位都较方用彬高,而且有不少是在任官员(有高有低)。以往学界多认为是普通士子或下层官员给上层士绅赠书,其实上层士绅也给普通士子赠书。当然,普通士子赠书应该会更主动一些。而且,由于一般所赠为家刻本,而不是在市场上购买之书,而家刻的成本较高,因此,赠书者往往需要有一定的财力,多是中上层士人。

3. 赠何书

表 3 – 1 所涉作为礼物之书一般都是新书,即新刻印之书,往往包括赠书者之著作(主要是诗文集)、赠书者家人之著作、官书等。

(1)赠书者家刻之书

①赠书者之著作(主要是诗文集)

表 3 – 1 中的"佳(嘉)刻""华册""俚语新刻""诗册""诗刻""美刻""拙稿",以及"《剑术》已完,附来伻一册奉览""谨具小传贰册……奉",均指的是这类书。

②赠书者家人之著作

表 3 – 1 中"先集"及"先公《岁编》,谨往一部,奉充乙夜之览",

均指的是这类书。

③其他

不能或不太清楚是否应归入以上两类的家刻之书，如上表中的"冗刻三种""家刻二种""家刻《庄》《骚》一套""小刻四册""赠言二册""小书壹部""小书一册""小书壹部""小书三种"等。

（2）官书

表3-1中的"通报十册""新历贰拾本""仕籍肆册""官览肆册""通报壹册""武录壹册""黄历拾册""官录肆册""试录贰册"等，均指的是这类书。

通报，应该就是当时的邸报之类。例如，明朱豹《题为实省饬以禳灾异事》云："臣近巡历至吉安府，忽见通报开有十月十二日京师地震者，臣不胜骇愕。"① 明周用《江南灾伤疏》云："臣于此后每每访阅通报，未见奏奉明旨。臣亦以通报文字传写详略不同，偶未之见。"② 明朱睦㮮《万卷堂书目》卷二"起居注"中收有"嘉靖通报七十二册"③。可见，通报在当时即被收藏。目前一般介绍明代邸报的论著似乎均没有提及邸报亦可称"通报"，显然是不对的。新历、黄历，都是历日，由官方印刷，每年年末颁发，官场上多以之送礼。仕籍、官览、官录，应都是指记载官吏名籍的簿册，如职官录、缙绅录。例如，明晁瑮《晁氏宝文堂书目》收有"国子同官录"。这种书古代印行得也较多。试录，指将乡试、会试中式的士子姓名、籍贯、名次及其文章汇集刊刻而成之书。试录虽有官刻和私刻之分，但仍应属官书，而且官员所送者应多为官刻。

以上官书的赠送者往往都是在任官员，他们比一般人更容易获取这些官书，故往往以之作为赠人之礼物。

（3）其他

①新书

表3-1中的"新书陆册""新书贰拾册""新书捌本""新书拾册"，所指不明，既可能是家刻之书，也有可能是官书（历日），甚至可能是从

① 朱豹：《朱福州集》卷六，明嘉靖刻本。
② 周用：《周恭肃公集》卷十六，明嘉靖刻本。
③ 朱睦㮮：《万卷堂书目》，《观古堂书目丛刊》本。

书坊购买之书。相对来说，笔者认为是历日的可能性更大，原因有三。其一，历日每年都颁布新的，而且往往多用以送礼，没有必要标书名，因而均泛称"新书"而不标书名。其二，这些书册数都较多，符合作为礼物之历日的特点（赠送之历日往往达数册、数十册乃至百册以上）。其三，赠送以上"新书"者，除了个别身份不明者外，基本为徽州地方官员，如彭好古、钱中选、舒邦儒、李右谏等，符合在任官员多以官书（历日）为礼的规律。

②诗韵

表3-1中的"奚囊韵二种""诗韵一囊""《诗韵》壹册""《诗韵》二册"，都是指作诗的韵书。这些书对士人有实用价值。

③其他

除上述各类书外，表3-1中还有一些诗文集如"刘随州诗一部"（唐刘长卿的诗集）、"周山人诗一册""徐紫山先生集一部""《诗选》一部""诗简肆册""《副墨》五卷""《白沙稿》壹部"，一些经史之书如"《宋书》十册""《史记》壹部""《左传》一部"，以及一些杂书如"《灵岳秘简》《女诫》《远壬文》《心经》各一种""《百家绮语》壹部"等，这些书不好归入以上各类，姑列于此。

综合分析以上礼品书，笔者尝试概括一下当时礼品书的一些普遍特点。

首先，新书。无论是家刻本还是官书，礼品书一般都是新书，即新刻或新印之书。与之相对，我们很少发现赠送旧书和古书的情况（当然也有，尤其是一些藏书家之交往），这主要是因为：作为礼品书，品相很重要，因而一般不赠旧书；礼品书是普通的礼物，适合日常应酬之需要，因而如果不是特殊情况，一般不必赠送古书（往往有较高的价值）。

其次，独特性。其实，新书往往也意味着独特性。此外，礼品书中占有较大比例的是赠书者个人的或家人的著作，这些书往往是家刻本，可据需要随时印刷送人，而别人无法从其他途径获得。还有，礼品书中有一大类是官书，一般为在任官员所垄断，其他人需要通过官方渠道来获得。

再次，实用性。邸报、题名录、职名录等官书都有很强的实用性，民间士绅均希望得到。例如，表中陈仲溱致方用彬书云："兹具草笔四十矢、通报十册，奉充途次赏赍之费。"陈氏送给方氏邸报（通报），而方氏亦可再送他人。这说明邸报这类礼品可以广泛接受。至于历日，更是家家户户之必需品。因此，明代士大夫在收到历日后，常分赠左邻右舍。此外，礼品书中常见的诗韵、经典著作，对士人也有实用价值。如果赠书者既没有家刻本，又无法得到官书，那么一般会选择大家都能用得上的诗韵或经典著作作为礼物，正如表中姚舜牧致方用彬书所说的："诗韵一囊、毫笔十矢，政大方所日用者，希叱存荷荷。"

最后，每次赠送的礼品书不宜多，往往只有一部；而且，除历日外，礼品书部头都不会太大，多为一至数册。

4. 礼尚往来

《考释》所收绝大多数是他人致方用彬的书信、礼帖和名刺，因此，上表所列主要是他人对方氏之赠书。但即便如此，从他人回信内容可知，方氏多有赠书给他人之举。其中尤为突出的是，方氏常将诗册赠人。例如，黄应坤致方氏书："承惠佳刻，感谢感谢。"方万山致方氏书："昨扰盛筵，何当重觊？恐冒不恭，祗领佳刻二册，余附璧，谨谢！"正如此信所示，收礼者往往会将礼物返还一部分，因此，他人礼帖中亦会反映出方氏所送之礼。例如，郑伟礼帖："谨具佳刻肆册……奉引璧敬。"此"佳刻"应该是方氏赠给郑氏之书。据统计，表 3–1 所示方氏赠书给他人有十一例。

方氏是位儒商，既著书、印书又卖书，而且，方氏只有国子监生的出身，因此，在与中上层士绅（与他有书籍之交者大多数人的功名和社会地位都较方用彬高）交往中，方氏赠书给他人的情况应该会更多。比较普遍的情况应该是，方用彬主动赠书给与他交往的中上层士绅，而这些士绅也会赠书给方氏作为答礼。可惜的是，《考释》所收的手札绝大多数为他人致方用彬者，因而无法全面地反映方氏赠送书籍给他人的情况。

总之，礼尚往来是一种传统和习惯，他人赠方氏书，方氏也会赠他人书。由此可以推想，明代士大夫之间应该普遍存在着这样的书籍之交。

（二）《明代徽州方氏亲友手札七百通考释》中"以书为礼"的典型意义

《考释》所展示的方用彬交游圈中的以书为礼在明代是特殊个案还是普遍现象呢？这需要进一步结合其他材料来讨论。

1. 以书为礼是明代士大夫日常交往的普遍行为

除《考释》外，反映明代以书为礼的材料还有很多，只不过相对比较零散。以下依据这些材料的来源分为三类来介绍。

（1）日记

李日华（1565—1635）《味水轩日记》①有一些关于图书赠送的记载。据统计，自万历三十七年（1609）五月至万历四十三年（1615）九月间，李氏获赠图书三十多次。例如，卷二载："（万历三十八年正月）九日，闽门生陈禹玉寄至蛎房二瓿，密罗柑四只，新刻《考工记述注》一部，洞茶一斤。"卷三载："（万历三十九年五月）十九日雨，得同年余立吾金宪书，寄余酒赀叁两、东坡《洋州园池诗》木本一帙。屠观我贻余《稽瑞录》廿册、《英风记帖》肆本、香雪酒十缶、蜜蔬四瓿。"②

《祁彪佳日记》所载赠书之事更多。据统计，自崇祯四年（1631）十二月至顺治二年二月，祁氏赠书和获赠书有五十多次。例如，"（崇祯四年十二月）三十日，沈芳扬年伯惠以《阳明集》，且勖予以致知之功。""（崇祯十四年二月）二十三日……陈轶符公祖惠以《农政全书》及李卫公、陆宣公二集。""（崇祯十五年六月）十三日，得许孟宏孝廉书，赠予《宋元通鉴记事》及《仪礼经传》，又得毛子晋赠予《十三经注疏》。"③

冯梦祯《快雪堂日记》中亦有数条关于赠书之事，如卷四载："（庚寅二月）十二日……白子佩学博来，惠《诗集》及《左中川诗集》，即崆峒先生舅名国玑者。"④

需要注意的是，明代流传于今的日记不多，否则相关的材料应该会更多。

---

① 李日华著，屠友祥校注：《味水轩日记》，上海远东出版社1996年版。李日华字君实，浙江嘉兴人，万历二十年（1592）进士，官至太仆少卿。

② 参见李日华著，屠友祥校注《味水轩日记》，第73、174页。

③ 祁彪佳著，张天杰点校：《祁彪佳日记》，浙江古籍出版社2016年版，第30、502、608页。祁彪佳（1602—1645），字幼文，号世培，浙江山阴（今属绍兴）人，天启二年进士，官至右金都御史。

④ 冯梦祯撰，丁小明点校：《快雪堂日记》，凤凰出版传媒集团、凤凰出版社2010年版，第51页。冯梦祯（1548—1605），字开之，号具区，浙江秀水（今嘉兴）人，万历五年（1577）进士，官至南国子监祭酒。

（2）笔记、文集和书信

一般认为，明代中期以降，凡上任、任满入觐、奉使回朝的官员，例以一书一帕馈赠京中亲故津要，成为一种官场礼仪风俗。此外，由于明代历日由官府统一印制，历日成为垄断性的资源，故历日之赠送在当时也很普遍。明代笔记等材料对这两方面多有记载。例如，陆容《菽园杂记》卷四载："今每岁颁历后，各布政司送历于内阁若诸司大臣者旁午于道。每一百本为一块，有一家送五块者、十块者、廿块者，各视其官之崇卑，地之散要，以为多寡。诸司大臣又各以其所得，馈送内官之在要津者。"① 耿定向《先进遗风》卷下载："梁司徒公材平生清苦自持，严于操检，为杭州守，郡故以繁富称于天下，公练衣粗食，屏斥华好，泊如也。会入觐，止具一书二帕，以赞京贵，橐中无一长物，知者诧之。"② 海瑞"示禁印书籍"载："访得各抚院按院临将复命，往往牌行府县印刷书籍，为入京封帕，用费以数十两，至百余两亦有之。合各府县算，不啻数百两矣。"③ 刘瑞《又上潘先生书》载："……后十二日，承差赵伯生者忽奉执事所赐古诗一通、历日十册。"④

（3）小说

明代小说也有相关材料，比较典型的如《金瓶梅》中的例子。除本节开头所引外，还有第三十四回载："两边彩漆描金书橱，盛的都是送礼的书帕尺头，几席文具书籍堆满。"第五十八回载："西门庆让至厅上叙礼，每人递书帕二事，与西门庆祝寿。"第七十五回载："平安就禀：'……本府胡老爹送了一百本新历日。'""玳安儿又拿宋御史回帖儿来回话：'……宋老爹说："明日还奉价过来。"赏了小的并抬盒人五钱银子，一百本历日。'"第七十六回载："忽有本县衙差人送历日来了，共二百五十本。西门庆拿回贴赏赐，打发来人去了。应伯爵道：'新历日俺每不曾见

① 陆容撰，李健莉校点：《菽园杂记》，上海古籍出版社2012年版，第27—28页。

② 耿定向辑著，毛在增补：《先进遗风》卷下，中华书局1985年《丛书集成初编》本，第43页。

③ 海瑞著，李锦全、陈宪猷点校：《海瑞集》卷二《告示·示禁印书籍》，海南出版社2003年版，第246页。

④ 刘瑞：《五清集》卷二，明刻本。

哩.'西门庆把五十本拆开,与乔大户、吴大舅、伯爵三人分了。"第七十八回载:"宋御史随即差人,送了一百本历日、四刀纸、一口猪来回礼。"①

从上述材料可以看出,明朝(主要是中期以后)以书为礼现象确实非常普遍。事实上,明朝人对这一现象即有深刻的认识,如晚明时胡应麟说:"今宦途率以书为贽,惟上之人好焉。"② 这反映的是官场的情况;晚明时许自昌说:"老童、低秀,胸无墨、眼无丁者,无不刻一文稿以为交游酒食之资。"③ 这反映的是民间的情况。

2. 赠书者多为士大夫

从上述材料可看出,赠书者主要就是两类:其一为在任官员。例如,上述的书帕赠送多发生在官员之间,而历日赠送也多发生在官员之间或官员与其他士绅之间。其二为民间士绅。例如,前述的"老童、低秀"者。这些士绅往往都有一定的财力,否则无法刻印自己的书籍以为赠礼。因此,综合起来看,赠书者多为社会上的士大夫,尤其是中上层的士大夫。

3. 所赠书多为家刻本和官书

(1)家刻本。家刻本中又以赠书者自著(包括编、校)之书为主,如前引许自昌所说的"老童、低秀者"所刻之文稿。又如《祁彪佳日记》载:"(崇祯九年正月)二十三日,方欲入城,适虞山毛子晋、李孟芳两兄过访,出钱牧斋、王康宇二札,子晋且惠以所刻《甲乙集》《孝经注疏》数种。""(崇祯十年十二月)十九日……晚作书致候许平远公祖,《寓山志》刻成,并以寄之。""(崇祯十二年十二月)二十九日……得王园长公祖、路广心父母书,馈年礼,皆答以家刻。"④ 以及前引该《日记》载陈子龙(轶符)所赠的"《农政全书》及李卫公、陆宣公二集",毛子晋所赠的《十三经注疏》,等等,以上这些礼品书都是家刻本。

(2)官书(包括官刻本)

前引例子中多提到历日之赠送,而历日自然是官书。《大统历》是明代通行的日历,由朝廷每年颁布印行。当时官场和民间私人交往,多以这

①　参见兰陵笑笑生《金瓶梅》,第671、1232、1754、1798、1860页。

②　胡应麟:《少室山房笔丛》,上海书店出版社2009年版,第41页。

③　许自昌:《樗斋漫录》卷一,明万历刻本。

④　以上分别载《祁彪佳日记》,第200、307、417页。

些历日作为馈赠礼物，往往一次所赠多达数十册乃至百册以上。明代士大夫乡居者在获得历日后，还会分送左邻右舍、亲朋好友，如李开先《得新历书因成二绝句》云："新历封传三十册，呼奴分送与乡邻。"文徵明《甲寅除夜杂书》之一云："千门万户易桃符，东舍西邻送历书。"徐𤊹《癸卯除夕》云："今岁俄惊此夕除，浮生日月叹居诸。儿童堂上喧箫鼓，亲友门前馈历书。"①

又如题名录、试录等官书，亦用以赠送，如《钱镜塘藏明代名人尺牍》"沈晖致韩文函"载："久稽奉问，驰仰方切，忽辱惠乡闱录，领次曷胜感慰。……湖藩录一册附上，乞收目。应天府录或有余者，希在递中赐一册示下。"②《祁彪佳日记》载："（崇祯十二年十一月）二十五日……得陶书仓书，见福建试录。"③

除此之外，还有专门用以送礼的官刻本。据陆容《菽园杂记》卷十载："但今士习浮靡，能刻正大古书以惠后学者少；所刻皆无益，令人可厌。上官多以馈送往来，动辄印至百部，有司所费亦繁，偏州下邑寒素之士，有志占毕，而不得一见者多矣。"④ 叶德辉《书林清话　书林余话》卷七"明时书帕本之谬"载："明时官吏奉使出差，回京必刻一书，以一书一帕相馈赠，世即谓之书帕本。"⑤

（3）其他

家刻本、官书之外的书籍也可作为礼物，如前引《祁彪佳日记》载，沈自彰（字芳扬）送给祁氏《阳明集》。相对而言，这种情况比较少。

4. 礼尚往来

书籍之交是双向的，士大夫之间的以书为礼往往也是双向的。其往来模式有以下三种。

其一，下对上（包括士绅对在任官员）。从唐代赠送行卷开始，这种赠书即成为比较正式的送礼，且往往表示希望得到提携和拜在门下之意。

---

① 以上转引自汪小虎《明代颁历民间及财政问题》，《自然科学史研究》2013 年第 1 期。

② 钱镜塘辑：《钱镜塘藏明代名人尺牍》第 1 册，上海古籍出版社 2002 年版。

③ 祁彪佳著，张天杰点校：《祁彪佳日记》，第 413 页。

④ 陆容撰，李健莉校点：《菽园杂记》，第 85 页。

⑤ 叶德辉：《书林清话　书林余话》，岳麓书社 1999 年版，第 150 页。

前引李日华《日记》所记载的如举人、门生、同年之子、山人等之赠书，均是这种模式。这些赠书者的身份较李氏低，他们所赠之书主要是家刻本（尤其是自著之书）。为了表示敬意，他们赠书时往往还会随赠其他礼物。明代中期以后书帕异化为金钱，大多发生在这种模式之下。

其二，平级间。这是比较随意的、日常性的交往，是比较纯粹的书籍之交。其所赠之书范围较广，可以是自著书，也可以是他人之书。赠书时不一定要随赠其他礼物。这类赠书往往表示相互欣赏之意。

其三，上对下（包括在任官员对士绅）。这类赠书相对比较少，主要涉及一些官书（如历日等）。

总之，据上述材料可以看出，方氏交游圈的以书为礼现象确实具有典型意义，反映了明代社会书籍之交的普遍性：以书为礼既普遍存在于官场，也普遍存在于民间社会；赠送的书籍中既有官书，又有家刻本。以往研究者主要依据书帕本和日历赠送来认识明代的以书为礼现象是有相当大的局限性的，因为书帕本、历日的赠送往往受诸多条件的限制（如官员进京、年末颁历等），这种形式的以书为礼是较特殊的、短期性的行为，而且主要发生在官场上，而方氏交游圈中所展示的以书为礼，才是明代社会普遍性的、常态化的现象。

当然，强调明代以书为礼普遍性的同时，也要注意一些特殊情况，例如，以书为礼发生在京城和江南地区的相对较多，因为这些地区士大夫比较集中，出版业发达，制作和获取书籍相对更容易，等等。从时间上来说，以书为礼主要发生在明代中期以后。

（三）明代士大夫普遍以书为礼的原因

为什么明代士大夫普遍以书为礼呢？以下分析其主要原因。

1. 传统的影响

中国自古即有赠言（诗文）之传统，先秦时期的赋诗言志即可视为后世赠诗之萌芽。汉魏时期，诗歌赠答、酬唱的风气渐兴，赠诗不断涌现，其中著名的如曹植的《赠白马王彪》《赠王粲》等。唐代赠诗文空前发达，不但朋友之间赠答普遍，普通士子向官员或有名望者赠诗文也相当流行。例如，参加科举的考生都会在考前将自己所作的诗文做成行卷，想办法送到一些有权力的人手上，期望得到他们的认可和推荐。其中最典型的例子如白居易将其诗赠给顾况，为顾况所欣赏，从此诗名大振。五代时，和凝将自己的文集刻印数百套，分送于人。宋代、元代地方官府出版物中有一些被作为官员的礼物来使用。例如，南宋淳熙八年（1181），台州太守唐仲友动用公使库官钱刊刻了《荀子》等四种书籍，一套 15 册共装订了 606 部，其中拿去送给现任或已退职官员的达 205 部①。

　　明代，诗文及书籍的投赠更为普遍。明代士子将自著诗文集赠给上层官员，希望获得赏识与提携，亦与唐代赠送行卷相类。例如，明末小说《西湖二集》卷二十"巧妓佐夫成名"载："如今你素无文名，若骤然中了一个进士，毕竟有人议论包弹着你。你可密请一个大有意思之人做成诗文，将来妆在自己姓名之下，求个有名目的文人才子做他几篇好序在于前面，不免称之赞之、表之扬之，刻放书版，印将出去，或是送人，或是发卖，结交天下有名之人，并一应戴纱帽的官人，将此诗文为进见之资。"②这里讲的虽然是宋代之事，但其实揭示的却是明末的世态。

　　赠送书籍也是官员之间维系关系的一种手段，正如周绍明所说的："在官员们中间，印本常常作为礼物成为社会交往的润滑剂，帮助他们建立有利的社会关系。"③而明代官场上书帕本之流行，与宋、元地方官府刻书送人之风亦颇为相近，故叶德辉指出："明时官出俸钱刻书，本缘宋漕司郡斋好事之习。"④

　　2. 明代出版发达

　　与诗文赠答相比，古代赠书相对要少很多，这主要是因为诗文比较容易制作，而书却不好制作，尤其是在明以前。印刷术虽在唐代已出现，但其普遍应用则在宋代。但是，宋代印刷品主要是日用之书及经典著作，当时人的著作印行比较少。真正普遍印刷时人著作是从明代开始的，尤其是在明代中期之后。晚明时期，书业发达，书价下降幅度较大，书籍进入了

---

　　①　郭齐、尹波点校：《朱熹集》第二册卷 19《按唐仲友第六状》，四川教育出版社 1996 年版，第 767 页。

　　②　周清原著，周楞伽整理：《西湖二集》，人民文学出版社 2006 年版，第 335 页。

　　③　［美］周绍明：《书籍的社会史：中华帝国晚期的书籍与士人文化》，何朝晖译，北京大学出版社 2009 年版，第 80 页。

　　④　叶德辉：《书林清话　书林余话》，第 150 页。

一个爆炸性的增长时期①。

出版发达为普遍地以书为礼提供了必要的条件。人们可以请来工匠或委托书坊刻印图书（均可视为家刻本），以备送人之需。前引明代以书为礼的例子中，经常提到的家刻、新刻、佳刻等，均是指当时的家刻本而言的。家刻本的书版往往由自家收藏，需要的时候即可印刷，因而特别适合随时赠人的需要。

与宋、元时多以官刻本为赠不同，明代开始多以家刻本为赠。因此，明代中期以后，以书为礼之风的盛行、明代出版之繁荣、家刻本之增多，三者不是纯粹的巧合，而是互有因果关系的。

3. 书是雅礼

明人普遍地以书为礼，除了受传统、出版发达影响外，还受图书本身的影响，即图书是士大夫交往中特别合适的礼物。

首先，书是雅礼。书是清雅之物，用以为礼，即为雅礼。与书相类，历史上也常以帕为礼物，亦被视为雅礼。因此，明代士大夫常以书、帕一起赠人，故有"书帕"以代礼物之称。正如柯律格所指出的："礼物不仅是礼尚往来的必需品，也是想法或意图的物质化呈现。"② 可以说，书作为雅礼，特别符合送礼者与收受者的心理期待和人情义务，它提升了礼物的品质，定位了双方的君子之交，意味着双方都是"同道"之人，可以结交、同游。当然，对于送礼的普通士人而言，自著之书更是推销、宣传自己的最好工具，是进入士大夫交游圈的通行证。

其次，因为是雅礼，对于收礼的士大夫而言比较好接受。在古代，收礼者为了表示礼貌常常会返还一部分礼物，但是，书籍一般不会被返还。例如，前文表中方万山致方用彬书云："昨扰盛筵，何当重贶？恐冒不恭，祗领佳刻二册，余附璧，谨谢！"姚舜牧致方用彬书云："佳刻、佳笺、佳墨具领，葛履璧上。"黄全初致方用彬书云："承惠嘉仪，敬领诗简肆册，余悉完璧，幸照入。"以上这些有关返礼的记载均说明，其他礼物都有可能被返还，但书则全被收下。

---

① 参见［美］周绍明《书籍的社会史：中华帝国晚期的书籍与士人文化》，何朝晖译，北京大学出版社 2009 年版，第 80 页。

② ［英］柯律格：《雅债：文徵明的社交性艺术》，刘宇珍、邱士华、胡隽译，第 146 页。

再次，因为是雅礼，对于受礼的官员而言更是安全的。书、帕均为雅物，价值不高，故明代嘉靖以前官场上流行赠送书帕之风而不被人疑为贿赂之举。据李乐《见闻杂记》卷二载："吾乡孙屏石公，前嘉靖戊戌进士。余询前时大座师受礼不，公曰：时二主考为费公、某公，某出帘即分付曰：诸生休听人言，买坏了段币。每生各具清帕四方、书一册送我两。一时诸进士皆如其言。"① 显然，书、帕是官员可以公开接受的礼物。嘉靖以后，官场上的书帕产生了异化，即表面为书帕，实则为金钱。其中最典型的例子是耿定向《先进遗风》卷下所载的："公（耿定向）督学南畿五年，得士甚盛，士入长安，多持贽来见公。公他物无所受，独受书，即书中有缄金，亦令去金而受之。邸中书积与廪齐。"② 也就是说，即使给官员送钱贿赂，送礼者也以书作为遮掩，因为书是安全性的礼物。

最后，书作为雅礼，特别适合于建立双方长期的关系。柯律格认为，要区分（礼物中）哪些是仅此一次的交换，而哪些是双方都承认的持续性"往来"③。这是很有道理的。我认为，书即是可持续性交往的礼物。士大夫之间的交游大多不是一次性的，而要维系彼此的交游，诗文在其中无疑能起到必要的推动作用。与诗文酬答相类，书籍往来寄托着送礼者保持文字之交的期待。由于书籍所承载的内涵较之单篇的诗文更丰富，而且，书籍可以长期保存，因此，赠送书籍肯定不是一次性的交换，而是代表着可长期交往的可能性和期待。

4. 历日颁发制度

明代历日赠送的流行，主要是受当时历日颁发制度的影响。宋元以前，朝廷垄断颁历权，施行历书（历日）专卖制度。明代取消了历日专卖制度，改由官方免费颁历官民。但是，由于特权阶层垄断了历日资源，民间获得历日往往需要通过官府渠道，因此，一方面，"颇多居庙堂之高者，利用职务之便获得官历，再赠给处江湖之远者"；另一方面，地方官员又常常截留官历，私运进京馈送权贵④。

---

① 李乐：《见闻杂记》，明万历刻清补修本。

② 耿定向辑著，毛在增补：《先进遗风》卷下，第31页。

③ ［英］柯律格：《雅债：文徵明的社交性艺术》，刘宇珍、邱士华、胡隽译，第152页。

④ 汪小虎：《明代颁历民间及财政问题》，《自然科学史研究》2013年第1期。

（四）以书为礼的异化：书帕仪（金）和书帕本

明代以书为礼之风在中期以后产生了某些变异。其一，书帕只是徒有其名。如前所述，嘉靖以后，官场上的书帕产生了异化，即表面为书帕，实则为金钱。也就是说，书帕已经不是书和帕，而是变成了书帕仪（金）。书帕只是各种礼物（包括金钱）的代名词。其二，书帕中的书（即书帕本）也只是徒有其表。按常理来看，书帕本应该是送礼者精心准备之物，无论是内容还是印刷质量均是值得信赖的，但是，明代中期以后，人们普遍认为官场上的书帕本只注重表面装潢，校勘粗疏，一般不为学者所重视。以下主要谈谈这两种异化表现。

1. 书帕仪（金）

明代官场上流行的赠送书帕之风，到了中期已有所改变。前引耿定向《先进遗风》卷下载，梁材入觐时，"止具一书二帕，以赞京贵，橐中无一长物，知者诧之"。显然，人们觉得诧异，是因为只送京中权贵书帕颇为另类，应该还要送些金钱之类的"俗礼"。因此，从明代中期开始，书帕异化为金银珠宝，而书帕赠送也变成了公开贿赂。例如，前引耿定向《先进遗风》卷下所载，士子到京城多会给耿定向送礼，耿氏"他物无所受，独受书，即书中有缄金，亦令去金而受之"。明徐树丕《识小录》卷四《禁书帕》云："往时，书帕惟重两衙门，然至三四十金至矣。外舅宫詹姚公为翰林时，外官书帕，少者仅三四金，余所亲见。"[1] 明人赵南星"再剖良心责己秉公疏"云："今有司之贪固已成风，而长安书帕自十二金而至一百，有至二百封者，此皆何从而来？安得不贪。"[2] 清初顾炎武《日知录》卷十八"监本二十一史"条在引述明朝陆深《金台纪闻》之文后注释说："昔时入觐之官，其馈遗一书一帕而已，谓之书帕。自万历以后，改用白金。"[3]

非常有意思的是，和书帕本的异化一样，历日也经历了这样的异化过程。例如，明弘治年间，徐恪曾先后任河南、湖广两地巡抚，期间有"一太守送历日百本，每本有银叶一片，共约千两，开用方知"[4]。

---

① 徐树丕：《识小录》卷四《禁书帕》，民国《涵芬楼秘笈》本。
② 赵南星：《味檗斋文集》卷二，中华书局 1985 年《丛书集成初编》本，第 53—54 页。
③ 顾炎武著，黄汝成集释：《日知录集释》，岳麓书社 1994 年版，第 644 页。
④ 张萱：《西园闻见录》卷十六"隐恶·往行"，民国哈佛燕京学社印本。

正因书帕金之盛行，故有整顿之议。户科给事中韩一良曾向崇祯皇帝上疏说："陛下平台召对，有'文官不爱钱'语，而今何处非用钱之地？何官非爱钱之人？向以钱进，安得不以钱偿。以官言之，则县官为行贿之首，给事为纳贿之尤。今言者俱咎守令不廉，然守令亦安得廉？俸薪几何，上司督取，过客有书仪，考满、朝觐之费，无虑数千金。此金非从天降，非从地出，而欲守令之廉，得乎？臣两月来，辞却书帕五百金，臣寡交犹然，余可推矣。伏乞陛下大为惩创，逮治其尤者。"① 不过，此事后来不了了之。

2. 书帕本

与书帕异化为金钱的时间相近，明代中期以后，人们逐渐认为书帕本是质量低劣之书。正德年间陆深说："今学既无田，不复刻书，而有司间或刻之，然只以供馈赆之用，其不工反出坊本下，工者不数见也。"② 清道光年间蒋超伯说："明世苟且盛行，但其馈遗必以书为副，尤以新刊之本为贵。一时剞劂纷如，豕鱼罔校。"③ 清末民初叶德辉说："明时官出俸钱刻书，本缘宋漕司郡斋好事之习，然校勘不精，讹谬滋多。至今藏书家均视当时书帕本比之经厂坊肆，名低价贱，殆有过之。然则昔人所谓刻一书而书亡者，明人固不得辞其咎矣。"④

显然，书帕本质量低劣与送礼者和收礼者均不重视书帕本有密切的关系，例如，有的官员只是将官刻旧本稍加删改而充作书帕本之用："其仓卒不暇自刊者，则因旧官所刊，稍改面目而用之，动以旧刊漫漶为词，而偶忘其相去之不久也。"⑤《四库全书总目提要》共著录 23 种书帕本，并在其提要中对书帕本作了比较多的批评。曹之主要依据《四库全书总目提要》的材料将书帕本的问题总结为六点：一是乱题书名，二是著者不明，三是体例参差，四是东拼西凑，五是校勘不精，六是刊刻拙劣⑥。可见，

① 张廷玉等：《明史》卷二五八，中华书局 1974 年版，第 6656 页。

② 顾炎武著，黄汝成集释：《日知录集释》，第 644 页。

③ 蒋超伯：《南漘楛语》卷二《书伴苟且》，清同治刻本。

④ 叶德辉：《书林清话 书林余话》，第 150 页。

⑤ 永瑢、纪昀主编：《四库全书总目提要》卷一七四"黄楼集"，海南出版社 1999 年版，第 922 页。

⑥ 曹之：《"书帕本"考辨》，《图书情报知识》1989 年第 1 期。

这种质量的书帕本确实难以符合人们对礼品书的期待。

关于书帕本的异化，笔者认为还需注意以下两点。

其一，书帕本不是一个严谨的概念。所有充作礼物的新书大概都可以称为书帕本，但是，明代以来学者普遍将书帕本仅视为官场上临时刻印以用作官员间馈送之礼品书。这种认识显然是不准确的。以上所提到的质量不高的书帕本，主要指官场上用来送礼的图书。事实上，民间也大量存在着书帕赠送之事，也有类似的书帕本。相对而言，与官场上的书帕本多为官刻本不同，民间的书帕本多为家刻本，其质量还是比较高的。因此，我们不能说明代所有的书帕本都是质量不高之书。

其二，书帕本更不是一个严格意义的版本概念。"书帕"是针对图书用途而言的，而不是针对其版本特色而言的，因此，书帕本并不是一种版本类型[1]。《四库全书总目提要》对书帕本的认定往往比较随意、主观，且多是猜测性的，大致依据两条标准：主持刊刻者居官（外官）时所编刻的（官刻本）；其编刻质量较差。事实上，如前所述，书帕本并非全为官刻本，而且，书帕本的质量也参差不齐，并不全是编刻质量差之书。因此，目前文献学界介绍书帕本时常将其视为一种版本类型，其实是不对的。古今图书著录中的版本一项均没有书帕本，即可以充分证明这一点。

（五）结论和思考

综上所述，可以得出以下三点结论。

其一，以书为礼是明代士大夫日常交往的普遍行为：赠书者多为士大夫（尤其是中上层士大夫）；所赠书以家刻本和官书（包括官刻本）为主；以书为礼是双向的，体现了礼尚往来的原则。

其二，明代士大夫普遍以书为礼的主要原因有：受传统上诗文、图书赠送的影响；明代（尤其是中期以后）出版业发达，刻印图书更方便；书是雅礼之一，符合士大夫（包括送礼、收礼者）对礼物的期待；明代历日颁发制度使历日成为特权阶层垄断性的资源，导致赠送历日成为特权

---

① 亦可参见王国强《关于"书帕本"的补充材料》，《郑州大学学报》（哲学社会科学版）1990 年第 5 期。

阶层联络感情、贿赂的普遍选择。

其三，随着以书为礼的盛行，明代中期以后以书为礼现象产生了异化：一方面，代表雅礼的书帕只是形式和表象，书帕仪（金）才是礼物的真正内容；另一方面，官场上赠送的书帕本往往是些校勘不精、质量低劣的图书。

通过对明代以书为礼现象的考察，有助于研究者对传统文献学产生一些新的认识。

第一，书籍是普通而又特殊的礼物。书籍是什么？我们可以从不同的角度来认识：从生产流通来看，它是商品；从阅读学习来看，它是知识的载体；从历史研究来看，它是史料；从文化传播来看，它是一种传播媒介；从图书情报学来看，它是一种情报或信息。通过对明代以书为礼现象的考察，我们还可以认识到：书籍既是雅礼，也是"交游酒食之资"；既是维系感情的纽带，也是官场上的贿赂之物；既是进入士大夫交游圈的通行证，也是士大夫交往的润滑剂。总之，士大夫之间赠送图书有很多意味，我们需要从不同的角度研究古代以书为礼的多重意义。

第二，以书为礼促进了明代图书出版。图书出版之发达推动以书为礼，而以书为礼又反过来促进图书出版。例如，官场上书帕赠送之风促进了官刻本之兴盛。当然，以书为礼对家刻本的兴盛推动更大。家刻本不断增多是从明代中期开始的，这与明代出版发达的开始时间是相一致的。而且，民间以书为礼在江南最盛，而江南的图书出版业也最发达，显然，两者之间也有互为因果之关系。

研究者往往会以为，古代书籍出版后自然会流入市场。事实上，家刻本往往印数都比较少，主要用以分赠亲友或自存，很少直接流入市场的。例如，《儒林外史》载，蘧公孙将自己的名字署在《高青邱诗话》上，刻印了数百部（这一印数相对有些夸大），遍送亲戚朋友①。又如前引晚明许自昌所说的："老童、低秀，胸无墨、眼无丁者，无不刻一文稿以为交游酒食之资。"明人文集较之前代有突破性的增长，其原因固然有很多，但与家刻之发达、送礼之需无疑有很大的关系。因此，我们可以说，明代

---

① 吴敬梓著，洪江校点：《儒林外史》，上海古籍出版社 2012 年版，第 57 页。

相当多的书是为了送礼而出版的。

以书为礼也为明代后期文人、书商编纂出版大型图书提供了极大的方便。在以书为礼的大环境下，人们愿意赠书给人，而文人、书商则借助其交游圈及征启以征书（包括征诗文、素材等），可以非常方便地搜集到所需的材料。例如，《明经世文编》的编纂即颇受益于各地社友、文友之赠书，李渔、陆云龙等著名书商亦均借助征书编纂出版了大型的系列图书①。

第三，以书为礼促进了明代图书流通。传统文献学在一定程度上说就是精英文献学，往往只关注那些用来收藏的书籍，而不关注普通的书籍。事实上，古代社会上流通的绝大多数书籍都是普通书籍，且往往都是"新书"而不是"古书"。明代以书为礼现象即反映了明代士大夫之间有大量的普通书籍的往还。例如，方用彬这样的普通士人，通过扩展自己的交游圈即可以得到来自全国各地士大夫的赠书。至于李日华、祁彪佳这样有影响的乡绅，即使足不出户亦可经常性地收到来自各地的赠书。因此，在明代中后期商品经济发达、书业和坊刻兴盛的时代，赠送仍然是图书流通的主要方式之一。

以书为礼如此普遍，士大夫获致图书也变得越来越容易。尤其在书帕赠送之风影响之下，朝廷高官更可以在短时间内聚集大量的书籍。例如，晚明胡应麟指出："今宦途率以书为贽，惟上之人好焉。则诸经史类书，卷帙丛重者，不逾时集矣。朝贵达官，多有数万以上者，往往猥复相揉，芟之不能。万余精绫锦标，连窗委栋，朝夕以享群鼠。而异书秘本，百无二三。盖残编短帙，筐筐所遗，羔雁弗列，位高责冗者，又无暇缀拾之。名常有余，而实远不副也。"② 前引耿定向辑著，毛在增补《先进遗风》卷下亦载，耿定向收礼时只收书，以至于"邸中书积与廪齐"。

需要注意的是，上引胡应麟所述其实也反映了礼品书的另一面相：它们价值有限，不值得收藏。如前所述，以书为礼中的赠书以家刻本和官书（包括官刻本）为主。官书是实用性的，有一定的时效性，不宜收藏，如历日、题名录等。此外，官场上来往的书帕本（多为官刻本）往往质量

---

① 张升：《晚明清初江南征稿之风初探》，载周少川主编《历史文献研究》总第 28 辑，华东师范大学出版社 2009 年版。

② 胡应麟：《少室山房笔丛》，第 41 页。

不高，也不被收受者重视。相对而言，民间的书帕本印制质量较高，但是，因为其都是新书，往往都是新人之作，甚至多为"歪山人诗草、老童生文稿也"①，也不具有什么收藏价值。因此，礼品书流传不远，也是很正常的。明唐顺之在《答王遵岩》中说，当时出版的文集非常多，但"幸而所谓墓志与诗文集者，皆不久泯灭"②。这说明时人文集（常用作为礼品书）过了不久就多被淘汰了。据《明别集版本志》统计，现存明别集只有3600多种③。这显然是淘汰之余，因为历史上明代文集的数量应该较此多得多。

第四，以书为礼在清代依旧延续。清代士大夫间之交往也多以书为礼，例如，《管庭芬日记》中有大量关于亲友间赠书的记载。《翁心存日记》中记载了不少其朋友、学生赠书的例子，而所赠多为新书。又如，李煦《虚白斋尺牍笺注》"谢云间王司农送《周礼》一部、吕纪花卉一幅为寿"载："贱辰远蒙清注，宠锡华章，重增惭恧。所尤感者，成周制度示我以模范也，雀竹果花贻我以林泉佳趣也，不特珍玩之惠而已。"④ 此信约作于康熙五十三年（1714）二月，提到王鸿绪（王司农）给李煦送了一部书、一幅画作为寿礼。李煦是位汉军旗人，并不是藏书家，也没什么文名，对书也没有特别的兴趣，因此，赠书只是代表一种普通的交往礼仪而已。

总之，明代以书为礼现象为我们展示了明代士大夫书籍之交的丰富内涵，值得我们作进一步深入的研究。而且，如果抛开以书为礼中异化的一面来看，我认为以书为礼其实应该算是中国历史的优良传统。如何继承和弘扬这一优良传统，也值得我们今后认真地加以探讨。

二 从"文字狱档"看清代以书为礼

明清图书流通的一个重要途径是赠送（以书为礼），这在私家刻书中体现得最为明显。可以说，大部分的家刻是为了赠送而出版的。我曾以《明代徽州方氏亲友手札七百通考释》为依据较全面讨论过明代以书为礼

---

① 许自昌：《樗斋漫录》卷九。
② 唐顺之：《荆川集·文集》卷六，《四部丛刊》本。
③ 崔建英辑：《明别集版本志》，中华书局2006年版，"前言"第1页。
④ 李煦撰，张书才、樊志斌笺注：《虚白斋尺牍笺注》，中华书局2013年版，第362页。

的普遍性①，而徐雁平则主要依据管庭芬和黄金台的日记，较深入地分析了清代下层士人普遍存在着以书为礼现象，并明确指出："大多数文人刊印自己的集子，或父亲、祖父及其他家人的集子，其主要目的不在销售谋利，而是作为得体的礼物。"② 这一结论无疑是正确的。不过，徐氏的结论仍有可进一步补充完善的地方。例如，文集之外的私家刻本，是否也多以书为礼呢？黄金台的赠书行为在下层士人中有多大的代表性呢？如黄金台这样的下层士人，其私刻本的赠送对象主要是哪些人呢③？此外，清代上层士人是否也同样普遍存在着以书为礼现象呢？因此，我希望能针对上述四个问题对徐文作补充讨论。

《清代文字狱档》收录的档案涉及较多官方追查相关书籍流向的材料，能为我们研究古代图书流通提供重要依据④。我从中选取了两个案件：其一为"蔡显《闲渔闲闲录》案"。蔡显为普通下层文人，其将所刻的著作《闲渔闲闲录》（是部笔记，不是文集）送人，体现了下层士人以书（私刻）为礼现象；其二为"黄检私刻奏疏案"。黄检是高级官员，其将所刻其祖父的奏疏集送人，体现了上层士大夫以书（私刻）为礼现象。通过对这两个案件中的以书为礼现象作考察，我尝试回答上文提到的四个问题。

（一）"蔡显《闲渔闲闲录》案"中的以书为礼

蔡显《闲渔闲闲录》一案的基本情况是这样的：蔡显，字景真，号闲渔，江苏松江府华亭县（今上海松江区）人，雍正七年（1729）举人⑤，以开馆授徒为业，所著有《闲渔闲闲录》《宵行杂识》《红蕉诗话》《潭上闲渔稿》《闲渔剩稿》《老渔尚存草》《续刻红蕉诗话》等。这些书自乾隆二十二年（1757）起陆续刊刻，其中《闲渔闲闲录》于乾隆三十

---

① 张升：《以书为礼：明代士大夫的书籍之交》，《北京师范大学学报》（社会科学版）2017年第5期。

② 徐雁平：《用书籍编织世界——黄金台日记研究》，《学术研究》2015年第12期。另可参见徐雁平《〈管庭芬日记〉与道咸两朝江南书籍社会》，《文献》2014年第6期。

③ 徐雁平在《用书籍编织世界——黄金台日记研究》中虽然讨论了若干具体的赠送对象，但没有作统计分析。

④ 可惜的是，目前学界对这些材料的利用还非常少。

⑤ 王显曾纂《（乾隆）华亭县志》（清乾隆年间刻本）卷十一"选举下"所载的举人中，没有收录蔡显之名，可能与此案有关。

二年三月刻成。蔡显"欲自夸其著作之长",将书分送其门人和亲朋。此书引起了当地一些乡绅的注意,他们见书中"语涉狂悖,且多讦发他人阴私之处",遂在华亭县街头张贴匿名揭帖,说蔡显私刻文书,"怨望讪谤",号召本县乡绅一同到官府举报。蔡显心中感到非常害怕,但又自认为书中并没有什么不法文句,思忖再三,遂于该年五月到松江府衙门自首,呈出自著刊本《闲渔闲闲录》一册,请求官府做出公断①。后经松江府知府钟光豫、两江总督高晋、江苏巡抚明德、乾隆等反复审查,认定《闲渔闲闲录》一书有多处触犯清政府的忌讳,于是,蔡显被处死,其家人、门生、亲朋等多人均受到不同程度的牵连,蔡显的著作及书板被毁。

《闲渔闲闲录》共九卷,是一部见闻笔记,所载内容庞杂,或记人,或记事,或记诗文,间有评述,有一定的史料价值。其资料来源,有得于亲历者,有得于书上者,有得于道听途说者。该书于清末民初有抄本传世,后被刘承幹刻入《嘉业堂丛书》中。不过,该抄本已没有乾隆时审理此案中提及的犯讳内容,有可能是传抄者删削所致。

乾隆三十二年(1767)此书刻成后,浙江湖州书商吴建千自备纸张将《闲闲录》刷印了一百二十部,其中留二十部给蔡显抵偿板价,而自己带走了一百部。由于私刻本大多没有什么商业价值,往往由私家出资刻印,因此,由书商代为刷印拿去售卖的情况应该比较特殊。我们可以推想,如果蔡氏自己出资来印,则可能就只印二十部。有鉴于此,书商带走的那一百部的流向,就不能代表大多数私刻本的流向,而归蔡氏所有的那二十部的流向,才真正体现大多数私刻本的流向。蔡显那二十部书的流向如下②。

1. 送给黄锦堂、李保成、吴秋渔、戴晴江、王充之(即王元之)、金子敬六人各一部

以上六人均系生员或监生,与蔡显或亲或友,估计都是松江府人。其中吴秋渔,名光裕,字秋渔,松江府华亭县人,副贡,工诗,也是书商。

---

① 上海书店出版社编:《清代文字狱档》,第85—87页。
② 以下流向线索、人物信息主要来自于:上海书店出版社编《清代文字狱档》,第85—92页"蔡显《闲渔闲闲录》案";孟森《心史丛刊》,岳麓书社1986年版,第229—239页"《闲录》案";许指严《文字大狱:牡丹劫》,载《快活》1922年第2期;蔡显《闲渔闲闲录》,民国初《嘉业堂丛书》本。

王充之，即王元之（或作王元定），松江府娄县人，诸生，才甚鸿博。

2. 送给吴西序一部

吴西序是蔡显妻子之侄，在蔡显送书之先，已前往江宁贩布，故书是吴西序妻许氏接受的。

3. 送给胡鸣玉一部

胡鸣玉，字廷佩，号吟鸥，松江府青浦县人，岁贡生，工词赋，乾隆元年荐举博学鸿词科，不第，归隐于家。胡氏著有《胡吟鸥诗》《订讹杂录》10 卷，后者被收入《四库全书》。档案中提到，胡氏为蔡显的友人。胡氏曾给蔡显《宵行杂识》作序。据档案载："至寄与廖古坛、陆湘萍各一部，前据蔡显供明，同送给胡鸣玉一部，交给朱驼子托夜航船寄去。胡鸣玉先经供明并未收到，今确查朱驼子、陆湘萍俱已身故，而廖古坛与陆湘萍之子陆云璈亦未接到此书，自系中途遗失。"① 可知，寄给胡鸣玉的一部应该遗失在途中了。

4. 送给廖古檀（档案中误作"坛"）、陆湘萍各一部

廖景文，字琴学，一字觐扬，号檀园，又号羡行氏、古檀氏，松江府娄县（一说青浦）人，乾隆十二年（1747）举人，官合肥知县，有《廖古檀诗》等存世。其较蔡显约小二十岁。蔡氏赠书时，廖氏已不任知县。可见，廖氏是蔡显的同乡后辈乡绅，有一定的地位与文名。廖氏是否为蔡氏的友人不是很清楚，姑且算作其同乡中地位较尊贵的人物。陆湘萍，名贻毅，字露传，号湘苹，贡生，青浦人，著有《陆湘萍诗》。《闲渔闲闲录》中所载与陆氏的来往较多，可证陆湘萍应为蔡显的友人。据上一条可知，这两部与赠胡鸣玉的一部一起，交给朱驼子托夜航船寄送，但均未送达，估计也是中途遗失了。

5. 送给闻人侅一部

闻人侅为蔡显门人，复姓闻人，名侅，字讷甫，华亭县人，工诗，任候补训导，曾给《闲渔剩稿》作序，著有《古诗笺》（王士禛选，闻人侅笺，清乾隆三十一年刻本）。闻人侅见《闲闲录》语多狂悖，阅读之后即送还，并劝蔡显将书板销毁。

---

① 上海书店出版社编：《清代文字狱档》，第 90 页。

6. 送给吴承芳（即吴思旸）一部

吴承芳为蔡显门人，与蔡氏颇投契。

7. 送给徐介堂一部

徐氏为蔡显门人，据档案载："徐介堂年甫十八，幼虽从过蔡显，但后患弱症，不能读书，送给之逆书不能通晓。"[①]

8. 送给闻声远一部

闻声远是刻字匠闻子尚之子。蔡显曾雇闻子尚刊刻《闲闲录》。闻子尚刻成后即病故，蔡显为感谢其刻书，送给其子一部《闲闲录》。闻姓家族可能是当地（松江府）有名的刻工，因为《（乾隆）华亭县志》目录后署该志的刻工就是闻锦达。

9. 送给马刻匠一部

马刻匠是以印刷图书为业的，曾被书商吴建千雇往蔡显家印书，而蔡显亦送其《闲闲录》一部，抵作酒资。

10. 与陈鸣山交换一部

陈鸣山以时文和蔡显交换了一部《闲闲录》。陈鸣山应是位书商，因为他将书交换去是为了售卖的。不过，案发之时，其所换之书尚未售出。

11. 蔡显自己留下四部

蔡显在案发时呈送官府五部，就包括了此四部以及闻人俶退回的一部。

归纳以上二十部的流向，可以分为三类。其一，作礼物赠送。礼物赠送的基础是人情，因此，以上前7条所载均符合这一情况，而第8条也应该符合这一情况，因为闻子尚刻一书的工钱，应该不止是一部《闲闲录》的价钱（参照第9条送马刻匠一部来看更是如此，因为刻书肯定要比印书工价报酬更高），因此，蔡显送闻子尚之子书，应该是表示刻书酬劳之外的额外感谢。其二，作商品交换。第9、10条符合这一情况。从第9条可以看出，印书的酬劳应该等于或高于一部《闲闲录》的价钱。其三，自藏。

以下重点讨论其中两个问题。

首先，为何蔡显只有二十部自己著作的印本？

---

① 上海书店出版社编：《清代文字狱档》，第91页。

古代私家刻书，考虑到成本、印本用途、自藏原板可根据需要重印等因素，往往一次印刷的书都不会很多。但是，如果与黄金台一次印刷自己的文集达一百五十部至二百部（这些书应该基本为其自留）相较，蔡显只自留二十部是不是太少了。

笔者认为，二十部应该是蔡显可以接受的一次开印的印数，因为：其一，这一印数应该是蔡显与书商吴建千商量折衷的结果，肯定体现了蔡显期望的印数。否则，蔡显可能会让吴建千多印一些，而使自己能多留一些。而且，以蔡显的身份来看，应有能力多印一些。其二，从实际情况来看，二十部也基本可以满足蔡显的需要。他除了送给亲友、门人等之外，还有剩余的书可以作他用（如抵作酒资，与人交换），而且还能自留 4 部。况且，连其门人徐介堂这样既年轻又有病，还不能读书的人都获得了赠书，可见蔡显要赠送的对象不会很多。其三，结合下文黄检印书数（也是一次印二十部）看，私家刻书一次印二十部并不是一个特殊的个案。其四，据清代中期李绿园的小说《歧路灯》记载，谭观察想让盛希侨将其家藏书板印刷一遍，说道："卷帙浩繁，也恐一时纸价腾贵，赀力不给。大约一块板得三十张，方可刷印一番，不然润板刷墨，不是轻易动作的。"盛希瑗道："如今要印多少部？"盛希侨道："得三十部。"① 所谓"一块板得三十张"，即一块刻板一次刷印要印三十张。也就是说，要对藏板开印，一次最少要印三十部才合算。考虑到盛氏要印的书"卷帙浩繁"，故可能需要稍为多印一些，而《闲渔闲闲录》篇幅不大（共九卷），故只印二十部也是可以接受的。

① 参见李绿园著，栾星校注《歧路灯》，中州古籍出版社 1998 年版，第 703、704 页。李绿园生活在清代乾隆时期，《歧路灯》反映的应该是当时的社会情况。关于一次开印所印刷的部数，还可参上海书店出版社编《清代文字狱档》第 198 页载：石卓槐的诗集"于（乾隆）四十年二月交与族侄石思密带往江西刊刻板片，并刷成三十四部带回。俞樾《致戴湘（一）》："拙刻《全书》印行之本无存者，即坊间亦告罄，颇有欲购者，总以集资为难，无人刷印。吴下有人拟出六十元印十部，然亦嫌太少，难以开印。未识足下在杭州能为集六十元印十部否？如果可得，则愚再自出六十元印十部，凑成卅数，亦不虚此一番排场矣。"《致戴湘（五）》："兄前年去年均纠印《全书》，每部纸张、刷印、装订八元，今年加入《杂文六编》，而纸从又昂贵，恐须九元方可。然非三十部亦不能开印。足下如能在杭纠集十部之资，则兄于吴下再凑廿部，便可开印。"参见俞樾著，张燕婴整理《春在堂书札》第一册，凤凰出版社 2021 年版，第 66—67、75 页。

其次，接受蔡显赠书者都是什么人？

据前所述，在蔡显所拥有的二十部《闲渔闲闲录》中，有 14 部是作为礼物送人的，占了大多数。这些受赠者的基本特征如下。

受赠者与蔡显的关系：雇工（刻工）之子一人。门人共 3 人。"或亲或友"（档案之语）6 人，即黄锦堂、李保成、吴秋渔、戴晴江、王充之（即王元之）、金子敬。从姓氏看，这 6 人似乎友人居多。姑且以一半友人一半亲人计算，则友人共 5 人（加上胡鸣玉与陆湘萍），亲人共 4 人（加上吴西序）。此外，还有一位是廖景文，肯定不是蔡氏之亲人，但也不明确是否为其友人，故姑且算作当地较有地位的乡绅（既有一定的文名，还曾任县官）。

受赠者的身份：雇工（刻工）之子一人。生监，共 8 人。退职县令（举人出身）一人。候补训导一人。不详者三人。蔡显是位未曾出仕的举人，因此，大多数受赠者的功名或地位与蔡氏的功名或地位相当（或略高，或略低）。

受赠者的籍贯：黄锦堂、李保成、吴秋渔、戴晴江、王充之（即王元之）、金子敬这 6 人，除吴秋渔、王充之可以明确是松江府人之外，其余不太清楚。但是，据档案载，这 6 人均是松江府直接查办的，应均是松江府人。因此，结合上述的介绍可以明确，以上 14 位受赠者应该都是松江府人。

综上所述，蔡显私刻著作赠送对象的主要特征可以概括为：其一，以友人为主，其次为亲人，再次为门人，此外还有一位地位较尊贵的乡绅，以及一位雇工（刻工）之子。由于最后一位太特殊，因此，比较有代表性的应该是前面四类受赠者。其二，这些受赠者的功名或地位与赠送者的功名或地位相当。其三，受赠者与赠送者均为同乡，即松江府人。

那么，蔡显赠书对象的这些特征在清代以书为礼中有多大的代表性呢，或者换言之，是否清代下层士人以书为礼的赠书对象大致都符合上述的这三个特征呢？笔者认为，这三个特征还是具有很大的代表性的。以下试与黄金台的赠书相比较来认识。

从黄金台的赠书（只是指其赠送所著文集，不包括其他赠书）对象来看，黄金台赠书要较蔡显赠书覆盖的范围要大得多，既有本地者，又有外地者，既有至友、乡绅，也有一些现任官员（如知府、知县等）。正如徐雁平所说的，后一种"投赠有功利意味"。蔡显和黄金台都是比较典型的下层士人（蔡显的功名甚至较黄金台为高，黄氏只是个秀才），但是两人的赠书对象为何差别这么大呢？笔者认为，这与两人的身份、交游、性格以及书籍印数等方面的差异有关。其一，蔡显当时乡居，赠书期间也没有出外，而黄金台则周游多地以谋生。其二，蔡显的赠书是在两个月内完成的，而黄金台的赠书则持续了数十年时间。其三，蔡显的性格比较狂狷①，其交游圈有限，而黄金台性格比较随和，且因辗转各地谋生的关系，编织了庞大的交游网。其四，蔡显年龄偏大（赠书时已七十余岁），在官场上已没有什么追求。否则，当时松江府大人物很多（包括众多居高官者），而且当地官员也不少，以蔡显的身份，应该比较容易扩大其上层的交游圈。黄金台则相对较年轻，因做私幕的关系与官员交往较多。其五，蔡显的书印数少，而黄金台的书印数多。印数少，自然受赠者就少。印数多，受赠者则相对较多。

那么，两人之赠书中何者更有代表性呢？我认为，两者均有一定的代表性，不过相对而言，蔡显的赠书应该更能反映下层士人以书为礼的最基本情况，因为印数少者更能体现投赠（书籍之交）的核心范围。

蔡显只有二十部印本，而黄金台则有一百五十至二百部印本。印本少，自然只能有选择性地赠送，而其赠送对象体现了其最为核心的交游圈。印本多，则可以发散性赠送，包括对一些初次认识之人的赠送，以及一些偶发性、随机性、投机性的赠送（如赠送上级官员等）。由于黄金台长期在外谋生（任私幕），辗转多地，这种随机、偶发的赠送就尤显突出。可以说，蔡氏的赠书更多地体现出巩固性的交往、交游圈的内层，以及书籍之交的深度，而黄金台的赠书则更多地体现出拓展性的交往、交游圈的外延，以及书籍之交的广度。因此，尽管两者均有一定的代表性，但相对来说，蔡显的赠书更具有普遍性，因为其代表着最为基础的、核心的投赠。

---

① 可能也因此造成了蔡显与当地某些乡绅不和，并与当地官员关系疏远，从而为"蔡显《闲渔闲闲录》案"的发生埋下了伏笔。

当然，我们也要注意到蔡显赠书的特殊性。因为蔡显年龄较大，性格也比较狂狷，而且门人较多（这在档案中有特别的强调），故其交游相对较为封闭，在赠书上则体现为对门人赠书较多。那么，如果下层士人没有门人或适合赠书的门人，则可能会像黄金台一样将赠送对象较多地调整为地位较尊贵者（包括官员和乡绅等）。因此，如果抛开这些特殊性，我们以蔡显的以书为礼为基础，再参考黄金台的以书为礼，应该可以归纳出清代下层士人私刻本的基础印数、用途及以书为礼的大致范围。

其一，私刻本一次开印的印数大致在二十部至二百部之间。二十部可能是私刻本中一次开印所能接受得比较低（如果不是最低的话）的印数①。

其二，私刻印本之用途：大部分用以赠送，一小部分自藏，还有极小部分用以作为商品交换。需要注意的是，由于《闲闲录》有一定的商业价值（书商代印了一百二十部），故其商品性体现得较为明显，而对于其他绝大多数私刻来说，其商品性则可能比较难体现出来。

其三，以书为礼的范围会受诸多因素的影响，包括印数以及书主的活动范围、交游圈、年龄、身份、性格、乡贯、家世、名望等，但无论如何，普通下层士人私刻本赠送对象的主要特征就地方而言，是以本地为主；就身份（功名或官职）而言，与赠送者相当（或稍高，或稍低）；就关系而言，主要是友人，其次是亲人，再其次是地位较尊贵者或门人等。

（二）"黄检私刻奏疏案"中的以书为礼

"黄检私刻奏疏案"的基本情况是这样的：乾隆四十四年（1779）二月，乾隆在审阅高朴案所抄高朴家藏书中发现黄检所刻其祖父黄廷桂奏疏，其中载有雍正朱批，认为此非臣下所得私刻，下令追查所有该书刻本下落。据档案记载，该书刻本大部分被追查出来，而黄检则自请辞去福建巡抚一职。追查出来的刻本后来应都被销毁了，而黄检虽不再任福建巡抚一职，但据《清高宗实录》卷1095可知，乾隆四十四年十一月，黄检即补授直隶布政使②。至于那些接受赠书者也都没有太大的影响，大多仍旧

---

① 启功著，赵仁珪等编《启功讲学录》（北京师范大学出版社2004年版）第112页："从前木版印刷，刷一次能刷二十部就不错了。"

② 《清高宗实录（十四）》，中华书局1986年影印《清实录》本第22册，第692页上。

任职如故。

此案所涉的黄检家族，在清代前期是有较高地位的家族。其家族先世为福建人，后居辽东，入汉军镶红旗。黄检曾祖为福建巡抚黄秉中；祖父为黄廷桂（1690—1759），字丹崖，号前黄，历任两江总督、陕甘总督、四川总督、吏部尚书、武英殿大学士等职。黄检兄弟有黄模、黄杕，子辈有黄文灿、黄文炘、黄文耀，族侄有黄文燦。乾隆三十六年九月，黄检被任命为山西按察使。乾隆四十年五月，黄检被任命为山西布政使。乾隆四十三年七月，黄检被任命为福建布政使。同年八月，黄检被任命为福建巡抚。

此案所涉的"黄廷桂奏疏"刻本，其正式的书名叫什么目前并不清楚，但肯定不会称为"黄廷桂奏疏"①。目前一些论著直称该书为《黄廷桂奏疏》②，应该是不对的。为方便论述，以下暂以"黄廷桂奏疏"代其书名。该书是黄检于乾隆三十八年任职山西按察使时刻的，共印了二十部，每部二十四册，分装成四函，另有一部样本（应为刻样）。此书的篇幅是比较大的，而且因为有朱批，刻印质量应较高，刻印工价也应比较高。因此，尽管黄检有一定的财力，但也只是印了二十部。显然，二十部的印数，黄检肯定是经过考虑的，并不会是随便定的。需要注意的是，这一印数与蔡显的印数是完全一样的。由此可见，二十部尽管比较少，但也是私刻中可接受的一次开印的印数。

黄检刻成此书后，于乾隆三十九年将板片差家人赍送涿州："所有刊刻板片刻成刷印二十部之后，即带至涿州奴才旧宅存贮。"③ 据相关记载可知，黄廷桂旧宅在北京房山区张坊镇南白岱村前黄自然村（黄家祖坟亦在此附近），而房山在清代曾归属涿州，因此，板片应该是送回了此地。另据档案记载，乾隆四十四年二月二十一日，军机处传唤黄廷桂曾孙黄文璟来询问关于"黄廷桂奏疏"刻本的情况，黄氏表示并不清楚此书，

---

① 《乾隆朝惩办贪污档案选编》收录了查办高朴名下书籍的清单，但其中并没有包括此书，有可能在此之前已移出了。参见俞炳坤、张书才主编《乾隆朝惩办贪污档案选编》第一册，中华书局1994年版，第928页。

② 孔令升：《清代文字狱解密》，古吴轩出版社2013年版，第187页。

③ 上海书店出版社编：《清代文字狱档》，第248页。

说要回家查查，第二天五鼓（凌晨）再回复。第二天的上谕就提到了黄氏的回复：黄氏说其家祠堂及曾祖母处均没有，问老家人（老家在房山张坊，这老家人应指当时在北京的老家人）也不清楚①。其家祠堂、曾祖母应在京城，故能很快了解，而老家远在房山张坊，故只能问老家人。黄检将书板寄回涿州是几年前的事，因而个别老家人也不一定清楚此事。

据相关档案可知，上述二十一部"黄廷桂奏疏"中的大部分都能查清其下落②。

1. 送给缪其吉一部

档案载："在晋候补道缪其吉于前冀宁道任内亦据送给，因丁忧带回原籍。"缪其吉，安徽芜湖人，贡生，乾隆三十年任凤台县知县，后官至四川按察司。黄检送书时，缪其吉任山西冀宁道道员。

2. 送给巴延三一部

巴延三，满洲觉罗氏，曾任军机处章京。黄检送书时，巴延三任山西巡抚。

3. 送给朱珪一部

朱珪（1731—1807），字石君，号南崖，晚号盘陀老人，朱筠之弟，北京大兴县人，乾隆十二年（1747）进士，选庶吉士，散馆授编修，后官至两广总督，吏、兵、户部尚书、协办大学士。《朱珪年谱》卷上载："乾隆三十九年甲午，府君（指朱珪）四十四岁……寻有旨与臬司黄检，问藩司朱珪居官如何。黄覆奏谓：操守好，性情和平，惟待属员一味宽容，办事时形迟钝。臣每见其终日读书，于地方事毫无整顿云云。盖府君素不诡随，且与黄趋尚殊。然卒不以此怨黄。后黄得罪贫甚，府君终始周恤之十余年，至黄卒乃已。"③可见黄检与朱珪关系不一般。黄检送书时，朱珪任山西布政使。

4. 送给吕昌际一部

吕昌际（1735—1807），字峄亭，号莱园，江苏沭阳县韩山人，嗜宋

---

① 上海书店出版社编：《清代文字狱档》，第243—244页。

② 以下所引档案均出自上海书店出版社编《清代文字狱档》，第240—254页"黄检私刻奏疏案"，不再另行标注。

③ 朱锡经编：《朱珪年谱》，清嘉庆年间刻本，第25页。

明理学，兼治易学。乾隆二十四年（1759），由贡生援例授县丞，历任山西平阳府知府、太原知府等，著有《山右宦游录》等。黄检送书时，吕昌际任山西冀宁道道员。

5. 送给周克开一部

周克开，字乾三，湖南长沙人，乾隆十二年（1747）举人，授甘肃陇西知县。黄检送书时，周克开任太原府知府。据"萨载奏将黄廷桂奏疏一部咨毁折"载："兹据署江宁布政使常镇道袁鉴禀，据候补同知周克开禀称，窃照已故大学士黄廷桂奏疏刻本现奉谕旨查缴，职前在山西太原府知府任内曾奉发给一部，计共四套，理合将原书呈请转禀汇缴。"周克开说"发给"，用意是要淡化赠送的色彩，淡化与黄检的私人关系。

6. 送给高朴一部

高朴（？—1778），满洲镶黄旗人，大学士高斌之孙、两淮盐运使高恒之子。高朴于乾隆三十七年任都察院左副都御史，乾隆三十九年四月任兵部右侍郎。乾隆四十三年赴叶尔羌办事，暗中指使当地平民开采玉石，索要金宝，不久被乌什办事大臣永贵告到乾隆御前。乾隆帝下诏将高朴逮捕诛杀。档案载："高朴至山西审案时送过一部。"查《清高宗实录》卷975、卷990可知，高朴于乾隆四十年正月、九月两度赴山西办案，因此，黄检送书的时间应在乾隆四十年，而当时高朴任兵部右侍郎。另据《清高宗实录》卷993载，乾隆四十年十月丁酉，"又谕：昨侍郎高朴自山西查审案件回京，召见时，询以晋省之事，据奏巴延三曾向伊谈及布政使黄检才具明练，到山西后诸事皆赖其帮办。……黄检原系勇往能事之人，朕所素悉，巴延三之言自属公当。"① 高朴从山西回来后即向乾隆美言黄检，估计黄检送书也起到一定的作用。高朴还将此书带到了新疆，故有后来乾隆审查时的发现。

7. 送给尹嘉铨一部

尹嘉铨，直隶博野县人，举人，官至大理寺卿，著述甚多，有《贻教堂文集》《小学大全》等。乾隆四十六年因犯文字狱案被处死，家产全部入官，所有著述尽行销毁。据档案载："伏查乾隆四十一年夏间臣以香

---

① 《清高宗实录（十三）》，中华书局1986年影印《清实录》本第21册，第269页上。

差路过晋省，曾经黄检分送所刊黄廷桂奏疏一部，比因给假回籍扫墓，顺带至家存贮，臣即寄信博野县令臣子尹绍淳查全四套解京销毁。"① 黄检送书时，尹嘉铨任大理寺卿。

8. 送给叶佩荪一部

叶佩荪，字丹颖，号辛麓，浙江归安人，乾隆十九年（1754）进士，授兵部主事，累官湖南布政使，著有《传经堂诗文集》十二卷、《易守》四十卷。黄检送书时，叶佩荪任山西河东道道员。

9. 送给吴重光一部

吴重光，字营山，号岱泉，江苏江都县（今扬州市）人，乾隆三十七年（1772）任太原知县，后升为代州知州。黄检送书时，吴重光任山西代州知州。

10. 送给农起一部

农起，满洲索佳氏，乾隆四十年乙未（1775）二月调山西按察使。十月，改安徽按察使。据"奏将黄廷桂奏疏呈缴折"载："伏念臣于乾隆四十年十月内由山西按察使调任安徽，黄检系山西藩司，臣起程时曾送刊刻伊祖黄廷桂奏疏一部，随带来安。"黄检送书时，农起正由山西按察使改任安徽按察使。

11. 送给沈元振一部

据"国泰奏将黄廷桂奏疏一部解毁折"载："适沈元振因公在省，经臣延据该员覆称：前在山西冀宁道任内曾经黄检送过所刻大学士黄廷桂奏疏一部，计四套。"沈元振，江苏苏州府吴县人，监生。黄检送书时，沈元振任山西冀宁道道员。

12. 送给迟之鉴一部

据"黄模奏请一并交部议处折"（乾隆四十四年四月二十八日）载："湖南镇筸镇总兵官革职留任奴才黄模跪奏，为恭折奏闻仰祈睿鉴事。……奴才于乾隆四十一年在河南河北总兵任内，有河内县丞赫申之弟迟之鉴，俱系奴才弟黄检妻兄，因会晤时叙及曾自黄检山西布政使任所得有奴才祖父

---

① 香差，指到北岳等处进香祭祀。参见尹嘉铨《序》，载张世法《（乾隆）房山县志》卷首，清乾隆四十一年刻本传钞本。此《（乾隆）房山县志》，实为张世法个人之诗文集《大房纪胜》。

黄廷桂奏疏刻本，付奴才阅看，奴才愚昧无知，照抄二十四本。"① 迟之鉴为黄检妻兄，而黄检在山西布政使任上送他书，因此，估计送书时间是在乾隆四十年五月（黄检被任命为布政使）至乾隆四十一年（其时书已送完）之间。

13. 送给李承邺一部

据档案记载："臬司李承邺于四十一年到任之后曾送一部，因板片先已送京，黄检旋差其龙姓家人取回送人，未经补给。"可知，此书在送给李氏不久后又被黄检取回，再转送他人。这说明到乾隆四十一年黄检的二十一部书可能已送完了，否则不至于取回所赠之书。李承邺，山东济宁州人，荫生，曾任山西按察使、四川布政使等职。黄检送书时，李承邺任山西按察使。

综上所述，接受黄检赠书之人可考者为以上 13 人。这些人可以分为两类：其一为官员，共 12 人；其二为亲戚，1 人。以下试对这一赠书现象稍作分析。

其一，尽管无法获知黄检所有二十一部书的下落，但据上述亦可推断，其赠书对象以官员为主，以亲戚为辅。在亲戚中，目前所知，只有其妻兄一人。而且，此人无论从何种角度（如亲缘关系、为官与否、文化水平等）来看，在黄检亲戚中应属比较次要的人物，因此，其赠书给亲戚应是比较随机的，或者说是偶然为之，并不是精心准备的。正因如此，其兄弟、祠堂、祖母处均没有收到黄检的赠书，故乾隆在"黄检私刻奏种种疏乖谬谕"中说："但伊既为伊祖汇刻奏疏，乃于伊祖祠堂及伊祖母处俱不留置一部，可见其镌刻此书，并非实欲效法其祖，思为表扬，不过刷印多本，分送众人，图于颜面增光，且博取虚名耳。或其事由于庸劣幕友之怂恿，亦未可定。"黄检在案发后回忆说，这些刻本"俱在山西陆续分送各官"。可见，黄检认为这二十一部都送给了官员。尽管黄检所记有误（起码有一部送给了亲戚迟之鉴，而迟之鉴并不是官员），但据此来推测，二十一部中绝大部分都送给了官员应该是可以肯定的。

---

① 上海书店出版社编：《清代文字狱档》，第252—253 页。另据《（道光）河内县志》（清道光五年刻本）卷6"职官表"载：赫申，山阳人，监生，乾隆三十七年任县丞。

其二，以书为礼的充分体现。在黄检看来，这些书应该都是用来送礼的。正如前引乾隆所言"图于颜面增光，且博取虚名耳"。这二十一部最后都送了人，而黄检甚至一部都不留（连刻样也没有）。

其三，绝大部分受赠者是经过黄检精心选择的。首先，书印成后，并没有都马上送出，而是陆续在两年内（乾隆三十九年至四十一年）送完。其次，受赠者大部分是山西地方官，还有个别是出差山西的朝廷大臣。再次，黄检在将书送给山西按察使李承邺后，很快即取回，再转送他人。这位"他者"，应该是较李承邺更为重要的人物（可能是位朝廷大臣），否则黄检不会这样处理。最后，绝大部分受赠者都是级别比较高的官员，与黄检相当（或稍高，或稍低）。从上述受赠官员的官职（指受书时的官职）看，朝廷大臣有大理寺卿、兵部右侍郎，地方官有山西巡抚、布政使、按察使及山西道员、知府、知州。在这些官员中，官品最低是知州，最高是兵部右侍郎。可见，受赠者如果是官员的话，应该都在知州以上。由此我们亦可推知，上述未能考出的那八部书的受赠者，可能大多数为于乾隆三十九年至四十一年间在山西任知州以上的官员。

那么，黄检赠书行为在上层社会中有多大的代表性呢？

正如前引乾隆所言，黄检刻书、印书的行为是模仿汉族士大夫之所为，所谓刻奏疏是明人陋习，以邀声誉。可以说，黄氏刻书、赠书，完全是依照汉族士大夫的套路来做的。而且，与蔡显的情况一样，黄检所印的刻本也只有二十部，因此，其赠书的对象也体现出核心的书籍之交。综上所述，笔者认为，黄检赠书行为在上层社会中还是很有代表性的。

当然，黄检之赠书也有一定的特殊性，例如，黄氏毕竟是位八旗汉军，尽管其有意模仿汉族士大夫之所为，但其交游圈中官员较多，而文人较少。因此，如果赠书者是汉族上层高官，其文友可能更多，而受赠者可能会有更多的文友。

（三）总结与思考

综上所述，拟对本节开头所提的四个问题做出回答。

其一，文集之外的私家刻本，是否也多以书为礼？

蔡显的《闲闲录》是一部见闻笔记，并不是文集，但是，在两个月之内《闲闲录》刻本中的大部分即作为礼物赠送了出去。而且，黄检所刻其父奏疏集（既可视为文集，也可视为非文集）在两年时间也被全部（包括刻样）作为礼物送人。这两个例子说明，文集之外的私家著述刻本也普遍以书为礼。

其二，黄金台的赠书行为在下层士人中有多大的代表性？

通过上面的分析可以看出，蔡氏的赠书更多地体现了巩固性的、核心性的书籍之交，而黄金台的赠书则更多地体现了投机性的、拓展性的书籍之交。可以说，蔡显的赠书展现了书籍之交的深度，而黄金台的赠书展现了书籍之交的广度。两者都有一定的代表性。不过，相对来说，蔡显的赠书更具有普遍性，因为其代表着最为基础的、核心的投赠。

其三，下层士人私刻本的赠书对象主要是哪些人呢？

就下层士人的以书为礼而言，其赠书对象的主要特征是：就地方而言，以本地为主；就身份而言，与赠书者相当（或稍高，或稍低）；就关系而言，主要是友人，其次是亲人，再次是本地尊贵者或门人等。

其四，清代上层士人是否也同样普遍存在着以书为礼现象呢？

黄检的例子说明了上层士人以书（私刻本）为礼的普遍性。而且，就上层官员的以书为礼而言，其赠书对象的主要特征是：以现任官员为主，以亲友为次。这些受赠官员的品级与赠书者相当（或稍高，或稍低）。

总之，蔡显和黄检虽分处士人之下层和上层，但其以书（私刻本）为礼则大约同时发生于一南一北，显然不是纯粹的巧合。这充分说明清代士人普遍存在着以私刻本为礼的现象。其实，《清代文字狱档》中还有不少这样的例子，而且无论是乾隆还是查办各案的主管官员，都知道通过追索受赠者来查缴禁书，亦从另一角度说明当时人们充分认识到以书为礼的普遍性。我们以这些案例为基础，再结合翁心存、管庭芬、黄金台等有代表性的以书为礼个案作考察，应能对清代士人以书为礼现象有一个较为全面的认识。

此外，通过上文的考述，本研究还可对清代私刻本一次开印的印数作推断。如前所述，由于成本等因素影响，私刻本一次开印不可能印太多，也不可能印太少，那么其印数范围值到底是多少呢？我认为，黄金台一次印其文集达二百部，应该是私刻本中比较高的一次印数。至于蔡显、黄检一次开印都只印了二十部，则是私刻本中比较低的一次印数。也就是说，私刻本一次开印的印数，大多数应该在二十部至二百部的范围之内。

三　王晫《行役日记》所见赠书考

王晫，初名棐，字丹麓，号木庵，自号松溪子，浙江钱塘人，出生于明末，卒于清康熙年间；清顺治四年（1647）秀才，旋弃举业，市隐读书，广交宾客；工于诗文，所著有《今世说》八卷、《遂生集》十二卷、《霞举堂集》三十五卷、《墙东草堂词》及杂著多种，此外还编刻有《檀几丛书》《文津》等，在当时士林颇负盛名，以至于徐时夏"柬王丹麓"云："当代之有先生，如宋之有东坡，明之有眉公，即几砚图书，无不借芳名以为珍重。"① 这一称誉虽然不是很恰当，但如果仅就图书出版而言倒也颇得其实。王晫获致名声的套路其实是晚明清初江南下层士人普遍采用之推销自己的套路②，即：通过出版诗文选集（总集）、丛书等编织交游圈，通过交游圈罗致廉价的赞誉（如前引徐氏之言），再出版这些赞辞来坐实这一声势（如《兰言集》）。当然，真正运作时也并不一定按照这一套路顺序，但大致的方法是差不多的。可以说，交游圈有多大，其名气就有多大。因此，运作者需要一定的经济实力（可以持续支撑出版与交游），交通方便之居处（最好是城市，尤其是大城市），一定的诗文造诣，除此之外，还有不可或缺的一点，就是脸皮厚——这是最后能胜出的关键，因为符合上述前三项条件的士人其实不少。明末的陈继儒、冯梦龙，清初的李渔、王晫、张潮等，即是其中的佼佼者。

本节拟以王晫《行役日记》为中心，探究清初江南士人交游中的赠书现象及其普遍特点，从一个侧面反映当时士人推销自己的套路。

（一）王晫《行役日记》

康熙十三年（1674）七月，王晫之父去世。为了请求名士写作志墓之文（包括传、墓志铭、哀辞、诔、墓表等），王晫在好友徐士俊的陪同下，于该年九月廿七日乘船出发，遍访名士。此行先到宜兴，然后再折

---

① 王晫编：《兰言集》卷20，康熙刻《霞举堂集》本。

② 《四库全书总目·丹麓杂著十种》称王晫的著述出版事业"大抵皆明末山人之派"［纪昀等：《钦定四库全书总目（整理本）》，中华书局1997年版，第1767页］。其实，王晫推销自己的套路也可以称为"大抵皆明末山人之派"。

返，一路访客求文。十月廿九日抵家，前后历时一个月。《行役日记》即
是此行之日记。

为家人求志墓之文，这是古代文人的惯常做法。如果所求者在外地，
一般都是写信请求（当然一般会有酬金）。至于亲自前去请求的，也有，
但并不多。如同王晫这样，一次性同时请求五篇志墓之文，而且所请均为
在外地者，并一一前去拜访，这种情况绝少①。也许有人认为，因为路途
不太远，相对比较方便，且为了表郑重，故王晫有是举。这些当然是其中
的原因，但是，真正的原因是王晫本来就要标新立异，要将此事做得和一
般的做法不一样，以作为宣传自己的一种手段。事实上，他做到了，也实
现了这一目的，而《行役日记》中所引他人的评价，亦往往标举王氏做
法之"新"与"异"。可以说，王氏所为是进一步推扬其名气之事。

说王晫标新立异，只是相对于一般士人而言的，其实在此之前袁骏的
做派更为新异，而且王晫很有可能是模仿袁骏之所为。袁骏是明末清初江
南长洲人，三岁丧父，由其母艰难抚养成人。为表彰其母之贞节，袁氏从
明末开始，遍征士大夫诗文、绘画以志其事，持续时间长达五十余年，形
成了《霜哺篇》这样一部层累而成的独特文本②。在王晫此行之前，他与
袁骏即有交往，知悉其征文之事，而且，此行在苏州他也拜访了袁骏
（重其），从会面的记述看，显然不是初次交往。此外，王晫在《今世说》
中提到袁氏之孝行及征文之举。因此，王氏此行可能即是仿袁骏之举而
为之③。

此外，我们从其他一些方面也能看出王晫此行是其精心策划的。

首先，王晫将此行之收获编刻成《幽光集》。王晫在《兰言集》"例
言"中说："先君子志墓之文，以及生前祝嘏之词，不敢滥附，特另刻成
编，曰《幽光集》，合计二卷，藏之家乘，以为子孙永宝。"如前所述，
征文之举古代多有，但将其专门刻集则不多。王氏编刻《幽光集》，也是

---

　　① 王穉登《雨航记》也是一部日记。此书是记王氏求志蒯夫人墓之行，与王晫之日记相
类。不过，王氏此行只求一篇墓文（薛应旂撰），另求一人书写（秦汝立书）。

　　② 杜桂萍：《袁骏〈霜哺篇〉与清初文学生态》，《文学评论》2010 年第 5 期。

　　③ 类似的征文行为还有张潮为其妻，尤侗为其姜等，可见王晫此举在当时也并不是特别
稀见。

要做得和他人不一样，而且更方便宣传。当然，需要注意的是，《幽光集》所收除了志墓之文之外，还收有之前的祝嘏之词，可见此行并不征一般性的悼念之诗文。因此，此行的目的很明确：为纪念其父而遍谒名公，为其父乞墓铭，作《幽光集》。这种突显孝道之举，无疑又是助长王晫名气之事。而且，编刻《幽光集》更可证王氏所为与袁骏所为（为母征题词，编成《霜哺篇》）的相似性。

其次，专门为此行写作日记。《行役日记》为王晫《杂著十种》之一，清康熙刻本，现藏于中国国家图书馆善本部。书前有徐士俊序，正文内穿插有时人之评点，评点者包括：徐喈凤、史惟圆、蒋景祁、吴本嵩、周启隽、任绳隗、潘眉、钱肃润、鲍鼎铨、陈大成、尤侗、赵澐、徐崧、魏学渠等，均为此行会面且有书籍赠送之人。显然，这部日记先以抄本寄往各家，征求评点，然后一起刻出。评点者在日记中均有适当而得体的记述，而这也是评点者乐于见到的，故评点自然也只能都是吹捧、揄扬之辞。我们甚至可以推想，在这一文本的传阅过程中，评点者可能不一定只是评点，而且还可能对原著提出修订或补充意见。王晫对此显然持开放的态度，因为从日记可以看出，王晫后来确实作了一些添补、修改，乃至补充了一些事后的内容①。可以说，该日记是王晫与此行会面者（尤其是评点者）一起精心制造的，以达到相互宣传的作用。事实上，这也是当时士人出书以宣传自我、层累性制造图书的一种普遍模式，如王晫之友张潮的刻书即多如此，最典型的就是《幽梦影》。如果我们联想到日记往往是一种私密性的著述，即使出版亦多在作者死后，而且王晫其实平时并无写日记之习惯，则更容易理解这一点。

总之，王晫的《行役日记》，从最初的设计、写作，到最后的评点、出版，就是明末清初下层文人如何营销自己的一个典型案例：以非同寻常的行事鼓荡交游圈，从而震播士林，凸显其在现实中的声誉；以纪实文本的出版与评点，展示文本的力量，以坐实其现实的声誉。而正因为这是王晫展示自己影响力的作品，故其对交接、酬赠方面的记载应该是比较可信

---

① 例如，王晫《行役日记》（康熙刻《霞举堂集》本）载："（十四日）闻黄冈杜子于黄亦客于此，遂往相见。古貌古心，洵是吾党硕果。后得其《变雅堂集》读之，文体高卓，始叹名下固自无虚。""后得"云云，应该是后来补记的。

的。因此，从王晫《行役日记》所见之赠书现象，可以看出当时江南士大夫图书交往的普遍性。

（二）王晫《行役日记》所见之赠书

为了更便于下文的讨论，兹将《行役日记》所载之赠书信息列表如下①（见表3-2）。

表3-2 赠书信息表

时间	地点	赠者	书名	备注
康熙十三年（1674）十月初五	宜兴城	徐喈凤（1628—1689）字鸣岐，更字竹逸，号荆南山人，江苏宜兴人。清顺治十五年（1658）进士，官云南永昌推官。著有《荫绿轩词》正、续集	古文词	应为王晫老友。王晫托其作传文。日记中载，初七日评徐氏古文词。现存《荫绿轩词》正、续集，二册
初六	宜兴城	史惟圆，字云臣，号蝶庵，阳羡人，有《蝶庵词》四卷	蝶庵词	现存《蝶庵词》四集，四册
初六	宜兴城	蒋景祁，字京少，一字荆少，江苏宜兴人。康熙年间贡生，官至府同知。著有《梧月词》二卷等，编有《瑶华集》二十二卷	梧月词	有可能与王晫为初识
初七	宜兴城	吴本嵩，原名玉麟，字天石，江苏宜兴人，著有《善卷山房诗集》等，与潘眉等人编有《今词苑》	善卷山房诗集	与王晫为旧识
初八	宜兴城	蒋景祁	梧月山房诗集	
初九	宜兴城	周启隽，字立五，宜兴人，顺治四年进士，官至鸿胪少卿。著有文集八卷诗四卷	诗文全集	应为王晫老友。王晫请其作墓志铭
初九	宜兴城	任绳隗，字青际，号植斋，阳羡人，顺治十四年（1657年）举人，著有《直木斋词选》三卷	诗文全集	现存《直木斋全集》十三卷，三册

---

① 这些赠书，不包括单篇赠送的诗文。由于王晫此行来去匆匆，有些人访而未见，否则所获赠书可能更多。

时间	地点	赠者	书名	备注
初九	宜兴城	潘眉，宜兴人，字元白，康熙年间附贡生，官至兴化知府。与吴本嵩等人编有《今词苑》	词选（有可能是《今词苑》）	现存《今词苑》三卷，二册
十二日	常州城	庄同生，字玉骢，号澹庵，武进人，顺治间进士，官右庶子兼侍读，著有《澹庵集》	《澹庵诗钞》《黄海纪游》《宛陵酬赠》《阳宅秘传》《兰语》	应为王晫老友
十四日	无锡城	钱肃润（1619—1699），字季霖，一字础日，江苏无锡人，明诸生。著有《十峰草堂诗余》等，编有《文瀫初编》	诗选、文集、史论（应是指《十峰草堂集》，包括《十峰诗选》《十峰文选》《史论一编》各七卷，均为其个人著作）	应为王晫老友。王晫曾为其作"十峰文集序"。现存《十峰草堂集》二十卷，三册
十五日	无锡城	鲍鼎铨，名允治，字让侯，无锡人，康熙八年（1669）举人，大挑知县，著有《心远堂诗》八卷	《心远堂集》（即《心远堂诗》）	现存《心远堂诗》八卷，二册
十六日	无锡城	陈大成，字集生，无锡人，著有《陈集生诗集》等	七家友人诗词	
十八日	苏州	尤侗（1618—1704），字同人，一字展成，号悔庵，又号艮斋，晚号西堂老人，江苏长洲（今苏州）人，康熙十八年（1679）召试博学鸿儒，授翰林院检讨，累官至侍读。著有《西堂全集》等	《述祖诗》《李白登科记》	此行王晫与尤氏相识于袁骏座上，但据《兰言集》，之前已有书信来往
十九日	苏州	袁骏，字重其，长洲（今苏州）人，早年丧父，以孝事生母闻名吴中	《高季迪诗》一卷	
廿一日	吴江	赵澐，字山子，吴江人，顺治庚子举人，著有《雅言堂诗》，与顾有孝编有《江左三大家诗钞》	《江左三大家诗选》（即《江左三大家诗钞》）	现存《江左三大家诗钞》九卷，三册

续表

时间	地点	赠者	书名	备注
廿一日	吴江	吴锜（字闻玮）、吴兆宽（字弘人），吴江人，两人为叔侄，皆有诗名	林下松陵两词刻（即周铭所编《林下词选》十四卷、《松陵绝妙词选》四卷）	王晫有可能托吴锜、吴兆宽叔侄搜求此两书，沈永令得知后慨然相赠①。日记称沈氏为“素未谋面之人”，则此两书为吴氏叔侄转赠的。现存《林下词选》十四卷，四册
廿三	吴江	徐崧（1617—1690），字嵩芝，一字松之，号耀庵，吴江人，编有《诗风初集》等	诗风（即《诗风初集》）	现存《诗风初集》十八卷，八册
廿三	吴江	赵澐（山子）	雅言堂诗稿	
廿六	嘉兴	魏学渠，字子存，号青城，浙江嘉善人，顺治五年（1648）举人，官至江西湖西道参议。康熙己未举博学鸿词。著有《青城山人集》《青城词》三卷等	青城词刻三卷（即《青城词》三卷）	王晫请其作诔

　　根据表3－2所展示的情况，以下试从三方面归纳王晫《行役日记》所见赠书的一些特点。

　　其一，赠书的数量。据上表统计，王晫此行约获得三十三种（部）赠书（其中“七家友人诗词”算七部书）。由于其中如“诗文全集”算一种（部）计，但实际上可能不止一种（部），因此实际所得可能较三十三种（部）为多。

　　其二，赠书者。王晫此行会面者约有30人，而表中共列有18位赠书者：徐啫凤、史惟圆、蒋景祁、吴本嵩、周启隽、任绳隗、潘眉、庄同生、钱肃润、鲍鼎铨、陈大成、尤侗、袁骏、赵澐、吴锜、吴兆宽、徐崧、魏学渠。在所有会面者中，赠书者所占比例较高。也可以说，明末清初士大夫相会常有赠书之举。以上赠者，既有原先之旧雨老友，也有初识

---

　　① 沈永令（1614—1698），字闻人，一作文人，以手有枝指，号一枝，又称一指，吴江人，顺治五年（1648）副贡，官韩城知县等，著有《深柳读书堂集》等。

新知；既有士林之名宿耆旧，亦有青年俊彦。例如，传记和墓志，分委徐嗜凤、周启隽两人，从所有会面之人看，应是地位较高者，而且相对也是王晫较熟的，平时联系较多之人。五年之后，周启隽"寄王丹麓"云："自台驾光临敝邑，岁凡五易矣。……前者志铭之委，深愧不文。"① 相对来说，袁骏可能为不太熟悉之友人，虽然之前已有通信往来，但此行应为首次见面，故王晫《题袁重其负母看花》云："我来吴郡始登堂，细雨寒风草木黄。"② 王晫《今世说》载："袁重其状貌臞然，能读书识字，好以礼义自维，不苟言笑。与四方贤士大夫交，言而有信。乡里交叹为善人。"仅"能读书识字"，说明袁氏并不是一个标准的文人③，但是其仍以图书相赠，反而更证明当时江南社会以书为礼的普遍性。事实上，当时见面者中，可能大多交往并不深，例如，王晫于康熙三年编刻《文津》，只有尤侗之作品选入。尽管如此，这似乎并不妨碍王晫所到之处备受欢迎（日记所载或有些夸张的成分），尤其是诗文、图书酬赠不断，由此可以看出，这种酬赠是受当时士大夫普遍接受的、互利互惠的交往方式。

其三，所赠之书。所赠多为赠者自著、自编之书，而且均为刻本④。以上三十三种书中，只有陈大成所赠七家友人诗词，吴锦、吴兆宽所赠为王晫指定索求者，袁骏本身并无著述，故只好以高启诗集相赠⑤，其余均为赠者自著或自编之书。据此我们可以看出这样一些现象：明末清初士人编著书籍非常普遍；他们编著之书中有相当多在生前即已刊行；士人普遍以自己编著书籍的刻本送人。此外，还有一个现象值得注意，这些赠书者中不少都是选家，多有自己编选的诗文总集刻本。而王氏在当时也是有名的选家，因此，互赠诗文总集及自著诗文集，既是自我宣传的手段，也是征稿与投稿的方式。换言之，这些投赠可能也与诗文总集的编选有关。

---

① 王晫编：《兰言集》卷19。

② 王晫：《松溪漫兴》卷4四，康熙刻《霞举堂集》本。

③ 袁骏"答王丹麓"云："墨兰一幅，家刻数种，附呈记室。"（王晫编《兰言集》卷23）袁母去世在康熙十年。写此信时，袁母刚去世，故求王氏挽辞。可见，王、袁在康熙十三年之前有通信。此外，袁骏是布衣而有家刻，估计是个书商。

④ 《行役日记》中虽然没有明确记载每种均为刻本，但是由目前所能搜检到的这些书的刊刻时间，以及仓促间持赠来看，可证它们均应是赠者家中原有的刻本。

⑤ 也可能是袁骏家刻。

此外，王晫此行经常会遇到他人赠送之钱物，面对这些赠予，王氏有些收而有些不收。对于所有赠书，王晫都是非常爽快地照单全收的；而对于其他钱物，王晫则时或婉辞。这其实与我在之前的文章中讨论的情况一样，即图书是文人间比较合适的交换礼物①。既然图书是文人间普遍的交换礼物，那么王晫此行是否也赠书他人呢？答案是肯定的。例如，《行役日记》载，（十七日）王晫在袁骏卧雪斋中遇叶林屋（闇），叶氏有《诗观一集》之选，求王氏稿，王氏无新稿，以旧刻应之。可见，他在船中是备有旧刻诗文集的。因此，王晫此行与他人应酬时，当亦多有书籍之赠送。

（三）总结

通过对王晫《行役日记》中赠书现象的考察，可以对当时士人（尤其是下层士人）的图书交流情况有一些新的认识。

其一，明末清初江南士人以书为礼的普遍性。

自明代中叶以后一直到清代，官场上流行着书帕本，作为官员往来的重要馈赠之物。至于一般士人的书籍之交，则不甚了了。其实，一般士人间也存在着普遍的以书为礼现象，这在前引《以书为礼：明代士大夫的书籍之交》一文已有一定的证明，而《行役日记》亦可以视为一个新证。而且，正如我在该文中指出的，以书为礼之现象应以江南一带更为普遍。究其原因，主要有两点。

首先，江南图书出版业发达。由于出版发达，选政兴盛，很多士人的自著、自编之书既有家刻本又有坊刻本。这些现象在以前的论著中多有讨论，而从《行役日记》中亦可得到证实。例如，士人互相赠送之书多为赠者自著、自编之书，赠书者（包括王晫）多为当时有名的选家，出版有多种选本总集。这些选家在当时颇有主持风雅之气势，从征稿、选编、评点、出版等，有一套成熟的运作机制，从而形成以选家为中心、以图书往还为主要形式的交游网络。这一点从张潮、王晫他们编选、出版丛书可以明显看出。可以说，出版发达助推了以书为礼。而另一方面，以书为礼也是书业发达的重要推手。很多选家即从这些赠书中选材，既降低了出版

---

① 张升：《以书为礼：明代士大夫的书籍之交》，《北京师范大学学报》（社会科学版）2017年第5期。

成本，又能发挥图书交流、宣传的重要作用；而且，新的选本又成为新的赠送之物而进入图书的交流循环之中。

其次，江南水路交通非常方便。书籍之体积相对较大，质量也较重，长途运输多有不便。不过，由于江南水路交通很方便和普及，因此，船成为了书籍流通的重要推手。书船的出现并流行，正是这一推手的重要表征。江南的书船，不但可以游走江南各地，而且还可以沿运河直达北京，甚至可以航海到日本。至于江南士人的出行也多以水路为主，这样不但可以解决住宿、吃饭、休息、避风躲雨等问题，而且可以搭载一定量的书籍随行。出行的士人既可以所携书籍（以及字画等）消遣，亦可以其赠予沿途受访者，而受访者也可以随意赠书来访者，而不至于让来访者有积重难返之累。这不但使得江南士人的交往变得更普遍（相对于北方而言），而且也使得书籍之交变得更为普及。因此，船在江南的图书出版与流通、士人交往、学术文化传播等方面起到了重要的推动作用。也可以说，船使江南士大夫的书籍之交变得广泛而深入。

其二，士人受赠书的数量。

由于江南书籍之交的普遍性，士人受赠书的数量应该是相当多的。但是，由于缺乏相应的材料，士人受赠书的具体数量很难统计。不过，王晫的个案可以提供一些参考。据表3－2统计可以得出，王晫此行约获得三十三种（部）赠书。也就是说，在一个月的时间内，王晫即有如此多的收获。尽管这种密集的访友、获赠书的情况在王晫的一生中不可能多次出现，但是，以王晫交游之广，身居杭州这样的大都市，又常年从事选政与图书出版，因此，其平时所获之赠书当亦不少。事实上，从王晫的著述中即能看出，他人来访面交、平时邮至的赠书也不少，而王晫出于宣传和编书的考虑，也特别重视收集赠书及赠言的信息，每年以"量书尺"来记录、统计。这为我们考察其一年所得之赠书数量提供了依据。

王晫《兰言集》卷十一所收毛际可"量书尺记"载："武林王子丹麓以霞举堂中所蓄量书尺相属为记，大率当岁除之夕，聚终岁所得四方友朋诗古文辞各集暨赠遗酬和之作，准诸周官六尺，而以七尺以降为赢，五尺以上为缩。此从古设权度以来所未有也。"吴仪一"量书尺铭并序"载："墙东王先生草堂中置量书尺，每岁除积四方人士投赠诗文量之，以六尺为度,七尺上为羸,五尺下为绌。其言曰:是尺之式,浙谚名六尺笴,木工用以度材者也。吾名曰量书,金错为字。后人即不好书,不能废木工,斯名其不废乎?……今士大夫则以古学为戒,官之好文者益寡,见刻书以相贻,辄非笑之。量之以尺,君子于此观人风,感时会焉。"可见,王晫制定的一年所获赠书(包括单篇零散的诗文)量的标准是六尺①,而这一标准应该是其综合考量其以往所得及预估所得而确立的,具有普遍性。清代一尺(营造尺)约合 32 厘米,六尺约合 192 厘米。若以一册书的厚度约为 1.5 厘米计,六尺之书可达一百二十八册。考虑到其中还会包括单篇零散诗文的情况,王晫一年所得赠书起码应该有一百二十册。这些赠书多为赠者自著、自编之诗文集,为了赠送的方便,其册数一般不会很多②。以《行役日记》为例(见表 3-2),所赠书最多的为八册,最少的为一册,平均大约为三册。再考虑到王晫此行有舟楫之便,与一般的长途邮至相比更容易携带,因而所获赠书册数可能会更多。因此,笔者估计王晫平时收到的赠书每部可能大多在二册左右。据此计算,王晫一年所得约为六十部,每个月约得五部。

据上述看,《行役日记》记录王晫所获赠书三十三部,大致能占到其全年所得赠书之一半。这说明士大夫见面而获赠书的机会更大、更方便,因为这不但省却了邮筒往复的麻烦与费用,也使得赠送变得更为郑重。

当然,王晫是当时比较有名的选家,很多赠书者多希望能"借光"选本,因而这样"功利性"的投赠比较多,因此,一般士子所得之赠书较王晫所得应会少很多。但是,江南选政兴盛,书业发达,王晫在赠书方面之所为与所得也是有一定的代表性的,起码可以为研究者进一步讨论相关问题提供重要的参考。

① 单张的纸很薄,因而单篇零散的诗文虽然数量可能不少,但总体厚度不会太厚,估计在六尺之中只占很小的部分;而且,其名曰量书尺,且文中提到"诗古文辞各集""好书""见刻书以相贻",故此量书尺主要是针对于书籍而言的。

② 大部头的书往往只赠送其中一部分。

第四章 赠书之"伤"

与王晫相比，张潮可以说是把书籍社交运用到了极致的人物。张潮所编《尺牍友声》与《尺牍偶存》，不但是书籍社交的集中反映，而且其本身即是社交性书籍（主要用来赠送），其典型性甚至要超过大家普遍关注的《幽梦影》。

张潮（1650—约1709），字山来①，号心斋居士，清初徽州人，长期寓居扬州，为著名的文人与出版家。他一生著述颇多②，也出版了大量的图书，在社会上反响良好。他家境富裕（可能与其业盐有很大的关系）③，故他出书常自称不是为了谋利，而且，他也明确说自己不是坊人。但是，

---

① 戴廷杰说，字山来，意思指其从山里来。[法]戴廷杰：《雅俗共融，瑕瑜互见——康熙年间徽州商籍扬州文士和选家张潮其人其事》，载[法]米盖拉、朱万曙主编《徽州：书业与出版文化》（《法国汉学》第13辑），中华书局2010年版。其实，山来，应是指潮水如山涌来之意。

② 张潮撰，刘和文校点：《张潮全集》，黄山书社2021年版。该书分为五册，第一册收诗集《心斋诗集》《诗幻》《心斋集字诗》《集杜雁字诗》，词集《花影词》《心斋词》，戏曲集《笔歌》，杂著《下酒物》《酒律》《唐诗酒底》（合称"心斋三种"）；第二册收《心斋聊复集》《亦禅录》《七疗》《联庄 联骚》《心斋杂组》《幽梦影》《奚囊寸锦》；第三册收《尺牍偶存》《友声初集》；第四册收《友声后集》《友声新集》和《虞初新志》一到十卷；第五册收《虞初新志》十一到二十卷，以及《作品辑存》和附录部分。

③ 参见[法]戴廷杰《雅俗共融，瑕瑜互见——康熙年间徽州商籍扬州文士和选家张潮其人其事》，第551页。如果张潮不是盐商，他根本无法这样出版图书，并且大量送人，尽管他出书也有牟利的一面。另外，《说扬州》（[澳]安冬篱：《说扬州》，李霞、李恭忠译，北京联合出版公司2022年版）认为，来自扬州盐商来源地最多的歙县，喜欢做慈善事业，赞助文人和艺术家。秦宗财《明清文化传播与商业互动研究——以徽州出版与徽商为中心》（学习出版社2015年版）认为，徽商喜欢著书立说和出版（如汪淇、鲍廷博等），因为徽州在出版上有天然的优势（如纸、墨、雕刻，以及技术等）。

他熟悉书籍出版的商业运作,其出版之书也通过书坊发兑,与书坊主的关系颇为密切,因此,从图书出版角度看,称他为出版家或文人出版家比较合适。在传统社会里,文人出书多以投赠为目的。赠书既是广告,也是宣传,是必要的。张潮也是如此。而作为商业性的出版,张潮又要谋利。可以说,赠与售两者是互相促进的,也是相互制约的。那么,张潮是如何兼顾这两者的呢?张潮在《昭代丛书乙集》"凡例"中说:"如取如携,伤廉伤惠。"①可见,张潮希望在两者之间找到平衡。本章正是要探讨张潮如何处理这两者的关系。

赠书是古代文人的日常交往礼仪。从唐代投卷开始,赠书(诗文)被认为是获致文人声誉的主要途径之一。要在寓居的扬州城构建文人关系网,要树立名声,对于功名低下(秀才)的张潮来说,出书与赠书是最佳途径。张潮编《尺牍友声》十五卷,收他人写给张氏之书信1004通;张潮编《尺牍偶存》十一卷,收张潮致他人之书信456通,共涉及通信者331人②。以上两书之书信大都与图书编辑出版、赠书有关③,因此,下文将以此为主要材料分析张潮赠书之主要特点、主要原因与应对索赠的方法。

一　赠书之主要特点

(一)日常性、持续性的活动

如前所述,此两部书信集的内容有相当多是与赠书有关的,包括张潮主动赠书他人,或者他人得到赠书而表谢意,或者他人索赠等。可以说,

---

①　张潮编:《昭代丛书乙集》,上海古籍出版社1990年影印本。"如取如携",即携取,典出《诗经·大雅·生民之什·板》:"如璋如圭,如取如携。"意思是指:像璋圭互相配合,时常携取将它佩。"伤廉伤惠",典出《孟子·离娄下》:"可以取,可以无取,取伤廉;可以与,可以无与,与伤惠。"意思是指:可以拿也可以不拿时,拿了便是对廉洁的伤害;可以给也可以不给时,给了便是对恩惠的滥用。张潮将此两典结合使用,用以表明不可随便向人索赠书籍。

②　张潮编,刘仁整理:《尺牍友声　尺牍偶存》,凤凰出版社2022年版,"前言"第14页。下文凡引《尺牍友声》与《尺牍偶存》之书信,均用此整理本,不另标出处,只括注页码。两书之整理本还有:张潮编,王定勇点校:《尺牍友声集·尺牍偶存》,黄山书社2020年版;张潮撰,刘和文校点:《张潮全集》,黄山书社2021年版。

③　刘仁:"以书籍编刻为中心,围绕征稿、投稿、编选、评点、阅读等活动,在这个文人群体之间形成了一个'书籍交流的世界'。"张潮编,刘仁整理:《尺牍友声　尺牍偶存》,"前言"第28页。

赠书是张潮日常通信的主要内容之一。也可以说，赠书是张潮与文人交往的主要活动之一。例如，《尺牍友声》黄周星书："承教佳刻，谨谢谨谢。"（第9页）汪鹤孙书："承教大刻，容焚香庄坐而读之，先此志谢。"（第14页）汪永清书："忽接佳刻，光浮玉板，耳目一新。"（第19页）胡廷咏书："蒙惠佳刻。"（第27页）程守书："承示大篇及一二杂著。"（第27页）许维楫书："捧读佳刻种种。"（第29页）殷曙书："昨日快读佳刻……"（第29页）叔甫书："佳刻种种，琳琅珠玑。"（第31页）侄兆铉（贯玉）书："来教并佳刻领到。佳刻已送吕紫老暨车父母署中，唐兄极为称羡，嘱笔申谢。第《心斋诗集》只得二部，止送此二公耳。"（第45页）汪鹤孙书："世兄诸刻，弟心醉良久，不敢遍索，而忽蒙下颁。"（第46页）《尺牍偶存》"与贯玉"载："拙集遵命奉到两部，又《诗观》三集，分编呈教"（第537页）等。《尺牍友声》《尺牍偶存》所收的信时间跨度约三十年，而在这三十年中张潮赠书不断①。

从上述赠书活动中可以看出，张潮常以新出之书惠赠亲友、他人，以为增进联系、疏通关系之用。例如，《昭代丛书乙集》甫一出版，他就将八部赠给京城的"贵人"，如岳端郡王、博尔都辅国将军、大学士张英、尚书王士禛等②。在日常的交往中，张潮也会顺便附赠书籍。例如，《尺牍偶存》"寄王不庵"："鸿逸堂板片遵命查出，今代赎回寄上。但以大集计之，仅存三分之二，仍者因其家郁攸之祟，为祖龙劫去。……其印出者，舍下尚存二十余部，今并寄上，统惟照入。近著数种附政。"（第568页）"寄戴田友"："拙刻数种，附呈台政。倘省中有欲印行者，悉听来印，板头从便可耳。"（第691页）

张潮的慷慨赠书有时还体现在这样一些细节上，例如，《尺牍友声》曹贞吉书："粗纸原欲印诗，不知老世翁已预为之地矣。如此云谊，其可忘耶？敬谢。原纸既发回，姑存可耳。"（第56页）曹氏本想以纸请求张氏代刷图书，没想到张氏在赠给曹氏书的同时还将纸返回给曹氏。又如，《尺牍偶存》"复王无异先生"："《檀弓问》既少一叶，今另呈一部，又

---

① 顾国瑞、刘辉认为这批书信约写于康熙十六年（1677）稍前至康熙四十六年（1707）。参见顾国瑞、刘辉《〈尺牍偶存〉、〈友声〉中的戏曲史料》，《文史》1982年第15辑。

② 张潮编，刘仁整理：《尺牍偶存》卷8。

《近思录传》一部，统惟照入。"（第596页）张氏发现所赠书少了一叶，随即另赠一部补偿。

（二）受赠者众多，涉及面广

如前所述，《尺牍友声》《尺牍偶存》涉的通信者有数百人之多，而张潮实际的赠书对象应该会超过这数百人。这些受赠者包括天南地北之亲朋好友乃至素不相识之人。例如，张潮的文友主要在江南地区，但是，他对在北京的朝廷官员和皇亲贵戚也多有赠书之举，据《尺牍偶存》"上安郡王启"："谨将父集《大易辨志》二十四卷、《近思录传》一十四卷、《诒清堂集》正续共一十六卷、《云谷卧余》正续共二十八卷，附以拙著一十二种，装帙进呈。"（第563页）"上勤郡王启"："潮父习孔……唯以著书自乐，生平所作有《大易辨志》二十四卷、《近思录传》一十四卷、《诒清堂集》正续共一十六卷、《云谷卧余》正续共二十八卷……潮不揣冒昧，装帙进呈，附以拙著一十二种。"（第564—565页）可见，他曾分别赠给在北京的两位郡王一批图书，而且这些书都是装帧好的，与下文提到的以散叶赠人有明显的区别。

（三）赠送的书数量多

这有多方面的体现，例如，张潮出版的每种书几乎都会被其用来赠送，而其出版的书多，赠的也多；有时一次赠给某人数十册图书，有时重复或多次赠给某人图书。以上均为主动的赠予，至于被动的索赠，其中相当多是重复索要同一种书的情况，尽管张潮对此大多会拒绝，但有时也会满足索赠者的需要。

张潮早年出版了其编的《二十四孝子赞》《闺训十三篇》《八股诗》《下酒物》等。张潮的文集《心斋聊复集》是陆续出版的，全书刊成约于康熙二十四年（1685），所收的文章附有三十余位作者的点评。不久之后，他又出版了附有点评的《心斋诗集》。康熙三十六年春，他出版了《幽梦影》。此书初版后，又获致了不少评语，从而不断补入原书。康熙二十三年，他刊印《虞初新志》八卷本，后又陆续增至十二卷本、二十卷本。康熙二十八年开始，他陆续刊刻《尺牍友声》《尺牍偶存》。康熙三十四年，他刊印《檀几丛书初集》；三十七年，刻成《檀几丛书二集》；三十九年，刻成《檀几丛书余集》。康熙三十六年（1697），他出版《昭代丛书甲集》；三十九年，出版《昭代丛书乙集》；四十二年，出版《昭代丛书丙集》。此外，他编著出版的书还有《心斋诗幻》《心斋杂俎》《心斋集字诗》《集李》《集杜》《梅花诗》《雁字诗》《唐音丹笈》《联庄》《联骚》《笔歌》《清泪痕》《心斋牌谱》《韵牌》《酒律》《唐诗酒底》《书本草》等。

张潮还替人刻印了《四书尊注会意解》，助刻了吴街南的《读书论世》①，参阅了《诗观三集》②、卓尔堪《遗民诗》、陈鼎《留溪外传》。孙默去世后，其《十六家词》书板归张潮所有，张氏对其挖改重印，加入了自己的元素，如卷首标"张潮山来校"，书中版心也标有"诒清堂"字样，书名也有可能是其改为《国朝名家诗余》③。

以上这些书，绝大多数都曾被张潮作为礼物赠人。

二　赠书普遍之原因

张潮赠书之普遍，有社会风气之原因，也有其个人原因。

（一）以书为礼的普遍性

明清时期，由于私家刻书发达等影响，以书为礼成为士大夫日常交往的惯例之一。陈继儒《晚香堂集》卷二"芙蓉庄诗序"云："今诗人集满天下，其投赠寄怀，率辇下君子，凡通显有位望者辄字之，几与无等。至问其交情始末，或彼此不相识，即识，彼亦不能省记。而必欲胪次其姓名，以为行卷羔雁之贽，大都一仕籍而已。"④可见，文人出书（尤其是那些不以谋利为目的的私刻本）分赠亲朋，这是普遍行为。张潮也不例外。例如，前述张潮对督学赠书；张潮还将《昭代丛书》甲集一部赠给尤侗，祝贺他八十岁寿辰⑤等。当然，礼尚往来，图书作为礼物体现了交

---

① 该书封面署"扬州诒清堂藏板"，书口下端刻"诒清堂藏板"。

② 从其所作序看，其对此书的出版应该也有所资助。

③ 参见王定勇《从〈尺牍友声〉〈尺牍偶存〉看清初扬州刻书业》，《古典文献研究》2017年第二十辑下。

④ 陈广宏主编：《陈继儒全集》第一册，上海人民出版社2021年版，第279页。

⑤ ［法］戴廷杰：《雅俗共融，瑕瑜互见——康熙年间徽州商籍扬州文士和选家张潮其人其事》，第591、606页。

换的特点，因而张潮赠书他人的同时，也会有求于人，如希望得到他人之赠书等。

(二) 好名

许承尧曾评价张潮说："名心可谓盛矣。"① 而张潮自己也毫不讳言这一点。正如唐代投赠"行卷"一样，赠书也是作者的自我宣传。这种投赠有一定的功利性，其在张潮的赠书中也有明显体现。例如，张潮赠岳端、玛尔珲书；托袁启旭赠书；托袁启旭带书到北京，分赠诸名士；给巡抚宋荦送上其父亲的著作②等。

(三) 编刊图书模式

张潮编刊图书（尤其是大型丛书）常采用征稿、合作出书（如与王晫合作）模式，因而涉及的作者就比较多，而将所编刊的图书回赠相关作者，则是常有之事。张潮的赠书中有很多是这种回赠作者的赠书。例如，作为合作者，王晫就经常收到张潮大量赠书③。《檀几丛书初集》出版后，王晫获得二十部④。《檀几丛书二集》出版后，王晫获得六部，王士禛、孔尚任（均是此丛书所收作品之作者）也各获得赠书一部⑤。需要注意的是，张潮所编刊图书之"作者"，既包括入选诗文之作者，也包括大量评语之作者及图书之校阅者。有时这些校阅者并不真正参与校阅工作，只是张潮借名而已。例如，《昭代丛书乙集》出版后，张潮给在北京的赵吉士赠书："附政拙选《昭代丛书乙集》一部，内第十三卷，借光台衔校阅，谅不罪其专擅也。"显然，张潮并没有事先告知将赵氏列名校阅⑥。

① 张潮撰，刘和文校点：《张潮全集》第1册，第46页。
② ［法］戴廷杰：《雅俗共融，瑕瑜互见——康熙年间徽州商籍扬州文士和选家张潮其人其事》，第572、574、576、606页。
③ 也许王晫认为这些大多是其应得的，但在张潮看来，这些是赠书。从这个角度看双方的合作关系，也是颇有意思的。
④ ［法］戴廷杰：《雅俗共融，瑕瑜互见——康熙年间徽州商籍扬州文士和选家张潮其人其事》，第600页。
⑤ ［法］戴廷杰：《雅俗共融，瑕瑜互见——康熙年间徽州商籍扬州文士和选家张潮其人其事》，第603页。
⑥ 张潮编《昭代丛书乙集》卷十三所收《人瑞录》卷前署："休宁赵吉士天羽校"。

　　张潮赠书在一定程度上可以说是为了图书出版运作的需要，因为他所编刊的很多书籍都是陆续增补而成的，需要相关作者不断提供支持。例如，其所编刊尺牍集、丛书等都是连续出版物；康熙二十三年（1684），其刊印《虞初新志》八卷本，后又陆续增至十二卷本、二十卷本；《清泪痕》刊成后广泛征集唱和之作，必然要大量地给潜在的作者赠书；为了不断给《幽梦影》添写评语，他少不了要将该书赠给那些潜在的作者；与陆次云互赠著作，并将相关作品收入各自的选本中①。总之，张潮向作者征稿，再向作者赠书，然后再征稿，再赠书，不断循环，形成了出版者与作者的良性互动。需要注意的是，一方面，张潮并没有通过征刻资来出版图书，因而其对相关作者并没有赠书之义务，但其亦广泛赠书，这说明其比较重视维系与作者的关系；另一方面，并不是所有作者都能获赠图书，亦有一些作者对所赠不满足，而向张潮不断索赠。

　　总之，张潮赠书对象众多，包括作者、评阅者、亲友、师长、需要结纳者（如某些地位高、有影响之人等）以及其他有书籍往还者。图书赠送本身就是广告宣传，而很多受赠者是从接受赠书之后知道此书、了解此书的，也有很多受赠者会对所赠书做出积极的反馈和评价，因此，张潮慷慨的赠书收获了回报：建立了广泛的私人关系网，获得了良好的社会声誉，当然还有频繁的索赠。

三　索赠与应对

　　索赠在很大程度上体现了社会对图书和出版者的积极回应，而这正是张潮所期待的。

（一）索赠之普遍

　　《尺牍友声》《尺牍偶存》关于索赠的记载颇多。

　　张潮《尺牍友声》张兆铉书："《二十四孝赞》……洪秋老序并同全本赐数册为望。"（第16页）江之兰书："《韵牌》一刻，诚骚坛胜具，所惠一册，竟不知何人窃去……今乞再惠一二册……醉乡令甲，亦求一

---

　　① ［法］戴廷杰：《雅俗共融，瑕瑜互见——康熙年间徽州商籍扬州文士和选家张潮其人其事》，第573、589、591页。

二。”（第20页）张韵书：“所恳《唐诗酒牌》，乞慨掷以消暑热。”（第20页）王宾书：“刻下有一友人入都，坐弟草亭，思得年兄《诗韵牌》为笥中珍。……弟处《韵牌》亦为汪年翁携去，肯多给一本更妙。”（第23页）又：“顷晤诸老，知年兄《韵牌》尚可为弟一壮诗飘（瓢），希一检赐，不妨淮阴多多耳。”（第23页）许维楫书：“承惠佳刻种种。……《闺训》十三篇，《三字经》《二十四孝赞》一书，《心斋下酒物》数种，家君各求数本。又《意中园》止有序文，想尚遗全部，并祈简赐为感。”（第28页）许维梃（松年）书：“尊刻古文集、《八股诗》，又一种如《夷坚》之类，祈检赐教。”（第44页）许维梃书：“《韵牌》《牌谱》，更祈多赐数册为望。”（第50页）邓汉仪书：“巢翁盛称尊选《虞初新志》，而弟未之见，乞惠一册为望。”（第73页）席居中书：“新正晋谒，值公出未晤，怅怅。但伫立门墙，见尊刻甚富，想年来著作必多，敢求不吝珠玉，慨为赐教。”（第161页）[①] 王炜书：“《虞初》欲得者多，印出望惠数部。”（第246页）唐麟翔书：“集中有《八股诗》《集字诗》及目录中所有者，虽篇帙繁重，不无纸工之费，然望教甚切，倘蒙慨赐，则百朋之锡矣。”（第248页）李淦书：“所未读者如《昭代丛书》《虞初新志》，业承诺赐，弟不日言旋，特此走领。”（第324页）黄云书：“不知《檀几丛书》之后，又有新刻否？此书为人攫去，乞仍惠一部。弟今年付梓者有《景曾录》一册呈览，书尾拟借光大名……”（第331页）余兰硕书：“顷读华翰，喜慰不胜，兼蒙以书票远颁，感谢非浅。但绿荫主人云尊刻尚未售去，即售亦不能付银，今恐其两误，仍将原票缴上，然已心领厚情矣。……尊刻丛书二部，吴中敝友仰慕者多，而敝西席愈深渴想，特托转恳。”（第332页）钱岳书：“余湘老旧岁书票已取《群芳谱》一本，楚其券《昭代丛书》携去，其《檀几》为同社汪履九先生强为夺去……”（第338页）徐时夏书：“尊刻种类太多，乞就现有者见惠几种，不敢犯奇贪之戒也。”（第406页）

关于索赠，有如下四点需注意。

其一，既有自己索要，也有代人索要。例如，张潮《尺牍友声》许

① 从门口就可见其所刻之书，说明其贴有广告。这是书坊的惯常做派。

维梃书："《唐诗酒牌》有印下者，祈惠二册为感，亦缘友人恳恳，故为此冯妇之请耳。"（第59页）庄文伟书："《下酒物》敝相知见者无不羡慕，嘱弟再索二本，叨教不浅矣。"（第124页）郑晋德书："兹有友来自真州，欲读大刻《七疗》及《清泪痕》，央弟转恳，望惠我。"（第176页）杨衡选书："尊著《唐音丹笈》敝友人见之如获异宝，恳乞一册，以为朝夕玩味。"（第176页）程云鹏书："敝友极索尊刻《虞初新志》，不识可惠一部否？"（第187页）黄云书："此公（徐宛湄公祖）无书不读，尊府大刻俱宜送之。"（第217页）吴从政书："《友声》一种继戊集而付梓者又得几何？《韵牌》《李杜牌》《下酒物》各赠一本，代致同人。"（第227页）闵麟嗣书："老友王椒却先生……久慕种种大刻，欲索《虞初新志》一本转送，彼亲托弟亦半载矣。"（第411页）对于如此之多的索赠，张潮应该不会有求必应。

其二，索赠的原因多种多样，但其中提到最多的原因是书很好，常常为他人"夺去"。张潮《尺牍友声》汪鹤孙书："惟《牌谱》一种……弟未登舟，已为友人分取殆尽矣。乞年世兄再赐数十册。……年世兄刻唐人张籍诗，乞见惠一帙。"（第47页）殷曙书："前蒙赐佳稿及《新志》等刻，舍表弟歆慕之至，弟处有重者为友索去，而此行亦未置笈中，倘遇便人到芜，祈各寄一部……其三集若竣，望惠弟一部。"（第74页）宋曹书："《虞初新志》被友人攫去，幸再惠一册，感感。小刻三种请正。"（第107页）洪嘉植书："前惠《云谷卧余》一部，为程韦老喜而索去，兹望见补，以必传之业，顾不得费纸价也。便中并惠渭老一部，如何？"（第115页）汪鹤孙："向年蒙惠《张司业诗》一册，偶缘移家，为一友窃去，殊为怅怏。敢祈再惠一册。"（第124页）江注书："承示《集李》《集杜》各种……兹以岁试在即，诸人云集，咸欲攫去为快，以后多寄数本，方可慰怒饥耳。"（第128页）江之兰书："又有舍弟亲翁西席程眉山先生，时艺中人，捧读弟案头诸台作，不啻异味悦口，披玩不置，弟不觉哆口能为致之，故再字奉恳。乞于诸刻中或诗文真稿，或《聊复集》《笔歌》等，惠彼一二本，庶弟不食其言耳。何肇老仍求《集李杜诗》，并望慨惠。"（第132页）朱慎书："昨惠教新刻数册，弟适在李家酒座，小力持来，见者无不咨嗟叹绝，其册即为友人攫去，弟尚未得细诵，且座中十余人，咸向弟转乞，不识可多多相应否？弟当作寄书邮也。"（第134页）顾彩书："尊刻《虞初新志》中闻曾采拙作，倘有印本，乞赐我一册，以便广为征采，汇成奇观。非敢屡索，以前所惠者竟为友人夺去，弟反空手耳。《韵牌》亦望见赐几副，徽墨更求一笏。"（第140页）江之兰书："所遗近刻，一二日俱为同人索尽，想俱是食而知其味者，各种刷出，仍望多寄数本，以副众望。《唐音丹笈》先付一册。"（第147页）江之兰书："前蒙赠《虞初志》并《友声集》，俱为友人夺去，不意昔日之曹邱，今竟作寄书邮矣。乞再付数本，以慰渴怀。"（第157页）至于书信中提到带书晋京，分送他人，这可能与书帕赠送有一定的关系。例如，多人向张氏索取《牌谱》《韵牌》等书，以便入京赠送①。

其三，涉及的图书也很多。例如，张潮《尺牍友声》吴从政书："承惠各种佳刻……佳刻如《新（心？）斋诗集》《友声》《闺训》十三篇《韵牌》《联庄》《虞初新志》，幸各赐一部，何如？"（第162页）陈鼎书："……前二札皆上恳先生共赐一二十部之多。去岁曾以《昭代丛书》呈张臬台，今其两位郎君各索一部，弟欲购篓纸奉来刷印，奈在空囊时，力不从心。"（第356页）汪颖书："……更求大集中《昭代》《檀几》二丛书、《虞初新志》《唐诗韵牌》《聊复集》《友声》前后集，理宜奉纸资呈上，恐蹈俗习，恃同桑梓，不禁琐渎。"（第359页）张鼎望书："一、承惠老伯大人《诒清堂集》十七卷，已细领教矣。闻犹有《檀弓问》《云谷卧余》等书，皆望所未见，伏惟各惠一部为感。一、承惠尊刻种种，已细领教矣。闻犹有《聊复集》《花影词》《下酒物》《逸民四史》《李杜牌》《博古牌》《弈乘》《禽史》《禅世说》《仙世说》《二十四孝赞》《张籍全集》凡十二种，皆望所未见，伏惟各惠一部。盖望非屡索，又不多索，想先生必应也。惟《张籍集》非著作一类，其纸价明示，望当奉补。一、承寄《四书尊注解》……一、前承惠诸书，皆是散叶，奈吾秦僻处西陲，装潢无人，勉付俗手，则卤莽不堪，未免有玷珠玑。嗣后如叨再寄，伏祈精订成本，惠我远人。其背纸工线之费明示，望当奉补。一、承惠《檀几丛书》，止得一集二集，《虞初新志》止得八卷，嗣后如有续编，

---

① 张潮编，刘仁整理：《尺牍友声》乙集。

伏祈惠寄,其纸价明示,望当奉补。一、承惠《友声》止于壬集第二十六叶,即释广莲一札亦不全。《尺牍偶存》止于五卷第十三叶《与四弟质生札》,想年来续梓必多,伏祈查号补寄散叶可也。"① (第443—444页) 张鼎望与张潮为同宗,在信末一一开列所求之书甚多,其中提到一点很重要,即在开列书目后特别指出"惟张籍集非著作一类,其纸价明示,望当奉补"。也就是说,其他书都是赠送的,而《张籍集》是要付纸价索赠的,为什么呢? 这是因为赠送的都是张潮编著之书,而此书并非张潮所编著。此外,张鼎望在信中还提到:"前承惠诸书,皆是散叶。"说明张潮的赠书有时是以散叶的形式寄送的,这应该是张潮出于尽量降低赠送成本的考虑。

丛书部头较大,张潮一般只赠送其中的零种,但有时也会赠送全套。张潮《尺牍偶存》卷六"寄复陈定九"提到,丛书印出先发坊间卖,但他也赠送给陈定九,是因为两人关系不错,而且还说:"所谕拙选丛书,只印出二十余部,发去坊间赶考之外,所存不多。今寄去《檀几丛书》初集五部、《昭代丛书》五部、《幽梦影》四部,暨《凯旋诗歌》,到日乞检入。从来索书者,不过一部,多则二三部足矣,今先生各索一二十部,独不虑人以奇贪异酷议其后耶? 一笑。附上封面数张,烦付各书坊粘贴。肆中如欲得书,听其买纸来印。至于板头可以从轻,止得加一足矣。"② (第668页) 可见,张潮此次赠书也是有所托付的。

其四,如前所述,礼尚往来,礼物是交换的产物,这在索赠中体现得更为明显。索赠者有时会通过主动赠书或其他礼物来索赠,有时会主动提供工价、纸价或印纸来索赠③等。例如,张潮《尺牍友声》巫敬舆书:"适从敝年叔邱柯村先生案头读大刻《韵牌》《集字诗》《虞初新志》等书……谨奉纸价少许,祈惠我数帙。"(第73页) 孔尚任书:"所赐诸藏集已捧致阙里,增辉奎宿。至诸杂著,亦皆细读。……前所赐一书,纸幅

① 背纸应为封面用纸。

② 板头钱,应是指赁板钱。参见本书第二章"赁板印刷"。

③ 《尺牍友声》与《尺牍偶存》所涉及的书籍往还都是有私人关系为基础的,而且礼物交换是送礼之本质要求,因此,尽管其中有给付纸价、工钱、纸或其他礼物的情况,但与纯粹的买卖还是有区别的。

太狭，更望赐一大纸者。《韵牌》《令牌》精好之极，已为同官攫去，亦恳再惠二副，一藏箧笥，一寄与最相知者作一大人事，想必不吝也。拙刻、粗笙，便寄请教。"（第77页）宋曹书："《虞初新志》被友人攫去，幸再惠一册，感感。小刻三种请正。"（第107页）钱岳书："有一友索《檀几丛书》，不敢以纸价唐突，敢以澄泥砚一方相易，幸赐下，感感。"（第313页）毕熙旸书："尊刻《昭代丛书》未蒙赐教，然弟亦不敢求，何也？以先生曩日所赐甚多，故不欲作冯妇之请也。然弟欲得此书，不啻如饥渴之待饮食，而又碍于不敢复求，则此书终不可得耶？因百计踌躇，惟有古人交易一法耳。然检敝箧中，无一可以敌此书者，又复深思，惟反求于己之神气可也。弟之神气专一于梅花者三十余年……于是濡墨吮毫，凝神敛气，写成小单条八幅，以贡清鉴，虽片纸不足以易百城，然神气所在，或亦先生之所称赏也。"（第338页）朱正色书："曩赐《檀几》二集，在闽时晤高云客先生，深感选其《塾训》二种，是以索去。……第尊选乃案头定不可缺者，敢恳见发《昭代》暨《檀几》初二集锡我，足荷至谊。附到笪江上墨迹一轴，以准纸价。"（第421页）钱寿轸书："以丛书两集惠教，慰我调饥，泂不啻百朋之锡矣。且闻大集颇多，求者日众，未免疲于应酬，附上侧理六方，少资印费，若可于丛书外再惠别种一二，则感逾望外。"侧理，即侧理纸。毕熙旸书："尊刻数十余种，连年蒙赐者已有十分之三，而弟以藏墨画梅相易者亦已有十分之三。今闻有新刻丛书，弟欲急得一部为快，然断无屡屡邀惠之理，而所谓藏墨画梅之事，则已行之于前，不便复蹈故智。今检敝箧中，有《曾南丰文集》一部，当亦邺架所备，然持此以求，庶使彼此无伤廉伤惠之失。台意或以南丰见重，望益之以《檀几》二集一部，何如？"（第495页）葛常夏书亦提到备纸资求书（第518页）。又如，张潮《尺牍友声》王概书："《昭代》二集急欲一观，肆中无有，若尊前有存者，幸惟掷教，弟当以他书奉报。"（第478页）王概在索赠时表示日后以他书回赠。此外，张潮《尺牍友声》王宾书："惟年兄处《韵牌》求赐弟数十册。弟欲奉纸，反落市井气。"（第25页）邱柯村书："承赐《韵牌》，赐墨，又赐《集字诗》……顷见巫德士年侄领到诸种著作，内有《聊复集》一种……自顾笥中少此一帙……欲引例以梓值上求，则又近于套袭故文，取世兄吐弃。

仰思跃起，不如冒颜自乞……昔人言偷花不为盗，则丐书不为骗，正可作转语耳。"王宾、邱柯村在索赠时虽然没有报以礼物，但均提到"奉纸""以梓值（工钱）"索赠是惯例。

（二）张潮之应对

尽管张潮口口声声说其出书不是为了谋利，但张潮编刊图书并不只是为了赠送，而是还要发坊销售的①，因此，频繁的索赠也经常会给张潮带来应酬上的麻烦。那么，张潮是如何应对的呢？

其一，满足索赠。如前所述，张潮是乐意看到索赠的，甚至颇为陶醉于这些索赠，因为这是社会对其图书的积极回应。张潮《尺牍友声》《尺牍偶存》大量地收入这些索赠的书信，即带有一定的炫耀意味。因此，在大多数情况下张潮都会满足索赠的要求，更何况大多数索赠都有明确的回报（如以书或物易书、提供工本费等）和预期的回报（人情往还、博取名声、图书广告等）。

例如，张潮《尺牍友声》吴从政书："今不自揣，斗胆相求，如《心斋诗集》《集杜梅花诗百咏》《集字诗》暨尊选《友声》《下酒物》诸刻，各赐一帙。"（第 196 页）又："拜登如许珠玑……所更幸者，《友声》戊集竟以小札冠首。"（第 196—197 页）张潮《尺牍偶存》"答家渭滨"载："一、承索先君各种，今补寄上。……一、承索拙著种种内所云《聊复集》，半皆少年游戏之作，久不刷印，今补奉《昭代丛书》《下酒物》并《三字经》《闺训》，其余如《花影词》则尚未授梓，如《逸民四史》

---

① 张潮《尺牍偶存》"复李季子"云："其所以付之梨枣者，亦因友人索看者多，聊代钞录，藉以就正云耳，初非俟利计也。台谕所云获利不赀，仆窃惑焉。近年坊贾大半折阅，良由买书者少，借看者多，八闽翻刻之风，不啻黎丘昼见。……仆非选手，亦非坊人，不识于何处获此不赀之利乎？"（第 632 页）尽管张潮确实不能称为书商，但其所为却多与书商相近。例如，他经常与书坊合作销售图书；选择资助《四书尊注会意解》出版，也主要是因为看上了此书的商业价值；选择《檀几丛书》作为连续出版物，也有谋利的考虑。可以说，其慷慨的赠书背后，大多有着谋利的目的。例如，张潮《尺牍友声》吴肃公书："腊朔之三日得《论世》全部，并十月二十二日尊札，快不可言。呵冻力疾校勘数日，似讹处亦少矣，补改印行……幸先寄赐数部，嗣后容奉纸价，需数十部以广及知音，不敢损尊费也。"（第 333 页）吴肃公书："浴佛后二日，接到印本十部……弟尚需廿余部，今奉银一两六钱，买纸一篓外，工费或不足，再容量补。"（第 347 页）《论世》一书是吴氏之稿，而张潮助刻。吴氏要获此书，也要奉纸价、工费向张潮求取。

《弈乘》《禽史》《禅世说》《仙世说》尚未成书，惟《李杜牌》已刻，容后续寄。其《博古牌》录稿呈教……一、承谕书宜装订，今谨如命。一、《友声》补奉全部，其《尺牍》今已得八卷，嗣当续寄。"（第723页）吴从政、张鼎望（号渭滨）来信求书，张潮不但一一满足其请求，而且随后将这些求书之信刻入《尺牍友声》《尺牍偶存》中，使这些书信成了最佳的图书广告。

其二，部分满足索赠。对于某些索赠，张潮会采用折中的方法应对，即不如数奉赠（如丛书全套）而只赠其中一部分（如丛书中的零种或抽印本）。例如，《虞初新志》收有王晫的作品，故王晫也获得赠书①。但是，王晫请求赠一部全书，而张潮却只赠给他数十册《圣师录》（王晫著，收入《虞初新志》之一篇）。又如，张潮《尺牍偶存》"复江含徵"载："承索弟各种拙刻，弟到家数日即为人携取殆尽。《唐音丹笈》仅存一册，如命奉到。"（第558页）张潮借口图书被人取尽而只赠其中一册。"复殷日戒"载："承索弟各刻，因去使由陆路归，不便携带，祇近刻数张附政。"（第559页）张潮托辞陆路携带不便，只赠数张刻叶。"复谐石"载："吴香老索及拙著全部，愚之各种皆系陆续刷印，即舍下亦无全部，有此则欠彼也。"（第559页）张潮托辞这些书是陆续印的，没有全套。"复闵右丞"载："拙刻虽仍有数种，尚未印出，即舍弟辈欲得全部，亦复不能。盖有此则欠彼，及有彼则又欠此也。《牌谱》二种遵命呈到，又附政二三种，尚惟进而教之。其《牌谱》幸毋与人见，见则必为所攫，此弟所屡试而知者，并以奉闻。"（第566页）从这也可看出，张潮非常自信其书的流行。

其三，延迟处理。对于某些索赠，张潮会采用延迟和沉默的方式应对，这有可能是因为其确实没有书可赠，但更有可能是张潮故意为之②。例如，张潮《尺牍友声》侄兆铉（贯玉）书："署中仍有陕西王兄，亦是幕友，欲得《心斋诗集》，祈发下一二部。前字内已嘱，今再申恳。"（第45页）陈鹏书："《友声》幸赐一本，附便羽带下为感。客秋曾索书数

---

① ［法］戴廷杰：《雅俗共融，瑕瑜互见——康熙年间徽州商籍扬州文士和选家张潮其人其事》，第592页。

② 当然，也有可能是邮筒浮沉造成的误会。

种,不识有刷就者否?"(第 178 页)可见陈鹏并未收到去年秋天的索书。《尺牍友声》江之兰书:"前札相求新刻,未蒙示复,岂道兄之古董必欲待价而沽耶?"(第 215 页)张潮《尺牍偶存》"与江允冰"载:"承询集《文选》《诗余》诸拙作,此种成书已久,名曰《诗幻》,岂向日未呈教耶?目下寒风料峭,刷印维艰,俟新岁春融,再为补上,何如?"(第 550页)"复江含徵"载:"拙刻尽为友人攫去,俟印出补寄,幸姑待之。"(第 561 页)"再复沈岱瞻"载:"拙著虽仍有数种,但久未刷印,容印出补上,何如?拙选丛书,俟老长兄文驾荣旋时,藉以为贶,非敢有所靳也。"(第 646 页)"复葛文度"载:"弟拙讷无似,于世间事一切不谙,侨居此地,借铅椠以自娱,亦止消遣光阴而已。不谓过蒙痂嗜,检之架上,皆为坊贾取去,俟印出再容报命。"(第 774 页)可见,张潮常托辞书被人取尽,要等再印时才能赠送。

其四,拒绝。在古代人情社会里,拒绝他人的索书往往是不太合情理的,更何况张潮乐意于友朋之索赠。不过,也许正因为张潮给人有求必应的印象,故有些索赠逐渐变得不合情理,而张潮对这样的索赠就只好拒绝。张潮《尺牍偶存》"复江含徵"就有相关记载,"凡索弟拙刻者,弟未尝不应其求。间有不应者,亦祇二种:一为屡索。向年索过,今又复索者是也。一为多索。每种辄索数部是也。此二种则不可应矣。吾兄以为然乎?"(第 642 页)可见,张潮主要针对两种情况会拒绝索赠:其一,多次索赠,贪得无厌;其二,每种书索取多部复本。这也不太符合索赠的惯例。不过,如果结合上面赠书的相关记载可知,张潮其实也不是绝对照此办理,而是会针对具体的人而采用不同的方法(如一人索多部复本的情况,张潮有时也会答应)。

为了应对不合理的索赠,张潮在《昭代丛书乙集》卷首"凡例"中还明确声明:"种种拙选,只为扬芳,匪图射利。但纸张刷印,殊费朱提。若人人如取如携,则在在伤廉伤惠。爱人以德,告我同侪。倘果癖嗜疮痂,何仿略偿工价(每书百叶,实银五分)。或同志醵金合印,或携资转觅坊间,庶好书不难逢,而奇文易于共赏也。""如取如携,伤廉伤惠",这是对不合理索赠的婉拒。索赠的烦恼,在很大程度上来说是张潮"自寻"的,因而只能自己来解决。而这些烦恼是出版物带来的,在出版物中做出这样的声明，大概是出版家张潮能想到的最好的解决办法。事实上，这一声明还是起到一定的效果，例如，张潮《尺牍友声》孔尚任书："黄交三来，以先生丛书二集充为贽礼……令亲黄生讳堂字斯肯者……见案上丛书，甚喜，欲乞代请，然弟见乙集首有'如取如携，伤廉伤惠'之语，何敢遽为代请，想为令亲，或又不同耳。"（第470页）可见，孔尚任未敢遽然向张潮求书，是因为看到凡例中"如取如携，伤廉伤惠"之语。

四　总结

综上所述，可以对张潮的赠书作以下总结。

其一，张潮乐于记录赠书行为（包括索赠）和赠书的反馈（当然是积极的），可以说，张潮《尺牍友声》《尺牍偶存》所收的书信大多与此有关。这让笔者有机会深入探讨张潮赠书这一专题。

其二，作为出版家张潮，他的赠书是慷慨的：受赠者多，赠送的书多，赠送持续的时间长，而且时有反复多次赠送的情况。

其三，慷慨赠书为张潮带来了不错的回报：广泛的社会声誉、文名，丰富的稿源，以及一定的出版利润。慷慨赠书也为张潮带来频繁的索赠——这其实很大程度上体现了社会对图书和出版者的积极回应，而这正是张潮所期待的。张潮把这些索赠书信尽可能地收入书信集中，既是一种炫耀，也是一种广告宣传。

其四，面对索赠，张潮采取满足索赠、部分满足索赠、延迟处理和拒绝四种方法应对。因此，尽管张潮有足够的实力，也有强烈的求名愿望，但面对索赠也不是有求必应，尤其是对于那些不合情理的索赠。

其五，不合情理的索赠，即多次索赠和每种书索取多部复本，其实是张潮"自寻的烦恼"，是其慷慨赠书所带来的必然效应。为了应对不合理的索赠，张潮在其出版图书的凡例中明确声明："如取如携，伤廉伤惠"。

其六，俗话说，三请见真心。正如索赠有时可能只是一种礼貌，而并不一定需要对方真正赠予一样，"如取如携，伤廉伤惠"何尝不是张潮的一种自我宣传与营销策略呢？事实上，起码从张潮本人的记载看，他满足索赠者多，婉拒索赠者少，而且满足索赠者中还包括不少屡索和多索者。

总之，笔者认为，"如取如携，伤廉伤惠"充分体现了出版家张潮应对不合理索赠的智慧。

五 余论

《尺牍友声》与《尺牍偶存》内容丰富，主题相对集中，为研究者提供了解读清初书籍社交的极佳视角。

（一）以书籍为交流中心①

正如前文所指出的，《尺牍友声》与《尺牍偶存》均有大致相同的主题，即关于张潮图书出版、交流（主要是赠予）的论述。这样一种主题，可能并不是张潮在一开始与他人通信时就设定的。但是，张潮在初次编选《尺牍友声》时，即是有意在这一主题原则下选入相关书信的。在初集出版之后，张潮已明示并引导通信者围绕这一主题展开书信写作，而通信者也会主动回应这一主题，以便于其书信能被收入后续的书信集中。从实际内容亦可以看出，这些书信对张潮之出版及相关著作均充满了溢美之词。因此可以说，后续的系列书信类似于命题写作，是在张潮的策划和引导下展开的。

（二）以书信为交流形式

书信是私人性的写作，有一种天然的亲切感、真实感与现场感。其写作相对比较随意，颇有点类似于后代的笔谈。而且，由于《尺牍友声》是随到随刊的，其保存了书信文本的原始面貌，史料价值更高。例如，戴廷杰和刘仁均指出，关于张潮致王晫两通书信，《尺牍偶存》所收更为可信，而王晫《兰言集》所收则作过较大幅度修改②。

类似的例子应该还有很多，兹以孔尚任致张潮信为例进一步说明。

孔尚任《湖海集》卷11"与张山来"云："听雨之会，得足下为领袖，遂觉觥筹生色，吟啸可传。是日发辞吐论，惟足下为雄。载卷携书，惟足下为富，盖不止一诗之冠冕集中也。别后时时驰念，每逢同人，即赞服不置口。所赐诸藏集，已捧至阙里，增辉奎宿矣。足下杂著典丽娟好，

---

① 这类似于刘仁所说的"聚焦"状态。参见张潮编，刘仁整理《尺牍友声 尺牍偶存》，"前言"第28页。

② ［法］戴廷杰：《雅俗共融，瑕瑜互见——康熙年间徽州商籍扬州文士和选家张潮其人其事》；张潮编，刘仁整理：《尺牍友声 尺牍偶存》，"前言"第26页。

亦甘细读密圈，把之过日。至于《令牌》《韵牌》，精雅可玩，亦时时左手。虽未洞测高深，乍观羽毛，便识吉光。再摩肤理，益惊琬琰矣。近作想益宏深，仍望次第检示耳。"①

张潮《尺牍友声》乙集亦收有该信："广陵之会，得年世台为领袖，遂觉觥筹生色，吟啸可传。是日发辞吐论，惟足下为雄。载卷携书，惟足下为富，盖不止一诗之冠冕集中已也。别后时时驰念，每逢同人，即赞服不置口。弟于广陵后起中，盖得四才人：闵义行奇瑰高华，张谐石蕴藉骀荡，史淑时博雅雄深，而典丽娟好，则莫年世台若也。所赐诸藏集，已捧至阙里，增辉奎宿。至诸杂著，亦皆细读，把之过日。虽未洞测高深，乍观毛羽，便识吉光，再摩肤理，益惊琬琰矣。近作想益宏深，仍望次第检示耳。前所赐一书，纸幅太狭，更望赐一大纸者。《韵牌》《令牌》精好之极，已为同官攫去，亦恳再惠二副，一藏箧笥，一寄与最相知者，作一大人事，想必不吝也。拙刻、粗篦，便寄请教。"②（第76—77页）

又如，《湖海集》卷13"答张山来"云："承颁《联庄》《笔歌》诸新刻，愈出愈奇，盖天地原有未发之秘，特借足下手眼次第吐露耳。仆奔驰湖海，未有宁晷，今诸累俱谢，暂停天宁寺杏园香台竹院之间，细细咀嚼，数年蠢肠稍觉灵动。"③

张潮《尺牍友声》丙集亦收入该信："昨肩舆过访，而新仆不谙旧交，误过别巷，至今怅结。捧读新刻，愈出愈奇，盖天地原有未发之秘，借年翁手眼，次第吐露。数月不晤，自更有一番花样也，不胜欣羡。弟奔驰湖海，曷有宁刻，今诸累俱谢，暂停北郭萧寺。佳著适颁，香台竹院之间，细细咀嚼，数年俗肠一旦涤洗，何快如之。天绮年兄热耳久矣，未得把晤，甚为缺陷，肯赐颜色，实出望外，敬束带以候。余面布，不宣。"④（第105页）

---

① 孔尚任：《湖海集》，古典文学出版社1957年版，第239页。

② 顾国瑞、刘辉认为，此札为康熙二十六年丁卯春写于泰州。参见顾国瑞、刘辉《孔尚任佚简二十封笺证》，《文献》1981年第3期。

③ 孔尚任：《湖海集》，第285页。

④ 顾国瑞、刘辉认为，此札为康熙二十八年（1689）己巳夏写于扬州。参见顾国瑞、刘辉《孔尚任佚简二十封笺证》，《文献》1981年第3期。

两相对照可以看出,《尺牍友声》所收更接近于原信,而孔氏将其收入集中则作了较多删改,因为张潮不太可能作这些添加,而对孔氏来说,信中所提及的人情往来等琐屑之事,完全可以删除。当然,文集所收也会提供补充之信息,如后一信中所提及的《联庄》《笔歌》书名。

(三) 书籍社交的影响

《尺牍友声》是随到随刊的,类似于当代的连续出版物(如期刊),体现了即时性、开放性与群体性。《尺牍友声》与《尺牍偶存》相配合,其书信来往类似于期刊中的笔谈。而且,这种笔谈是对读者开放的,很多人都可以参与笔谈。从两书可看出,确实不断有新人加入这样一个书籍交流圈中。

正如张潮将相关阅读者的评语刻入著作(如《幽梦影》)以体现作者与读者的互动一样,《尺牍友声》与《尺牍偶存》也充分体现了这种互动,而且其主题主要是围绕图书出版、赠书展开的。我们可以推想,在这一互动中,读者是主动的一方,他们知道张潮的所思所想,其所谈就是为了迎合张潮,并希望将自己的书信刻入集中。同理,他们在信中所提出的索赠,同样也是这一行为的体现,即为了迎合张潮。张潮将那些看似不合情理的"索赠"书信刻入集中,与其说是为了表明婉拒的态度,不如说是为了表达欣赏与炫耀,更何况张潮一直就是以文人赞助者的身份示人的。

更为重要的是,这种互动既见证了书籍的出版与交流,其本身也成为书籍的一部分。这些书信的作者,既是书籍的读者,同时也是书籍的作者,甚至还有相当一部分是书籍的出版者。他们一起助推了清初"制造书籍"[①]的大潮。

此外,我们还应注意的一点是,书籍是"社会交往的润滑剂"[②],那么,像张潮这样把书籍社交做到极致之人,是否就可以在士大夫交际圈中如鱼得水呢?张潮的广泛赠书与赞助文人,确实在社会上获得了良好的声

---

① 这里借用了何予明《家园与天下——明代书文化与寻常阅读》"绪言"中的概念。参见何予明《家园与天下——明代书文化与寻常阅读》,中华书局 2019 年版,"绪言"第 7 页。

② [美] 周绍明:《书籍的社会史:中华帝国晚期的书籍与士人文化》,何朝晖译,北京大学出版社 2009 年版,第 80 页。

誉，而且，其朋友也是这样称誉他的："三径花浓待客开，于今四海说山来。"① 但是，我们不能高估书籍社交的作用。张潮在当时只能算是一个小人物，很多他所结交的上层人士并不怎么提到他。也就是说，与张潮常借重上层人士不同，那些上层人士并不看重张潮。例如，从《尺牍友声》与《尺牍偶存》看，曹溶、宋荦、高士奇、张英、王士禛等与张潮均有一定数量的书信来往，但他们集子中并不收入这些张潮引以为傲的书信，甚至他们的集子中基本不提及张潮。其实这种情况也出现在本书第六章要讨论的陆陇其身上，因为陆氏所交往之上层士大夫（如徐乾学等）也很少提及他。据此我们可以推想，如果没有别的因素（如身份、私交等）加持，纯粹的书籍之交很难助推士人进入更高层次的交际圈②。

总之，作为纯粹社交性的书籍之交，其影响是有限的；那些纯粹社交性的书籍，绝大多数很快也会灰飞烟灭③。

---

① 顾嗣立：《秀野草堂诗集》卷 12《赠张山来》，上海古籍出版社 2010 年影印《清代诗文集汇编》本。

② 陈晓峰《张潮〈尺牍偶存〉〈友声〉述论》（《苏州大学学报》2018 年第 5 期）据通信数量之差异认为通信者之间有社会层级差异，亦可参考。

③ 参见本书中关于书帕本的论述，以及唐顺之《荆川文集》（上海书店 1989 年影印《四部丛刊初编》本）卷 6《答王遵岩》云："幸而所谓墓志与诗文集者，皆不久泯灭。"

第五章　互通有无

张潮与曹溶虽然书信往还，但他们并不是真正意义上的书友，因为《尺牍友声》与《尺牍偶存》只分别收了一通他们来往的书信，且曹溶的诗集和书信集中根本就没有提及张潮。曹溶有自己"书籍之交"的圈子。

曹溶（1613—1685），字秋岳，一字洁躬，亦作鉴躬，号倦圃、鉏菜翁，浙江秀水（今嘉兴）人，明崇祯十年（1637）进士，官御史等；入清后官至户部右侍郎，为清初著名藏书家。曹溶所撰《流通古书约》是关于藏书家之间流通图书的协议，以先进、开放的理念，简便明确的操作方法，在藏书史、图书流通史上久享盛誉。目前学界对该约的研究已有一定的开展，但是，这些研究除了简单介绍该约的具体内容，以及充分肯定该约所倡导的图书开放思想之外，很少提及该约的实际操作情况①。有的学者甚至说："曹溶的这种保存古籍的思想，集中反映在《流通古书约》一文中。这篇文章也是中国藏书史上重要的文献，他流通古书的设想，在当时是行不通的。"②

---

① 目前学界的相关研究主要有：王文：《曹溶及其〈流通古书约〉》，《图书馆学研究》1984年第3期；傅金柱、黄雅琴：《明清时代的两个流通书约》，《江苏图书馆学报》1994年第6期；徐健：《试论〈流通古书约〉与〈古欢社约〉的图书馆流通思想》，《河南图书馆学刊》2001年第6期；汲言斌：《曹溶与〈流通古书约〉》，《图书馆工作与研究》2012年第7期；李军：《朱彝尊、曹溶藏书交流考述》，载王绍仁主编《江南藏书史话》，上海古籍出版社2009年版，第476—486页。以上诸文中只有李军一文明确认为《流通古书约》的思想在当时是曾经被实施过的，并推测曾应用于朱彝尊等人。但是，除了朱氏外，该文并没有考证其他人参与实践该约的依据。

② 顾志兴：《浙江藏书家藏书楼》，浙江人民出版社1987年版，第164—165页《曹溶的"静惕堂"藏书与〈流通古书约〉》。

这不禁让人产生这样的疑问：《流通古书约》只是表达一种理想与愿望，还是曾经付诸实践的协议呢？最近，笔者通过研读曹溶尺牍，并结合其诗集等文献来分析，逐渐对该问题有了较清晰的认识：曹溶不但提出了很好的理念，而且确实多次付诸实践。这一认识不但有助于我们更深刻地理解《流通古书约》，也有助于认识清代藏书家之间"书籍之交"的普遍性①。

一　《流通古书约》简介

曹溶《流通古书约》载：

> 自宋以来，书目十有余种，灿然可观。按实求之，其书十不存四五，非尽久远散佚也。不善藏者，护惜所有，以独得为可矜，以公诸世为失策也，故入常人手，犹有传观之望，一归藏书家，无不缇锦为衣，旃檀作室，扃钥以为常。有问焉，则答无有。举世曾不得寓目，虽使人致疑于散佚，不足怪矣。近来雕版盛行，烟煤塞眼，挟资入贾肆，可立致数万卷。于中求未见籍，如采玉深厓，旦夕莫觊。当念古人竭一生辛力，辛苦成书，大不易事。渺渺千百岁，崎岖兵攘，劫夺之余，仅而获免，可称至幸。又幸而遇赏音者，知蓄之珍之，谓当绣梓通行，否，亦广诸好事。何计不出此，使单行之本寄箧笥为命，稍不致慎，形踪永绝，只以空名挂目录中？自非与古人深仇重怨，不应若尔。然其间有不当专罪吝惜者。时贤解借书，不解还书，改"一瓻"为"一痴"，见之往记。即不乏忠信自秉、然诺不欺之流，书既出门，舟车道路，摇摇莫定，或童仆狼藉，或水火告灾，时出意料之外。不借未可尽非，特我不借人，人亦决不借我，封己守株，纵累岁月，无所增益，收藏者何取焉？予今酌一简便法：彼此藏书家各就观目，标出所缺者，先经注，次史逸，次文集，次杂记，视所著门类同，时代先后同，卷帙多寡同，约定有无相易，则主人自命门下之役

---

① "书籍之交"，是指中国古代士大夫（尤其是藏书家）之间非商业性图书流通。参见张升《论题：明清民间社会的"书籍之交"》，《历史教学问题》2015 年第 4 期。

精工缮写，校对无误，一两月间，各赍所钞互换。此法有数善：好书不出户庭也；有功于古人也；已所藏日以富也；楚南燕北皆可行也。敬告同志，鉴而听许。或曰：此贫者事也，有力者不然。但节宴游玩好诸费，可以成就古人，与之续命。出未经刊布者寿之梨枣，始小本，迄巨编，渐次恢扩，四方必有闻风接响，以表章散佚为身任者。山潜冢秘，羡衍人间，甚或出十余种目录外。嗜奇之子，因之覃精力学，充拓见闻。右文之代，宜有此祯祥，予矫首跂足俟之矣。倦圃老人曹溶约。①

以上是《流通古书约》的全文。该文包括三部分内容：绪言、约文、附言。

绪言，为立约之背景及原因，主要讲：当时稀见之古书不易看到，而藏书家不愿出借。

约文，主要包括：各藏书家相互公布自己的藏书目；在对方书目中标出自己所缺的书；在双方所缺之书基本对等的情况下，将对方所缺之书抄校好，然后彼此互换所抄的书。这样，双方就能获得自己所缺之书，而不用将藏书出借。

附言，为补充说明，主要讲：如果有实力的人能刊刻稀见的或未刻之书，则更好。也就是说，贫者只能相互传抄，而富者可以考虑将这些书刊刻。这表达了曹氏更大的希望。

关于此约，曹溶在《绛云楼书目题辞》和《跋》中有进一步的讨论。《题辞》云：

虞山宗伯（引者按：指钱谦益）生神庙盛时，早岁科名、交游满天下，尽得刘子威、钱功父、杨五川、赵汝师四家书。更不惜重赀购古板本，书贾闻风奔赴，捆载无虚日。用是所积充牣，几埒内府，视叶文庄、吴文定及西亭王孙或过之。中年，构拂水山房，凿壁为

---

① 曹溶：《流通古书约》，载祁承㸁等《澹生堂藏书约（外八种）》，上海古籍出版社2005年版，第35—36页。

架，庋其中。四时从游之士，不远千里，行滕修贽乞其文，刻系牲之石，为先世光荣者，络绎门外。自王弇州、李大泌以还，此事殆希见也。宗伯文价既高，多与清流往来，好延引后进，大为壬人所嫉，一踬不复起。晚岁浮沉南国，操委蛇术容其身，所荐某某，大异平居所持论，物望为之顿损。入北未久，称疾告归，居红豆山庄，出所藏书重加缮治，区分类聚，栖绛云楼上，大椟七十有三，顾之自喜曰：我晚而贫，书则可云富矣。甫十余日，其幼女中夜与乳媪嬉，楼上剪烛灺，误落纸堆中，遂燹。宗伯楼下惊起，焰已涨天，不及救，仓皇走出。俄顷，楼与书俱尽。予闻骇甚，特过唁之，谓予曰：古书不存矣，尚有割成明臣志传数百本，俱厚四寸余，在楼外。我昔年志在国史，聚此。今已灰冷，子便可取去。予心艳之，长者前未敢议值，则应曰诺诺。别宗伯，急访叶圣野，托其转请。圣野以稍迟，越旬日，已为松陵潘氏购去。叹息而已。今年，从友人得其书目，手抄一过，见不列明人集，偏于琐碎杂说收录无遗，方知云厚四寸者，即割文集成之，非虚语也。予以后进事宗伯，而宗伯绝欵曲。丙戌同客长安，丁亥、戊子同傛居吴苑，时时过予。每及一书，能言旧刻若何，新板若何，中间差别几何，验之纤悉不爽。盖于书无所不读，去他人徒好书束高阁者远甚。然太偏性，未为爱惜古人者，有二端：一所收必宋元板，不取近人所刻及抄本，虽苏子美、叶石林、三沈集等，以非旧刻，不入目录中。一好自矜啬，傲他氏以所不及，片楮不肯借出，俟以单行之本，烬后不复见于人间。予深以为鉴，偕同志申借书约：以书不出门为期，第两人各列所欲得，时代先后，卷帙多寡，相敌者，彼此各自觅工写之，写毕各以奉归。昆山徐氏、四明范氏、金陵黄氏，皆以为书流通而无藏匿不返之患，法最便。予又念古人诗文集至夥，其原本首尾完善通行至今者，不过十二三。自宋迄元，其名著集佚者，及今不为搜罗，将遂灭没可惜，故每从他书中随所见剔出，补缀成编，以存大概，如孙明复、刘原父、范蜀公等，颇可观。宗伯地下闻之，必以为寒乞可笑，然使人尽此心，古籍不亡自今日始矣。

《跋》云：

自宗伯倡为收书，虞山遂成风俗，冯氏、陆氏、叶氏皆相效尤，毛子晋、钱遵王最著，然皆不及宗伯。贾人之狡狯者，悉归虞山，取不经见书楮墨稍陈者，虽极糜烂柔茹，用笔牵缀洗刷，如新触手。以薄楮袭其里，外则古锦装褫之，往往得善价。此他方所莫及也。然此目犹有可疑者。昔予游长安，堂上列书六七千册，宗伯闲日必来，来则遍翻架上，遇所乏，恒借抄写，如是数四。予私喜，异日遂可借宗伯书也，尝请曰：先生必有路振《九国志》、刘恕《十国纪年》，南归幸告借。宗伯许诺。丁亥予挈家寓阊门，宗伯先在拙政园，相见首及二书，疾应曰：我家无此书，曩者言妄耳。予以先辈之言，诚不敢再请。嗣后吊其灾，坐久，忽自叹曰：我有借书癖，畏因借转展失之。子曾欲得《九国志》《十国纪年》，我实有之，不以借子，今此书永绝。使抄本在子，可还抄也。予不乐而退。乃目录亦无此二书。宗伯暮年榫户注佛经，于书无所不采，禅林推为该博，何故《道藏》则细碎必收，释氏虽《法苑珠林》《宗镜录》等俱不载。近人刻《有学集》，集中体制颇拟议宋文宪公，其文集当朝夕省览，目亦缺之，足征目非其全。宗伯真不可测也，安得起九原而问之？①

综上可以看出，《流通古书约》的产生与钱谦益绛云楼失火、藏书被毁有直接的关系。也就是说，钱氏如果当年能出借藏书，他人得以传抄，"使抄本在子，可还抄也"，而不至于最终"烬后不复见于人间"。因此，曹氏"深以为鉴，偕同志申借书约"。可以说，曹氏长期搜书，深切体会到得书之难，而钱氏绛云楼之失火是最终导致其制订此约之关键因素。

正如前文所云"偕同志申借书约"，《流通古书约》实际上就是"借书约"，也就是关于借书的协议。此外，下文还会提到，此约也可称为"借抄（或互抄）之约"。不过，所谓"借书约""借抄（或互抄）之约"都是通

---

① 以上曹溶《绛云楼书目题辞》《跋》，载钱谦益撰，陈景云注《绛云楼书目》，中华书局1985年影印《丛书集成初编》本，第1—2、109页。

俗的说法，其正式的名称还是"流通古书约"，因为《静惕堂集》所收该约文即称为"流通古书约"①，而且，后来的传抄、翻刻本也一直沿用此称。

二 《流通古书约》最早订立时间

据前引"敬告同志，鉴而听许""偕同志申借书约"可知，此约的订立在最初并没有一个固定的对象，只要是同志者即可。换言之，此约是开放性的，随时可以应用于那些有共同志愿者。因此，这里所说的订立时间，是指最早实施该约的时间。兹考证其订立时间如下：

其一，从曹溶《绛云楼书目题辞》看，此约文应作于钱谦益去世后。钱氏逝于康熙三年（1664），而曹溶逝于1685年，因此，此约肯定订立于这期间。

其二，曹溶《绛云楼书目题辞》提到昆山徐氏、四明范氏、金陵黄氏都认为此约好，应该是较早参与订约之人。而且，一般而言，此三家应是以订约时间先后排列的。据此又可知，昆山徐氏（即徐乾学兄弟）应为最早订约者。

其三，曹溶"与汪晋贤（一）"载："弟入秋来埋首铅椠，与吟啸稍疏。今史辑已成，将以岁寒灯火料理元诗选事，恨所藏元籍止百家，未称大备。前闻老年翁收濮川沈氏书多奇秘，能以书目见示否？弟与昆山昆季通借抄之约一年，所增彼此各不下数十种。同人多以此为便，仿而行之。裘杼楼主人当亦踊跃从事也。"② 据《汪森年表》可知，汪氏收濮川人家之书是在康熙十四年（1675）二月③，那么，此信应该是作于该年秋天。

---

① 叶昌炽著，王欣夫补正，徐鹏辑《藏书纪事诗》卷4《曹溶（躬洁）》条（上海古籍出版社1989年版，第352—353页）载：《静惕堂集·流通古书约》。可见，该约是收在曹氏文集中的。但可惜的是曹氏文集目前遍搜不得，估计已失传。钱泰吉《甘泉乡人稿》（清同治十一年刻本）卷九亦提到该约，并提到曹氏文集四卷，"曹倦圃有《流通古书约》，有力收藏传钞者当取法焉。大略云：酌一简便法，彼此藏书家各就观目录，标出所缺者。先经注，次史逸，次文集，次杂说，视所著门类、时代先后同，卷帙多寡同，约定有无相易。则主人自命门下之役精工缮写，校对无误，一两月间各赍所钞互换。此法有数善，好书不出户庭也，有功于先人也，己所藏日以富也，楚南燕北可行也。敬告同志，鉴而听许。倦圃《静惕堂文集》钞本四卷，亦生沐所藏"。

② 本节所收书信，除特别注明者外，均出自胡泰选《倦圃曹先生尺牍》（清康熙、雍正年间含晖阁刻本）。该书所收均为曹溶给他人之书信。

③ 陈水云、孙婷婷：《汪森年表》，载杜桂萍主编《明清文学与文献》第四辑，社会科学文献出版社2016年版，第165页。

信中说其与徐氏通约有一年了，则大致可推算出与徐氏订约应在康熙十三年。而且，信中所言"弟与昆山昆季通借抄之约一年，所增彼此各不下数十种。同人多以此为便，仿而行之"，亦可印证前面的推断：与徐氏订约最早，其他同人则仿而行之。

　　曹溶与徐乾学兄弟一直保持密切的关系，诗书往来不断，而且，徐乾学兄弟是当时的大藏书家，所藏明史资料众多，又主持《明史》编修，而曹氏自1664年离官归里后，一直从事编修有关明朝之史书，因此，曹氏拟成此约后即首先与徐氏订约，是可以理解的。综上所述，笔者大致推断：曹氏在康熙十三年（1674）拟定此约，并首先与徐乾学兄弟订约，然后又依次与范氏、钱氏等订约。

三　《流通古书约》的订约者

　　除了前面提到的昆山徐氏、四明范氏、金陵黄氏外，曹溶书信中还提到一些人物有可能是订约者，兹一并考证如下。

（一）昆山徐氏（徐乾学、徐元文、徐秉义兄弟）

　　除前引"与汪晋贤（一）"及《绛云楼书目题辞》，还有一些提及徐氏参与此约的材料。

　　"与黄俞邰"载："冠山堂宋集已许对抄十四种。苏颍、方回等，其中弟有之，不啻先生有之，通融最便。某处尤多奇秘，以利动之，欣然代抄。今之天下以多财为贵，然箕子大圣，亦以富列五福之次。我辈终窭，安能饶有秘本耶。为之三叹。弟十月之间，不免北行。九月前后，尚冀龚天老使者来，弟已抄就《中兴（洁海）［御侮］录》《靖康要录》等书，恐勖老未遽到，故不敢冒昧寄。语天老，乞致此意。"① 冠山堂为徐乾学书斋名。这里提到徐氏答应"对抄"，即互抄对方之书，正是《流通古书约》所提到的抄书法。"某处尤多奇秘，以利动之，欣然代抄"，"某处"应该指的是曹氏。"以利动之"，是曹氏推行借书约之重要手段，指曹氏以自己的藏书来吸引别人来缔约。而且，"其中弟有之，不啻先生有之"，说明曹氏之书也可以与黄氏对抄，这样，曹氏之书即可视为黄氏所有。龚

---

① 勖老，即丁澍，字勖庵，号皋亭、花汀渔隐，江苏上元（今南京）人。

天老，即下文的龚翔麟，他们之间也有互抄之约。

　　"与龚蘅圃（一）"载："弟将宋元诗选，已得专集二百七十余种，所未备者方求玉峰徐氏、四明范氏、虞山钱氏、盐官胡氏。人间奇宝，岁月之内可悉列几案间。弟尝见著书家往往富有自矜，缄秘不出，反使古人述作由我而不传。牧老绛云一炬，断绝不少，颇为得罪名教也。弟每得佳书，力既不能付刻，发愿广之同人，冀得流通不绝，稍以此结文字缘。老年翁地居上游，书籍所汇，又手握奇藻，与昔贤针芥相投，博访多藏，正在今日。"玉峰徐氏，也是指徐乾学兄弟。曹氏在信中非常自信地称，其未备之书可以在"岁月之内可悉列几案间"，说明其与信中所提四家（玉峰徐氏、四明范氏、虞山钱氏、盐官胡氏）应均有互抄之约。而且，信中还提到"弟每得佳书，力既不能付刻，发愿广之同人，冀得流通不绝，稍以此结文字缘"，这也说明，曹氏是主动地以自己所藏佳本来推动与人订立互抄之约的，实即前引"与黄俞邰"信中所说的"以利动之"。可以说，曹氏所倡的互惠互利的抄书法，非常契合《书籍的社会史》所总结的藏书家得以使用他人藏书的最普遍方法：以自己的藏书来打开别人的藏书楼①。

　　除上述两信外，其他材料也可以进一步证实曹氏与徐乾学兄弟确实存在有互抄之约。例如，徐乾学主持编纂《通志堂经解》时，多借抄曹氏之书。曹溶作于康熙十八年（1679）的《送徐健庵入都》诗云："稽古足专编史局，沃心方值省灾年。无忘济我雕虫癖，秘籍时当寄远天。"② 其时徐氏远在北京主持编修《明史》，但曹氏仍希望徐氏能寄予"秘籍"。徐乾学诗文中提及曹氏的不多，但其《寄曹秋岳先生二首》之二云："发愤购遗书，搜罗探秘笈。从人借抄写，瓶罍日不给。侧闻曹氏仓，积书如堵立。装以绀琉璃，重以锦绣袭。漆文既发鲁，残竹或穿汲。昔称三十乘，较书惭搜茸。矧予保残阙，尝苦心力涩。愿言解缨组，藤笈自负执。一窥未见书，为解饥渴急。"③ 说明徐氏对曹氏之抄书与藏书是颇了解的。

────────────

① ［美］周绍明（Joseph P. McDermott）：《书籍的社会史》，何朝晖译，北京大学出版社2009年版，第136页。

② 曹溶：《静惕堂诗集》卷36，清雍正刻本。

③ 徐乾学：《憺园文集》卷7，清康熙冠山堂刻本。

而且，徐乾学《传是楼书目》中收宋元人集比较多①，且多为抄本，可能在一定程度上反映了与曹氏互抄之效果。

（二）四明范氏

除《绛云楼书目题辞》外，前引"与龚蘅圃（一）"也提到曹溶与四明范氏订有互抄之约，而此范氏指的就是天一阁范光燮。范光燮（1613—1698），字友仲（又作友中），一字鼎仍，号希圣老人，浙江鄞县（今宁波）人，范钦曾孙，范汝楠次子，范光文弟。其于康熙十五年（1676）以恩贡生任嘉兴府学训导，在职十余年，与曹溶来往颇为频繁②。

范光燮对藏书持较开放的态度，故能让黄宗羲作为外人首登天一阁看书，并答应其抄书之请求。据黄宗羲《天一阁藏书记》（己未）云："天一阁书，范司马所藏也，从嘉靖至今盖已百五十年矣。司马殁后，封闭甚严。癸丑，余至甬上，范友仲破戒引余登楼，悉发其藏。余取其流通未广者抄为书目，凡经史地志类书坊间易得者及时人之集三式之书，皆不在此列。余之无力，殆与东里少时伯仲，犹冀以暇日握管怀铅，拣卷小书短者抄之，友仲曰诺。荏苒七年，未蹈前言。"③因此，范光燮与曹氏订互抄之约也是可以理解的。

（三）黄虞稷（金陵黄氏）

《绛云楼书目题辞》所提及的"金陵黄氏"，即当时大藏书家黄虞稷（字俞邰），前引"与黄俞邰"亦可为证。此外，曹氏"与项东井"云："所寄俞邰、融谷二札，皆自为抄书地，幸一笑，为我寄之。俞邰嗜学有文，书必肯借。借得，烦觅人速写。"④所谓"自为抄书地"，其实就是希望借抄他人之藏书。因此，曹氏所寄黄虞稷之札有可能正是向黄氏提出订约之札。另据"与龚蘅圃（二）"载："因俞老迫解维，不及作报札，幸道相怀。先抄子野、遗山词二种，其雪楼、蛾术更欲得否，晤时一询

---

① 徐乾学：《传是楼书目》（清道光八年味经书屋钞本）收有前信提到的方回（其实是元人）之集，但没有收苏颖之集。

② 例如，曹溶《静惕堂诗集》卷37收有《范友仲广文邀迈人止岳碁会有诗遥同次韵二首》，约作于1681年。

③ 沈善洪主编：《黄宗羲全集》第十册，浙江古籍出版社2005年版，第119页。

④ 黄汝铨选：《曹秋岳先生尺牍》卷7，清康熙刻本。

之。"这里所谈应还是曹氏与黄氏互抄之举,且曹氏曾通过龚氏来问黄氏所欲抄之书。又据"与龚蘅圃(三)"载:"致俞兄一札,易书一函,如已北发,便存几案间,但求觅便报俞兄,使知弟之不负约也。"这里提到的也应该是指与黄氏所订之约。

(四) 虞山钱氏 (钱曾)

前引"与龚蘅圃(一)"提到的订约者还有虞山钱氏。曹溶与钱谦益相交颇深,但曹溶作《流通古书约》时钱谦益已去世,因此,这里的钱氏不可能指钱谦益,而应指钱谦益之族孙钱曾(字遵王)。曹氏与钱曾亦多有来往,如曹溶《静惕堂诗集》卷四十四《严武伯、钱遵王至二首》即提到:"花间柔橹载书来,滴露芸窗拂蠹开。第一风流推此事,不教珠玉起尘矣(埃)。浮云劫火动相妨,红豆当年倚恨长。容我一瓶鸳水北,往来吹送白苹香。"此外,钱曾《读书敏求记》卷一"陆淳春秋微旨三卷"载:"内阁藏本,予从曹秋岳先生借录。"卷四"离骚草木疏四卷"载:"此从曹秋岳先生借录,得观斗南原书,何其幸也。"① 亦可证他们之间确实有借抄之举。

(五) 盐官胡氏

前引"与龚蘅圃(一)"提到订约者还有盐官胡氏,此胡氏应指胡夏客、胡申之父子。胡夏客,字宜子,浙江海盐人,诸生,胡震亨(字孝辕)之子。胡申之,字令修,副贡生,胡夏客之子。胡氏为藏书世家,黄宗羲亦曾至其家访书,据前引黄氏《天一阁藏书记》载:"胡孝辕考索精详,意其家必有藏书,访其(子)[孙]令修,慨然发其故箧,亦有宋元集十余种,然皆余所见者。"曹溶与胡夏客父子均有交往,据"与吴子文"载:"愚与宣子曾通交好,今欲就其家借姚牧庵文集,订四十日内抄毕奉还,先致此意,当自致柬,切切。"② 这里还提到了借抄之期限为四十日。

(六) 龚翔麟

龚翔麟(1658—1733),字天石,号蘅圃,又号稼村,晚号田居,清

---

① 参见钱曾撰,丁瑜点校《读书敏求记》,书目文献出版社 1984 年版,第 7、120 页。

② 黄汝铨选:《曹秋岳先生尺牍》卷 6。

代藏书家，浙江杭州人。前引"与龚蘅圃（一）"载："弟尝见蓄书家往往富有自矜，缄秘不出，反使古人述作由我而不传。牧老绛云一炬，断绝不少，颇为得罪名教也。弟每得佳书，力既不能付刻，发愿广之同人，冀得流通不绝，稍以此结文字缘。老年翁地居上游，书籍所汇，又手握奇藻，与昔贤针芥相投，博访多藏，正在今日。"此信所谈正是关于借书约之事。显然，当时曹、龚双方还未缔约，曹氏只是表达此意，等待龚氏回应。

大概在此后不久，曹氏与龚氏就缔约了，据"与龚蘅圃（四）"载："闻老年翁精修制举之业……老年翁经笥一刻，近必增多，幸以全帙寄我，倘有未备之册，无妨列目寄来，当缮写奉到。古人未刻之集，得我而流通，真大快事也。抄书十七册附使者。"龚翔麟于康熙二十年（1681）考取顺天副贡生，后由兵部车驾司主事、工部主事迁广东关税官，再授陕西道监察御史。曹溶提到"闻老年翁精修制举之业"，因此，此信应作于龚氏出仕之前。也就是说，两人订约应在1681年之前。此外，"与龚蘅圃（五）"载："惟藏籍未多，颇有遗憾，安得博雅好古如老年翁，动念故人，时时通借书之使，则彼此均益矣。向需诸种，业已毕工，托俞老奉上，惟孙莘老《春秋解》卷帙稍繁，尚在缮写者手，八月可寄也。""与龚蘅圃（六）"载："使者来时，适在省下，所录《靖康录》等书装潢已久，俱在寒舍，未能取寄。"① 可见，曹氏与龚氏之互抄还是颇为频繁的，而且据后一信看，对方所代抄之书，还要装潢后再送出。

（七）汪森

汪森（1653—1726），浙江嘉兴府桐乡人，原名汪文梓，字晋贤，一字碧巢，官户部郎中，藏书楼为裘杼楼。据前引"与汪晋贤（一）"载："弟与昆山昆季通借抄之约一年，所增彼此各不下数十种，同人多以此为便，仿而行之。裘杼楼主人当亦踊跃从事也。"这说明当时（康熙十四年，1675）曹氏与汪氏还未订互抄之约，但希望与汪氏缔约。不过，大概在此后不久两人就订立了借书约，因为曹氏在此后与汪氏的通信中多次提到互抄之举。

---

① 黄汝铨选：《曹秋岳先生尺牍》卷3。

"与汪晋贤（二）"载："闻续有《词综》两卷，补未备姓名，极善，已付刻否？如未刻，乞命使者录一本见寄。弟所蓄宋人词不少，或邺架所乏者，可还录相报也。里巷苦贫，旧书沓出，中间颇有秘本，我两家共为收拾，而又有无互相换抄，天一阁、冠山堂不难并峙也。"这里提到两家可以互抄，正是《流通古书约》之核心内容。

"与汪晋贤（三）"载："顷在吴门，见先儒经解及宋元集甚多，囊无济胜具，往往交臂失之。邺架近日必大有收藏，幸垂示目录，庶为彼此借抄之藉也。……《汪玉山集》较《秋厓小稿》为少，他日当再抄宋集一二种奉易耳。"这里涉及《流通古书约》的两项重要内容：其一，据对方书目来确定自己需借抄之书；其二，借抄之书要对等。也就是说，如果互抄之书不对等，一方还需要设法补足。查汪氏《裘杼楼书目》可知，其中著录：方岳《秋崖小稿》八十卷，十册，另标"又十册"；汪应辰《文定集》十三卷，三册，另标"又四册"。《文定集》，即信中所说的《汪玉山集》。笔者推测，原书目著录为"《秋崖小稿》八十卷，十册"，后来又补抄了其不全的部分，共十册，故将"又十册"标在原书名之下。《玉山集》的著录也是这种情况。因此，其中补抄部分有可能即是与曹氏互相借抄的结果。

"与汪晋贤（四）"载："南中焦氏秘册极多，弟购得近百种，清秘倘有所乏，不妨遣人来写。闻收藏之富，日异月新，亦望列目示之，图借观一二也。"可见，如前所述，要达成互抄之约，最好的方法是"以利动之"，即啖之以利，诱之以惠，主动提供对方需要之书，而望对方能有所回报。

此外，"与汪晋贤（五）"载："尊斋宋元集目，希附一阅。他日将彼此互抄而耳。""与汪晋贤（六）"载："海内积书家裘杼楼实居其一，近必多收秘册，无靳手疏五十里舟程，彼此可通借也。"以上均提到两家互抄之举。

（八）朱彝尊

朱彝尊（1629—1709），字锡鬯，号竹垞，浙江嘉兴人。其与曹氏为同乡戚友，来往频繁。朱彝尊编纂《经义考》和《词综》时，均大量借抄曹溶的藏书。例如，王士禛《居易录》卷十二载："竹垞过邸舍云：近著一书曰《经义存亡考》……竹垞笃好经学，所录多鄞范氏天一阁、禾中项氏及曹氏倦圃、温陵黄氏千顷堂秘本。"① 《词综》"发凡"载："是编所录，半属抄本……里门则借之曹侍郎秋岳。"② 此外，朱氏《曝书亭著录序》载："时曹侍郎躬洁、徐尚书源一，皆就予传抄。"③ 曹溶"与朱锡鬯（一）"载："承需宋说，先当抄寄。其《王霸世纪》等，竭终岁之力，次第写来。《琬琰录》及《朝野杂记》如教摘览。惟《玉溪编事》，弟处所乏，世间亦未见有此书，不知何故列入目中也。《牧（来）［莱］脞语》，敬拜嘉惠。台处既多秘册，又能博访诸家，弟欲转抄二十四种，以敝箧所藏相准，犹恐不均，有新收数种，在俞老札中，可取阅也。""与朱锡鬯（二）"载："惠借诸书，皆敝箧所乏。近年江左藏书绝少，偶有所见，辄为大力所先。承命采入《道古录》，恐无足以报拳拳者，统俟驹车息辚，悉出恣蒐罗耳。"据上两信可以看出：他们两人之间确曾订有互抄之约；即便是关系非常亲密之人，在实施借书约时也要遵循对等原则。1685 年，朱彝尊在京师获悉曹溶去世的消息，写下了《曹先生溶挽诗六十四韵》，其中有"签帙无由借，人琴自此掊"之句④，表达了再也无法向曹氏借书之伤感。

曹溶和朱彝尊均特别重视对宋元人集的搜集，并分别留下了《静惕堂藏宋元人集目》和《潜采堂藏宋元人集目》。两目比对可以发现，其中有一半以上的书籍是相重的，这有可能在一定程度上反映了两人相互借抄的效果（当然主要是朱氏向曹氏借抄）。

（九）高佑釲

高佑釲，字念祖，浙江嘉兴人。据"与高念祖（一）"载："两日借到书籍，已分头发抄，再借谢宋、陈旅、刘彦炳、郭奎、李孝光五种集，望即付以便，另人并工缮写，庶不迟滞。"由于所借之书较多，故需要抄工较多，以便分别发抄。而且，从信中可以看出，这些书是借回来再抄的，而不是按条约所定抄了再送的。另据"与高念祖（二）"载："尊公

---

① 王士禛撰，张鼎三点校：《王士禛全集·居易录》，齐鲁书社 2007 年版，第 3902 页。

② 朱彝尊、汪森编：《词综》，上海古籍出版社 1978 年版，第 7 页。

③ 叶元章、钟夏选注：《朱彝尊选集》，上海古籍出版社 1991 年版，第 446 页。

④ 朱彝尊著，王利民校点：《曝书亭全集·曝书亭集》，吉林文史出版社 2009 年版，第 182 页。

先生如此嗜书，怪其所藏尚少，仇远《兴观集》、钱惟善《江月松风集》，不佞有此两种，人间无第二本，容当抄送鄞架，藉以流传海内也。释妙声、王孟端、谢孔昭、陈亚之四集，惟示之。"① 可见仇远《兴观集》、钱惟善《江月松风集》是抄了再送的，而释妙声等四集可能是借了再抄的。由此可以进一步推测，虽然协议规定是抄了再互送的，但是真正实施时并不一定按此办理。例如，珍贵之书可能是抄了再互送，以避免意外，而不那么珍贵的书可能就直接借出让对方抄了。

（十）陆澪

陆澪，字其（期）清，号听云，江苏吴县人。陆澪藏书甚富，但秘不示人。曹溶依旧采用"以利动之"的方法，终得以与之达成通借之约。据《荛圃藏书题识》卷八"巨鹿东观集"载，陆期清家藏元刻《玉山雅集》，曹氏欲购，而陆氏未允，"秋岳遂折节订交，以宋梓魏仲先《巨鹿东观集》、孙奕《示儿编》相赠。古人倦倦爱书之意，迄今犹可想见"②。另据陆氏《佳趣堂置书述略》载："甲子岁，（曹溶）以魏仲先《巨鹿东观集》、孙弈《示儿编》，皆宋椠善本，见赠焉。岁辛酉，秀水朱竹垞检讨典试江南，亦造门订交。晚选《诗综》，有阙来借。二先生（指曹氏与朱彝尊为了借书，与陆氏往来）往来尺牍不下四五十番。"何焯跋《柳河东集》云："其清不轻与有通假书籍，倦圃、竹垞两先生欲抄录其藏本，甚秘者即不肯出。寻常小书亦必页数卷数相当，始得各易所无。"③ "与陆期清"载："缴到《易》注二种，奉送《孝经》一种。董鼎《孝经大义》正在发抄，抄毕送上。《钜鹿东观集》内缺三卷，乞发原本来，俟抄成仍以刻本奉缴。告借三种，洪炎《西渡集》、陈谟《海桑集》《六经雅言图辨》。"④ 可见两人之间相互借抄之频繁。

此外，下面这些人可能与曹氏也订有互相借抄之约。

杨体元，号香山，直隶大兴人，曾任台州府同知，入清不仕，流寓杭

---

① 黄汝铨选：《曹秋岳先生尺牍》卷2。

② 黄丕烈著，余鸣鸿、占旭东点校：《黄丕烈藏书题跋集》，上海古籍出版社2013年版，第457页。

③ 以上分别转引自郑伟章《文献家通考（清—现代）》，中华书局1999年版，第111、112页。

④ 黄汝铨选：《曹秋岳先生尺牍》卷5。

州。曹氏在信中称杨氏为"敝门人"，说明其曾受教于曹氏。据"与杨香山"载："知需唐二李集，因在大柜中，俟简出即付善书者录两册充邺架之藏。有便信至台州，乞写冯再老处《周易通义》一种见惠，则彼此均有益矣。"①曹氏将杨氏所求之书抄了再送，也希望杨氏转抄自己所需的书惠赠，以使彼此均受益。这正符合曹氏推动订约的"以利动之"、互惠互利之原则。

金亦陶，名侃，江苏吴县人，以诗画名世，隐居不出。金氏颇好抄书，叶昌炽引《乾隆苏州府志》称金氏云："杜门抄书，校雠精审，宋元人名集秘本插架甚富。"②金氏跋《剡源先生文集》云："余赋性最淡，一切世人所热中奔竞者举无所好，顾独好书。然家贫授徒以糊其口，安得有余资买书，势不得不从友人借抄，所谓少好抄书，老而弥笃者矣。然亦用以耗壮心，送余年耳，非欲以矜博览夸收藏也。岁已未，嘉禾曹侍郎秋岳先生过余草堂，极称元人戴帅初之文，许抄以寄我。会余客他郡者数年，归讯先生，则已为古人矣。"③己未为康熙十八年（1679）。又据"与金亦陶"载："日前曾以《湛然居士集》奉纳，已达记室否？借书最忌浮沉，故特动问。箧中元人秘集甚多，幸录目垂示。"曹氏说自己藏的元人集较多，如果金氏要借抄，可以将要借抄的书目开示。综上所述，他们之间可能也订有借抄之约。

沈皞日（1637—1703），字融谷，号茶星，又号柘西，浙江平湖人，诸生，著有《柘西精舍集》。据前引"与项东井"载："所寄俞邰、融谷二札，皆自为抄书地，幸一笑，为我寄之。俞邰嗜学有文，书必肯借。借得，烦觅人速写。"曹氏与俞邰（黄虞稷）、融谷（沈皞日）的信均是"自为抄书地"，既然曹氏与黄氏订有通借之约，那么其与沈氏也可能订有通借之约。

项奎（1623—1702），字天武、子聚，号东井，浙江嘉兴人。嘉兴项氏为藏书世家，而曹溶与项奎交往颇多。曹氏《静惕堂诗集》收有多首与项氏唱和的诗，可见他们关系不一般。例如，该书卷二十三《东井和

①　黄汝铨选：《曹秋岳先生尺牍》卷6。

②　叶昌炽著，王欣夫补正，徐鹏辑：《藏书纪事诗》，上海古籍出版社1989年版，第320页。

③　转引自郑伟章《文献家通考（清—现代）》，第54页。

糖瓜二韵奉酬八首》载:"故家堆万卷,有约更联床(东井以书借我)。"可见他们之间也有书籍往还。前引"与项东井"提及曹氏与他人通借之约,那么,曹氏与项氏之间应该也不难订约。

毛扆,字黼季,江苏常熟汲古阁毛晋之子。据曹溶《静惕堂诗集》卷三十六《从毛黼季借书》载:"十万牙籤海内夸,一传哲嗣更才华。白鱼宋季留官本,丹椠江南访故家。问字云楼停酒舫,雠书银箭落檠花。石苍徒愧虚名在,几欲相寻限浦沙。"此诗约作于1678年,正是曹氏与徐乾学兄弟订立通借之约之后。毛扆也喜欢抄书,曾与钱曾互抄藏书,因此,推想其与曹氏订有通借之约亦是有可能的。

黄宗羲,字太冲,号南雷,浙江余姚人。黄氏是当时大藏书家,与曹溶来往也很多。前引黄氏《天一阁藏书记》云:"曹秋岳倦圃之书,累约观之而未果。据秋岳所数,亦无甚异也。"黄氏写此记约在1680年,其时曹氏已与人订立了通借之约。从黄氏所述看,曹溶多次约请黄氏来看自己的藏书,其目的之一可能是希望与黄氏通借书之约①。但是,黄氏认为曹氏之藏书并无甚珍奇的,当时可能并未订约。不过,据黄百家《明文授读发凡》载:"吾家所藏宋、元文集极多,皆先遗献假于各藏书家以钞得者,于昔则借钞于吾族白下之千顷堂、虞山钱氏之绛云楼、山阴祁氏之澹生堂、钮氏之世学楼、甬水范氏天一阁、禾中曹氏之倦圃,近复得吾师果亭徐先生钞寄培林堂所藏集本,以补吾家所未备。"② 全祖望《梨洲先生神道碑文》云:"公(黄氏)晚年益好聚书,所抄自鄞县之天一阁范氏、歙之丛桂堂郑氏、禾中倦圃曹氏,最后则吴之传是楼徐氏。"③ 可见,黄氏后来确实曾借抄曹氏之书。据此推想,曹氏也应该会对抄黄氏之书,或亦因此订有互抄之约。

由于当时与曹溶交往的藏书家比较多,如周筼、吕留良、吴之振等,而且,目前存世的曹溶书信数量有限,其文集亦未见存,只有诗集存世,

---

① 曹溶《与汪晋贤(七)》载:"太冲老人曾将弟所列未备宋元书目标识。"曹氏可能将其求书目交付黄氏,希望黄氏能提供搜寻线索。

② 沈善洪主编:《黄宗羲全集》第十一册,第202页。

③ 全祖望撰,朱铸禹汇校集注:《全祖望集汇校集注》上册,上海古籍出版社2000年版,第224页。

因此，以上的考证肯定会有不少疏漏之处。但是，可以肯定的是，与曹溶订互抄之约的人应该还是比较多的。

四　总结与评价

综上所述，曹氏确实将《流通古书约》付诸实施，且参与缔约的人也比较多，说明此约的推行取得了很好的效果。兹就上述最初订约之时间、订约者以及条约的实施总结如下。

（一）关于最初订约之时间

曹溶大概是在康熙十三年（1674）拟定此约文，然后在该年首先与昆山徐乾学兄弟缔约。

（二）关于订约者

除徐乾学兄弟外，曹氏随后又陆续与天一阁范氏、黄虞稷、钱曾、盐官胡氏、龚翔麟、汪森、朱彝尊、高念祖、陆期清等缔约。此外，杨体元、金亦陶等人也可能参与了缔约。这些订约者均为曹氏之朋友（有的是旧交，有的是新朋），其中有的与曹氏还有着同乡、亲戚等关系。从地理位置上看，订约者均为江浙之人或流寓江浙之人，且以嘉兴府或嘉兴府附近区域的人居多，如胡氏父子、龚翔麟、汪森、朱彝尊、高念祖都是嘉兴人。订约者有的是大藏书家，有的藏书并不多；有的是朝廷大吏，有的只是普通士人。可以看出，曹氏缔约对象的范围还是比较广泛的，而这应该主要与曹氏的交游圈较广、搜书积极有关。

（三）关于条约之实施

以下结合《流通古书约》中的协议内容与上述的缔约细节作分析，以考察协议的具体实施情况。

1. "彼此藏书家各就观目录，标出所缺者"

此条有明确的落实。例如，曹氏在信中经常提到请对方提供藏书目录，而且，自己也会主动提供藏书目录供别人参考。

2. "先经注，次史逸，次文集，次杂记"

此条是就搜书的一般规律而言的，但曹氏并没有完全按此法施行，而是视当时所需而确定搜求的图书。例如，曹氏在一开始订约时，主要是为了编修明末史书而求书，所以更多地希望对方提供自己需要的明末史书。

后来。曹氏开始编辑宋元人诗文总集，因而其搜书的对象则转为稀见的宋元人集。从实际情况来看，这一变通方法也更可取，效果也更好。这说明协议的实施是可以调整和变通的。

3. "视所著门类同，时代先后同，卷帙多寡同，约定有无相易"

这可以概括为"三同"原则。此条有明确的落实。例如，曹氏在信中提到，要看别人所藏的元人集，则自己也可以提供相应的元人集给对方；如果卷数有差距，还会想方设法予以补足。总之，在实践中确实尽量去履行"三同"原则。

4. "主人自命门下之役精工缮写，校对无误，一两月间，各赍所钞互换"

此条有明确的落实。例如，曹氏在信中提到，自己抄好了书再送人，而且在送人之前还要将所抄书装潢好。至于一两个月间互换，从信中看也大致如此，如信中提到的借书以"四十日"为限等。当然，如果两家距离太远，就不一定以一两个月为限了。另外，从信中也能发现，有时订约双方不一定是抄送，而是借了再抄。其实，如果藏书家相熟，且互相信任，做到此点也不难。总之，此条在具体的实施中会有适当的变通。

此外，约文最后谈到了订约的好处，一共有四点，即"好书不出户庭也；有功于古人也；己所藏日以富也；楚南燕北皆可行也"。从曹氏的经历看，亦可得到充分的印证。例如，通过互相借抄，曹氏获得了大量自己所需要之书，从而为自己编纂多部大型图书提供了资料保障。而且，曹溶藏书日益增多，并形成了富有抄本宋元诗文集的藏书特色①。此外，订约者虽然均为江浙地区之人，但互相借抄的范围则远涉北京（如当时在京城任官的徐乾学兄弟与曹氏之间亦有互抄之举）。因此，此约在全国各地均可以推行，而各地的藏书家亦均可以参与订约。

综上所述，通过对《流通古书约》约文及实施情况的分析，笔者大致归纳出实施《流通古书约》的四个关键因素②。

交情。订约者必须有一定的交情基础，或是同乡，或是亲戚，或是

---

① 据曹溶《静惕堂书目》（成文出版社 1978 年《书目类编》本）统计，其中收有宋人集 197 家，元人集 139 家。

② 藏书是订约的最基本条件，这一点大家很好理解，故不将其列入。

师生，或是朋友等，总之都是交游圈中之人，这是双方缔约的基础。这也决定了缔约者往往是附近地区之人：一方面有较多的交情，另一方面便于操作。

对等。即前述的"三同"原则。对等是就互相借抄之书而言的，而不是就缔约者的身份、地位而言的。

开放。如前所述，订约者均为交游圈中之人，但是，人的交游圈总是在变动的（如不断有新人加入等），因此，订约对象也会随着交游圈的变化而变化。例如，曹溶的缔约对象既有老友，又有新朋。

灵活。从曹溶的实践看，他会对协议的实施作适当的变通。例如，他并不一定按"先经注，次史逸，次文集，次杂记"的顺序来搜书，也不一定都要求对方抄送，而是有时借了再抄。此外，申约方为了对方能顺利参约，往往会更主动、更积极，甚至不惜做出一些让利施惠举措。例如，曹溶就经常主动提供自己的藏书给他人，然后才征询对方是否愿意提供藏书。因此，前述的"对等"也不是绝对的。还有，由于古人（包括古代士大夫）在日常交往中普遍不重视订立协议文本，因此，在被士大夫视为雅事、韵事的图书交流方面，士大夫应该更不会在意签订白纸黑字的协议。据此也可以推想，尽管曹氏拟有约文，但在真正推行之时，可能在大多数情况下双方只有口头承诺，而没有见诸字纸的协议①。这其实也体现了《流通古书约》在实施上的灵活性。

总之，曹溶确实将《流通古书约》付诸实施，并取得了很好的效果：一方面曹氏通过互相借抄，获得了大量的、所需的图书（如宋元人集等）；另一方面，参与缔约者也从曹氏那里得到了大量的、所需的图书。这对于研究者认识清代士大夫间的"书籍之交"会有诸多启发意义。例如，在书籍之交的广度方面。陈冠至《明代江南藏书》提到的曹溶藏书集团，只是包括曹溶、周篔、吕留良、陆雯若、蒋之翘、李延昰、吴任臣、龚佳育、龚翔麟、朱彝尊、吴之振、汪文桂十二人。显然，其所述的范围还是太小了。如果将上述订约者均包括进来的话，则会发现曹氏的藏

---

① 当然，协议文本有时可能也是需要的。例如，黄汝铨选《曹秋岳先生尺牍》卷8《与友（七十）》载："约言奉上，乞为我道谢。古人所谓义气相感激也。肝鬲共照，无生他疑，并语木公知之。"此"约言"有可能即指《流通古书约》。

书集团或书籍之交的范围是相当大的。在书籍之交的深度方面。由于材料所限，研究者以往看到的清代藏书家的图书交流活动大多是零散的、片断的，但是，如果从上述《流通古书约》的实施情况看，许多清代藏书家之间可能存在着长期的、常态化的图书交流活动。这说明当时藏书家之间的图书交流是非常深入的。

此外，需要注意的是，与《古欢社约》有特定的缔约对象（仅限于丁雄飞与黄虞稷二人）的图书交流协议不同①，《流通古书约》是一个开放性的协议，因而也更具有推广价值与普遍意义。清中后期及近代，一些读书人仿其约而行之，并将这一做法称为"流通之约"②。至于更多的读书人虽可能亦有类似之举，但正如前述士大夫不喜为图书交流这类雅事、韵事订立协议文本一样，因而也就不立文字，相关的记载也就不多见。因此，从清中期藏书家黄丕烈广泛的书籍之交、藏书四友的出现，一直到清末民初董康与缪荃孙③、张元济与傅增湘等以论书尺牍为代表所体现的频繁的书籍往还，都可以依稀看到《流通古书约》的影子。可以说，清代以来许多藏书家之间虽然并不订立《流通古书约》，但他们其实一直都在践履着《流通古书约》的精神。

五　余论：《古欢社约》及其他

与《流通古书约》订立时间大致同时，清初在南京的大藏书家丁雄飞和黄虞稷也订立了互相借抄藏书的协议《古欢社约》："每月十三丁致黄，二十六黄致丁；要务有妨则预辞；不入他友，恐涉应酬，兼妨检阅；到时果核六器，茶不计；午后饭，一荤一素，不及酒，逾额者夺医书示

---

① 《古欢社约》亦为清初关于藏书流通的协议。关于《古欢社约》的讨论，参见张升编著《历史文献学》，北京师范大学出版社2016年版，第90页。

② 例如，叶昌炽《缘督庐日记抄》（民国上海蝉隐庐石印本）卷5载："彼此借钞，诚合于倦圃流通之意。"卷7载："许仿倦圃流通之约，盛德事也。"叶昌炽《奇觚庼文集》（民国十年刻本）卷上《陆存斋仪顾堂题跋序（代）》载："观察处圣明之世，守流通之约。"《随盦丛书续编序》载："其贤者亦颇有如倦圃流通之约。"

③ 缪荃孙于清末民初编刊丛书《藕香零拾》，将《流通古书约》收入其中，使之得以广为流传。而且，缪氏还将《流通古书约》中的一段话作为该丛书的分册序号（《藕香零拾》，中华书局1999年影印本，卷首缪荃孙自序）。

罚；舆徒每名给钱三十文，不过三人；借书不得逾半月；还书不得托人转致。"不过，此协议明确规定拒绝他人参与。

丁雄飞（1605—1687），13 岁随父至温陵（今福建泉州），父丁明登，字莲侣，收藏图书 2 万余卷。他读尽父所藏书，耳濡目染，遂笃志于藏书。自温陵返家后，所集资财颇多，至常州，见书肆林立，典册如山，以所有资金购古书。其妻亦有藏书之癖，不惜变卖、典当其陪嫁物品为购书之资。每外出，必携书担，以满载图籍而归，多秘本。父卒后，有遗书 20 柜，分 12 部，建藏书楼于乌龙潭上，名"心太平庵"，尤多秘本。楼有三楹，两楹以贮书，一为校书之所。与藏书家黄虞稷结为挚友，相距十余里，两人相订《古欢社约》，以便相互借抄藏书。晚年积书有 40 柜，4 万余卷。丁氏撰有家藏图书目录《古今书目》7 卷（《金陵通传》作 10 卷），已佚；另著有《尊儒帖》《乌龙潭志》《清凉山志》《先圣灵异志》《书馋漫笔》《江湄旧话》《古今义仆传》《藕香池遗事》《行医八事图》《倦眉居士日策》《小星志》等近百种，亦多已佚，仅存数种。丁氏交游颇广，如顾炎武、张潮等，顾炎武曾为其作《为丁贡士亡考衢州君生日作》诗并序，以揄扬其孝思。

黄虞稷（1629—1691），福建晋江人，字俞邰，号楮园，诸生，寓居南京。康熙间举博学鸿词，未与试。因徐元文荐，与修《明史》。家富藏书。著述有《千顷堂书目》《楮园杂志》及《我贵轩》《朝爽阁》《蝉窠》等集。千顷堂为黄虞稷藏书处，故址在今南京白下国区马路街，前身系其父黄居中所建之千顷斋。黄虞稷与当时一些藏书家（如黄宗羲、龚佳育等）多有交往，其藏书也有一定的开放性。例如，当时名儒、藏书家钱谦益在纂辑《列朝诗集》时，曾向其借书，"得尽阅本朝诗文之未见者"。1639 年，黄氏与徐𤊹达成协议，相互开放藏书。又如，黄虞稷、周在浚《征刻唐宋秘本书目》，所收为黄氏与周在浚两家的秘本，征求大家出资刊刻。黄、周两家不但书籍互通，而且向一些学者开放。例如，《吕留良文集》上"答张菊人书"："至金陵见黄俞邰、周雪若二兄藏书，欣然借抄，得未曾有者几二十家，行吟坐校，遂至忘归。"（第 31 页）此外，黄虞稷还举办经史会，其中亦多涉图书之交流。

《流通古书约》与《古欢社约》是当时影响比较大的两个图书交流协

议。除此之外，还有一些相关例子也值得关注。

徐雁平《清代的书籍流转与社会文化》列举了多组相约互抄的藏书家，其中与曹溶、丁雄飞、黄虞稷约略同时期的有：王闻远与朱彝尊，王闻远与宋定国，钱曾与叶林宗，钱曾与吴伟业、顾湄、金俊明、叶奕苞、冯文昌、曹溶、叶奕、叶树廉、陆贻典、冯舒、冯班、毛扆等①。

吕留良《客坐私告》云："又有九不能……五曰借书。所宝惜者惟此，而友人借去，辄不肯见还。所谓'借者一痴，还者一痴'也。当永以为鉴。但欲依抄书社例，各抄所有之书相易则可。"吕留良认为，与他人互抄所有之书的做法，是值得推行的。

黄宗羲与苏州藏书家许元溥、刘城等人立约建立"抄书社"，互抄所藏。黄宗羲《思旧录》载："许元溥，字孟宏，长洲人。余与刘伯宗及孟宏约为抄书社。是时藏书之家，不至穷困，故无轻其书者，间有宋集一二部，则争得之矣。"②

总之，《流通古书约》《古欢社约》反映了藏书家内部交流的强烈愿望，是与当时藏书家之间实际的交流相呼应的。这在陆陇其身上也有体现，尽管陆氏并不是一位真正的藏书家。

---

① 徐雁平：《清代的书籍流转与社会文化》，第 157—158 页。

② 沈善洪主编：《黄宗羲全集》第十册，浙江古籍出版社 2005 年版，第 392 页。

第六章　搜书之道

陆陇其（1630—1692），原名龙其，因避讳改名陇其，谱名世穮，字稼书，浙江平湖人，学者称其为当湖先生，清代理学家；康熙九年（1670）进士，历官江南嘉定、直隶灵寿知县、四川道监察御史等，时称循吏；学宗朱熹，排斥陆王，被清廷誉为"本朝理学儒臣第一"，与陆世仪并称"二陆"；康熙三十一年（1692）去世；乾隆元年（1736），追谥为清献，加赠内阁学士兼礼部侍郎衔，从祀孔庙。

为方便下文论述，兹将陆氏一生行迹概述如下：

顺治七年（1650）—十六年（1659），在嘉善为馆师。

顺治十七年（1660）—康熙元年（1662），在松江为馆师。

康熙二年（1663）—十年（1671），在平湖为馆师。期间，康熙五年中举，六年、九年在京师会试，九年中进士。

康熙十一年（1672）—十三年（1674），在松江为馆师。

康熙十四年（1675）在京师，获补江苏嘉定知县。

康熙十四年（1675）—十六年（1677），任江苏嘉定知县。

康熙十七年（1678），在常熟席氏家任馆师。四月入京师，十一月离京。

康熙十八年（1679）—十九年（1680），在平湖家中。

康熙二十年（1681）—二十一年（1682），在常熟席氏家任馆师。五月入京，补直隶灵寿县知县。

康熙二十二年（1683）—二十九年（1690），任直隶灵寿县知县（二十三年七月署平山县知县）。

康熙二十九年（1690）—三十年（1691），任御史。

康熙三十一年（1692），在常熟席氏家任馆师。

陆陇其有《三鱼堂书目》存世，著录其藏书400余部①。其一生著书不辍，计有《古文尚书考》一卷、《读礼志疑》二卷、《四书讲义困勉录》三十七卷、《松阳讲义》十二卷、《松阳钞存》二卷、《续困勉录》六卷、《战国策去毒》二卷、《读朱随笔》十卷、《礼经会元注》八卷、《灵寿县志》十六卷、《一隅集》八卷、《三鱼堂文集》十二卷、《外集》六卷、《附录》一卷、《三鱼堂随笔》四卷、《问学录》若干卷等。清人将陆陇其的著作汇编为《陆子全书》。今人更增益为《陆陇其全集》②。

选择陆陇其作个案研究之原因有二，一方面，陆陇其并不是以藏书名家的，其搜书与藏书可能更能代表清代一般士大夫的普遍情况。例如，陆氏之搜书与藏书，重实用而不重版本（如旧本、善本等），也不太重保存与传后，其态度在一定程度上体现了一般学者的态度。另一方面，与陆陇其搜书、藏书有关的材料相对比较完整，包括日记、年谱、文集、藏书目等。这些著述如果单就某人某一种而言并不稀见，但均能传世则是十分难得的，可以成为研究个人搜书与藏书的最佳材料组合。

陆陇其授徒讲学、应试履任，更历南北，所至常有书籍往还，如在京师会试及任嘉定知县、灵寿知县期间多有借书、赠书之举。其《三鱼堂日记》对个别时段的书籍往来有较详细的记载，如关于他人藏书（板）、著书、刻书，对书的评价等，以及借、还、阅、示、赠、购、交换等交流方式。但是，该日记阙略较多：日记记事虽始于顺治十四年（1657）八

---

① 《三鱼堂书目》为陆氏之藏书目，清抄本，现影印收入陈红彦主编《国家图书馆藏稀见书目书志丛刊》第二册，国家图书馆出版社2017年版。以下所引均据此版。

② 张天杰主编《陆陇其全集》（中华书局2020年版）：第一、二册《三鱼堂文集》；第三册《松阳讲义》；第四至八册《四书讲义困勉录》；第九册《读礼志疑》《战国策去毒》《读朱随笔》；第十册《三鱼堂剩言》《问学录》《松阳钞存》；第十一册《三鱼堂日记》；第十二册《治嘉格言》《陆稼书判牍》；第十三册《陆陇其年谱》；第十四、十五册《景陆粹编》《景陆粹编补遗》。

月，终于其去世前之康熙三十一年（1692）十二月，但是其中很多年份的日记只有断断续续的数条，有的年份甚至空缺，比较完整的只有数年的日记。因此，本章主要以该日记为据，并以年谱、文集及藏书目等材料互证、互补，揭示陆陇其书籍往还及藏书之大概。尽管上述材料无法完整揭示其一生之搜书与藏书，但应该可以展示其搜书、藏书之基本面貌与主要特点。当然，本章除了关注读书人一般之搜书方法（如购买、借抄）外，也关注陆陇其通过专人前往刷印、索赠、交换等较特殊的搜书方法①。

一 购买

表 6–1 陆陇其购书表②

时间	书名（卷数等）	地点	《三鱼堂书目》著录与否	备注
康熙十四年（1675）正月廿九	《礼记大全》	苏州坊间		
三月初九	柏乡夫子③所著《圣学知统录》二本、《格物致知解》一本	琉璃厂店		九十钱
四月初一	伍客庵④《逸我轩稿》五本	京师报国寺		用银三钱
五月廿五	《日躔表》二本	京师报国寺		意大利罗雅谷撰。《陆陇其年谱》（以下简称《年谱》）第235页⑤
康熙十七年二月廿九	雷礼《大政记》《冯北海集》《霍渭厓集》	嘉兴书坊	《冯北海集》	

---

① 最近，刘昊重点从阅读和借抄方面对《三鱼堂书目》作了深入的探讨，认为其在一定程度上代表了陆氏的阅读指南，展现了清初理学士人的阅读生态和读书之道。参见刘昊《书生的旧业——〈三鱼堂书目〉抄本与陆陇其的书籍世界》，《古典文献研究》第二十六辑上。本章主要关注《三鱼堂日记》，与刘文可以互证互补。

② 参见陆陇其撰，陈春俏点校《三鱼堂日记》，中华书局2016年版。

③ 柏乡夫子，即魏裔介。

④ 伍袁萃，明直隶吴县人，字圣起，号宁方，万历八年进士，官至广东海北道副使，有《逸我轩集》《林居漫录》等。伍氏亦批驳王学。

⑤ 吴光酉等撰，褚家伟、张文玲点校：《陆陇其年谱》，中华书局1993年版。

续表

时间	书名（卷数等）	地点	《三鱼堂书目》著录与否	备注
三月初三	买得范文正、韩魏公、王龙溪集，《仪礼经传》《前汉书》，又买杨复《仪礼图》（内缺《旁通图》），又兑得旧板《伊洛渊源录》《西洋天问略》	书客	范文正、韩魏公集，《仪礼经传》《前汉书》《仪礼图》，王龙溪集，旧板《伊洛渊源录》	
康熙二十一年三月初三	《太学志》	常熟	有	
康熙二十二年五月初四	吴草庐《礼记纂言》	苏州	有	
初十	买得《括苍二子》及李古冲《孤树裒谈》	扬州	《括苍二子》《孤树裒谈》	见坊中有张逢元所纂《仪礼注》钞本，不及买
康熙二十三年四月初七	《二程全书》，系河南刻本，止有《遗书》《外书》《文集》，共五十一卷	真定	有	
康熙二十四年八月十五	《李西涯集》《仪礼注》二书	真定		《李西涯集》为李东阳之别集

　　表6–1共十一条记载，涉及23种书，其中《三鱼堂书目》著录13种。

　　以上肯定不是陆陇其购书之全部，因为《三鱼堂日记》不是全本，而且，即使是日记所涉的这段时间，对购书信息的记载也不全。例如，《三鱼堂书目》第53—54页载："《两汉纪》二十本（……此书余家旧有藏本，久已失去，先府君每用叹息。康熙己未余方读礼在家，书贾以《东汉记》来，买之。甲子在真定，见书铺中有《两汉记》，命取视之，则《东汉记》第十七卷以后皆缺，非全书也。买以配余己未所得，遂成全璧焉。）"己未为康熙十八年（1679），甲子为康熙二十三年，上述购书信息在表中均没有反映。又如，《三鱼堂书目》第62页载："源流至论。

（此系逊斋公旧书藏于传心堂者，散失落于乡人之手，已破碎不堪，余买而重整齐之）"第152页载："论学绳尺五本……此与源流至论同得。"第158页载："郑世子历书二本，计十卷……此书康熙辛未余在京师从梅定九借阅，壬申在虞山买之贾人。"壬申为康熙三十一年。以上三书的购入信息，在表6-1亦无反映。

尽管如此，从表6-1仍然可以看出陆氏购书的特点。

陆氏购书并不多。以日记记录内容最全的康熙十七年（戊午，1678）为例，也只有两条关于购书的记载。

陆氏所购书的书价并不高。陆氏购书，不是藏书家的购书，不是为了收藏而购，而是为了阅读而购，故所购书的书价不高①。从其他材料及书目也可看出，陆氏没有花大价钱购某一部书的例子；他在日记、藏书目中也会记载有些书因为这样那样的原因未买，而其中最主要的原因是价钱贵。例如，《三鱼堂书目》第44页载："《五代史》（眉批：壬申春在朱家角见书船上有东莱《十七史详节》，共四十本，系明初板，以价贵未买。）"

与上一点可以相互印证的是，其所购多为新书，而新书的价格一般来说不会太贵。另外，从表6-1可以看出，康熙初年京师琉璃厂已开设书店②，而且售卖新书。而且，表6-1中所购之书，大多在《三鱼堂书目》中收有。也就是说，陆氏对购得之书相对较重视，会尽量收藏。与此相对，下表受赠之书在《三鱼堂书目》所收则较少，可见陆氏对这些书不太重视，故其较易散去。

同样可以与上一点相互印证的是，陆氏购书目的性很强，主要购儒学方面的书籍，尤其是一些主张王学及批驳王学的书籍，如《逸我轩稿》、霍韬集、王畿集等，而购其他杂书则比较少。这一点从其藏书目、赠书等也可看出。

此外，从表6-1可以看出陆氏在所到之处均注意购书，其中主要在北方的京师、真定和南方的苏州等地购书。相对来说陆氏在书坊购书次数较多，偶尔也通过书客上门兜售购书。需要注意的是，陆氏还采用兑换的

① 表6-1所列的书价信息虽然不多，但对研究清初书价有一定的参考价值。
② 学界普遍认为琉璃厂书肆大概是在康熙中叶出现的。

方式获书，而所谓兑换应该是指以书换书。例如，《三鱼堂书目》著录的旧板《伊洛渊源录》，即是其兑得。陆氏用以兑换之书应是其自藏的复本或新刻之书，而《三鱼堂书目》就著录有一些复本。

二　受赠

表6-2　　　　　　　　　　　　陆陇其接受赠书表①

时间	书名（卷数等）	赠者	地点	《三鱼堂书目》著录与否	备注
康熙十四年三月十九日	《主教要旨》《御览西方要记》《不得已辨》	西人利类思	京师天主堂		
廿八	《赤道南北两总星图》	南教仁	京师		
四月初八	南怀仁《不得已辨》	西人利类思	京师		此前已获赠一部。《年谱》第36、235页
五月十四	《考正晚年定论》等书	孙承泽（孙退谷先生）	京师	有	
康熙十六年十一月初四	所刻《说文论正》②二本	太仓王石隐托诸庄甫带来	嘉兴		《年谱》第45页
廿三	《公归集》	陈上骧（字星华）③	嘉兴		《年谱》第43页
康熙十七年正月廿九	《史论一编》《二编》	孙执升④	嘉定		
闰三月廿二	《容斋随笔》	黄挺	嘉定	有	
九月十三	孙北海《禹贡山水考》	陆翼王⑤	京师	山水考	《年谱》第65页

---

① 参见陆陇其撰，陈春俏点校《三鱼堂日记》。

② 即《说文解字六书论正》，王石隐（名育，号庄溪，太仓人）撰。

③ 嘉定人，陆氏弟子。《公归集》是嘉定人所作之诗文，以纪念陆氏被解任。

④ 孙琮，字执升，一字质声，号寒巢，原籍安徽黄山，寓居浙江嘉善。孙氏为选家，家多藏书，皆手自丹黄，曾校刻《山晓阁古文》各种。

⑤ 陆元辅，字翼王，嘉定人，家多藏书。陆陇其官嘉定时，常向其借阅罕见之本。

续表

时间	书名（卷数等）	赠者	地点	《三鱼堂书目》著录与否	备注
二十	《征刻秘本书目》	黄虞稷（俞邰）	京师		
十月初六	诗一册	施愚山①	京师		《年谱》第68页
康熙十九年二月廿五	俞汝为所辑《荒政要览》	云间范安济	平湖		寄阅
闰八月初二	《大明会典》《历代名臣奏议》	李巢来，钱孝端②		有	
康熙二十年五月初一	黄太冲《学案》首六卷	仇沧柱③	杭州		《年谱》第82页
十月十七	《匡林》	毛稚黄（名先舒）寄	平湖		《匡林》2卷，毛先舒著
	《紫阳大指》	前九月内秦定叟（名云爽）寄	平湖		《紫阳大指》八卷，秦云爽著
康熙二十一年四月廿八	《温公集》	屠武虬④			
七月十七	《皇王大纪》《吕泾野集》	钦文同王令贻、瞿爱楫来执贽⑤		有	
十一月十二	朱集锦所印陈几亭《语类纂》	鱼裳兄弟⑥			
康熙二十二年二月十四	《常熟水利全书》	卓先生	常熟	有	

① 施闰章（1618—1683），字尚白，号愚山，安徽宣城人，顺治六年（1649）进士，官至侍读、江西布政司参议，有《学余堂文集》《学余堂诗集》。

② 不清楚赠者是李氏抑钱氏。李光尧，字巢来，嘉善人，弟应机。兄弟均为陆氏弟子。

③ 仇兆鳌（1638—1717）字沧柱，一字知几，自号章溪老叟，浙江鄞县人。少从黄宗羲游，论学以刘蕺山为宗。康熙二十四年乙丑（1685）科进士，选庶吉士，散馆授编修，后官至吏部左侍郎兼翰林院掌院学士。所赠《明儒学案》可能为许三礼刻本。许氏为仇氏的老师。

④ 武虬，青浦人，其子显（觐侯）为陆氏弟子。该年来学，应是执贽所赠。

⑤ 唐钦文，名燮，松江人，陆氏弟子。松江王原（字令贻）、瞿天潢（字爱楫）亦为陆氏弟子。

⑥ 松江赵凤翔（字鱼裳）、龙翔（字旂公）兄弟为陆氏弟子。

续表

时间	书名（卷数等）	赠者	地点	《三鱼堂书目》著录与否	备注
八月初九	万充宗所著《学礼质疑》	万季野（斯同）			《年谱》第85页
康熙二十三年正月二十	家集	吴道台（吴元莱）	保定		《年谱》第107页
康熙二十四年二月廿三	所刻吕新吾《小儿语》《宗约歌》	礼科岳峰秀①			寄赠
八月初九	寄《银河篇》	仇沧柱			《年谱》第128页
康熙二十六年三月十三	吕新吾《四书翼》《四礼疑》《交泰韵》	新河令王培②		《交泰韵》《四礼疑》	
康熙二十七年九月十九	寄《理学备考》诸书	洪洞范彪西		有	《年谱》第159页
康熙二十八年二月十四	寄蒙吉所刊《斯文正统》一部及未刻《潜室箚记》《易酌》《辨道录》《大学论语翼注》及《行实》	刁蒙吉之长子再濂			《年谱》第166页
四月十七	寄辛复元《四书说》《六谕解》	范彪西			
十二月十三	送《鉴语》诸书	柏乡魏世兄荔彤。家刻本			荔彤，魏裔介之子。《年谱》第170页
康熙二十九年六月廿三	送所刻《历理新书》	李厚庵（李光地）			《历理新书》一卷，为李氏著
康熙三十一年正月初八	《水东日记》《震川集》	昆山吴槐葛太仆、朱立诚③、朱立本		有《水东日记》	

---

① 岳峰秀，字镇九，号克亭，汶上县人，顺治八年（1651）进士，官至刑科掌印给事中。

② 王培，字益仲，柘城人。

③ 朱立诚，昆山人，陆氏弟子。

时间	书名（卷数等）	赠者	地点	《三鱼堂书目》著录与否	备注
十四	赍以《元祐党人碑》《丁清惠集》	李寰瀛率子泰来（字履安）、壻丁廷焕（字翼传）①来执赍			
十七	赍以《圣贤图像》	陈荣樟（字楚材）、陆律（字葭吹）②来执赍			
五月十四	《朱子文集》	洙泾程宜诠③来执赍			
七月初四	赍以《朱子纲目》	嘉兴蒋鹤鸣（字声御）、嘉善张王典（字惇五）、张秉维（字质夫）俱来执赍			

以上记载涉及约 52 种书，其中《三鱼堂书目》著录 10 种。

除了日记，还有一些材料记载陆氏受赠书籍情况。例如，《三鱼堂书目》第 70 页载："《国史经籍志》五本，计六卷，万历壬寅刻。明焦竑弱侯撰。此系陆翼王所赠。其指示之意甚切。"《三鱼堂文集》卷五"与陈蔼公书"载："去春获亲仪范，如饮醇醪。顷复承赐尊集，展卷一读，琳琅满目，汤先王所谓脱手即妙，斯言不诬。"④ 陈蔼公即陈僖，字蔼公，直隶清苑人，当时颇有文名，有《燕山草堂集》（康熙二十年刻本），此处所赠有可能即该书。卷六"答张西山先生"载："兹幸承乏灵邑，得与令郎朝夕共事，莅任之始，又蒙不鄙，远辱台翰，重以尊刻，曷胜忭慰。《儒宗理要》一书，补《近思》之缺，去《性理》之

---

① 李泰来、丁廷焕，嘉兴人，陆氏弟子。

② 陈荣樟、陆律，平湖人，陆氏弟子。

③ 程宜诠（一作仪千），昆山人，金山卫学生员。

④ 陆陇其著，王群栗点校：《陆陇其集》，浙江古籍出版社 2018 年版，第 107 页。以下所引均据此本，不再出注，只括注页码。

烦，真足为学者指南。《衍义补删》笔削精严，有功文庄不浅。读《青齐政略》诸书，则皆得之涉历体认，又令人爽然自失矣。"①（第128页）卷七"答宗冀州"载："承赐州志，得观漳滏之胜槩，郐大夫、董江都之遗风，受教多矣。肃此谢覆。"（第137页）此州志应为《冀州志》，为宗氏所赠。

尽管表6-2和以上的材料不可能反映陆氏受赠书之全部，但仍可以看出这样一些特点。

赠书之普遍。与购书等相较，赠书肯定是陆氏获书之主要来源之一。

受赠之书主要是新书，包括新刻之书、赠者所著之书等，如新刻《历理新书》。而且，受赠之书大都是陆氏所关心的儒学书籍。

赠者。除了朋友、同僚赠书较多外，还有一些比较特殊的情况要注意。其一，一些友朋或不认识之人赠书陆氏，请陆氏质正、作序，这主要是基于陆氏有一定的名气。例如，《年谱》第180页载，徐世沐以所著《四书惜阴录》就正；第262页载，秦氏、毛氏赠书。《三鱼堂文集》卷七"又（答席生汉翼、汉廷）"载："前月寄来闽中詹先生《太极》《河洛》《洪范》诸解，细读，深服其察理之精。今日能留心此种学问，便非寻常人。……不佞方鹿鹿簿书，未敢率尔作序，其中有一二欲商量者，谨录于左，便中可一请正。"（第137—138页）他们所赠送的往往是自家所刻之书。其二，传教士赠书。这发生在京师。虽然传教士的书本来就主要用以赠送的，但这也说明陆氏比较关注西学，愿意了解西学。其三，"执贽"赠书。虽然弟子赠书相对还是比较普遍的，但这里所说的执贽赠书，是指弟子初次拜见先生时的以书为礼，是较为特殊的一种赠书。这样的赠书在陆氏日记中有较多的记载。例如，"初十，李玉如、吴燮臣同金名潮来执贽，燮臣以旧板《分年日程》来阅，言其家有吕伯恭集、邵二泉简端录日格子。十四，李寰瀛率子泰来字履安、壻丁廷焕字翼传来执贽，以《元祐党人碑》《丁清惠集》。""十七，陈荣樟字楚材、陆律字葭吹来执贽，贽以《圣贤图像》。""十四，洙泾程宜诠以《朱子文集》来执贽，

_____

① 张西山，名能鳞，字玉甲，号西山，顺天大兴人。《儒宗理要》为张氏所辑，清顺治刻本。《衍义补删》（应指《大学衍义补删》）与《青齐政略》均为张氏所纂。"令郎"，指能鳞子张帼，字眉山（可参《年谱》第127页）。

系金山卫学生员。""七月初四，嘉兴蒋鹤鸣字声御、嘉善张王典字惇五、张秉维字质夫俱来执贽，赞以《朱子纲目》。"① 据此可以推想，陆氏的弟子众多，应该有不少弟子都会执贽赠书，而且所赠均是陆氏所关心的儒学书籍。

地点。显然，从表 6－2 可看出，京师是陆氏获赠书比较多的地方。京师是士大夫最集中的地方，大家见面机会多，交流机会也多，而且当面赠送肯定要比远途寄赠要方便得多，因而京师士大夫间赠书就比较多。陆氏在京师的时间并不长，但在京师购书、接受赠书、获取书籍信息却相当频繁，这说明京师确实是清代图书交流中心之一。

赠送方式既有见面时赠送、远途寄赠，也有索赠。与日常以书为礼的被动受赠不同，索赠则往往带有很强主动性与目的性，即有针对性地索书，而所索之书都是自己比较喜欢的和需要的。例如，在任灵寿县令期间，陆氏经常利用自己官员的身份，就近搜求北方一些理学家之著作。据《三鱼堂文集》卷七"上巡道吴公"载："闻尊刻《苑洛志乐》已经告竣……倘得俯赐一册，得于簿书之暇一闻黄钟大吕遗响，消其鄙吝而引其天真，沐浴于执事甄陶之内无穷矣。"（第 133 页）《苑洛志乐》，明理学家韩邦奇撰，康熙二十年（1681）吴元莱（曾任直隶行省巡道）重刊。《三鱼堂书目》中的《苑洛志乐》，可能即是此次索赠所得。

为了更高效地获得赠书，陆氏往往采取两种方式来索赠：一方面是主动赠书他人，并望对方能回赠；另一方面是主动呈上印刷用纸及印资。后一种方式与纯粹的购买不同，带有一定的赠送性质，故归入索赠。也可以说，出成本来刷印的，可以算为一种变通的索赠。上述两方面（尤其是前者）均体现了士大夫之间礼尚往来的书籍之交。

向刁再濂索赠。《三鱼堂文集》卷七"与刁再濂"载："不佞在江南时，已闻尊公先生之名，恨未得读其书。顷至恒阳，见《用六集》，稍慰饥渴之思，犹以未得生平著作为恨。闻尚有《斯文正统》及《潜室札记》《易酌》《辨道录》诸书，谨专人走请。其已刻者，幸将来纸刷印赐教。

---

① 陆陇其撰，陈春俏点校：《三鱼堂日记》，第 281—282 页。

其未刻者，乞将原本借抄，抄毕即当专人奉归记室，断不敢遗失，亦不敢污损。”（第153页）刁再濂，字静之，直隶保定府祁州（今河北深泽）人，父刁包，所著有《用六集》等。陆氏到了灵寿（恒阳）才得见《用六集》，然后再找刁氏其他的著述。《三鱼堂书目》收有《用六集》，但没有收《斯文正统》等书。

向范彪西索赠。《三鱼堂文集》卷五“答山西范彪西进士书”载：“仆浙西鄙人也，夙闻山右辛复元先生之名，而未见其书。承乏恒阳，幸与山右接壤，则又闻先生今之辛复元也，且尽刊行辛书，因托人私访之……乃蒙不弃，辱赐手教，且示以《理学备考》诸书，展卷读之……嘉靖中粤东陈清澜先生有《学蔀通辨》一书，备言其弊，不识先生曾见之否？近有舍亲刊其书，谨以呈览。又有大兴张武承著《王学质疑》一编，言阳明病痛，亦甚深切著明，仆新为刊之，今并附呈。……辛先生书尚有数种欲访求者，别楮附恳，拙咏并正，统希垂鉴，不尽。”（第92—93页）“又（答山西范彪西进士书）”载：“尊刻谨拜登受，辛书在绛州者，并祈留神。承谕欲借先儒诸集，惟蔡虚斋、贺克恭集在南中曾见之，此间无有，曹月川亦止见《夜行烛》等七种，其余诸集皆尝访求而未得，匆匆草复。拙刻二种附正，统希垂照不既。《重订垂棘》并二续三续，俱已奉教，尚未见初续一编，希并惠赐，以成全璧，再恳。”（第94—95页）卷五“又（答山西范彪西进士书）”载：“接台札，过蒙奖掖，悚惕何如。兼惠辛先生书暨《垂棘》《备考》诸编，奚啻百朋之锡。簿书鞅掌中，盥手一读，茅塞顿开，先生惠我无疆矣。”（第95页）范鄗鼎（1626—1705），字彪西，山西洪洞人，康熙六年（1667）进士。范彪西赠给陆氏《重订垂棘》并二续三续、《理学备考》、辛复元书，而陆氏则赠给范氏《学蔀通辨》《王学质疑》及“拙刻”二种，其中《王学质疑》之著者张烈为陆氏同年。另据范鄗鼎《五经堂文集·书·答陆稼书书（己巳十一月）》云：“仲冬捧手教兼《读书程》、邑志两大刻，反覆披阅，心悦诚服。《书程》虽程氏之书，得此一番校正订补，确乎先生之书矣。”① 可知，所谓“拙刻”二种，即《程氏读书分年日程》与《灵寿县志》，而

① 范鄗鼎：《五经堂文集》，清康熙五经堂刻本。

且范氏在此信中还附赠辛复元书三种并《续垂棘初编》，正是应之前陆氏索赠之请求。

　　向朱又韩索赠。《三鱼堂文集》卷七"候山东河防朱又韩"载："前岁承赐曹志，考核精确，经纬灿然，洵诸志之冠。……《河漕志》不识可惠教否？簿书俗吏不应越俎而问司空之事，不过书生旧习，欲一窥河济源流，为读《禹贡》地耳。拙刻二种奉正。"（第151页）朱又韩，名琦，字又韩，号柯亭，上海人。"曹志"，应指朱琦修、蓝庚生纂之《（康熙）曹县志》八卷（清康熙二十四年刻本）。

　　向魏荔彤索赠。《三鱼堂文集》卷七"答柏乡魏荔彤"载："接手教并批点《王学质疑》，知足下留心正学……嘉靖时粤东陈清澜曾著《学蔀通辨》一书，其言朱陆异同尤详，曾见之否？近年新刊其书于南中，当另觅奉也。外《程氏读书分年日程》，言工夫次第，确是程朱家法，弟新为刊行，谨奉正师门。诸书惟《知统》《偶笔》数种，已经佩服，至奏疏、文集、谱传及鉴语、约言诸书，俱未得寓目，欲悉受读，以当羹墙。谨备纸张专人走刷，惟勿吝赐教是荷。"（第155页）"与柏乡魏荔彤"载："旧冬承赐诸书，得窥师门之奥义，荷教良多。内《小学》一书最关系风俗人心，某欲多印几本，分给邑中士子，但其中尚有讹字数十，今先将较本呈上，望命梓人改正，当另差人持纸来刷印也。外《多识集》一书，尚未得读，倘有先刷者，便中幸一惠教是荷。《农书》一册附呈。统希垂鉴。"（第157页）魏荔彤字庚虞，号念庭，直隶柏乡（今属河北）人，大学士魏裔介（1616—1686）之子。魏裔介为陆氏座师。陆氏之前已获得《知统》《格物致知解》《偶笔》等书。他知道另外的书为魏氏家刻本，而且可以改字再刊，故有此请。从日记可看出，魏氏赠书是在康熙二十八年（1689）十二月。

　　向赵奎光索赠。《三鱼堂文集》卷七"上房师赵耐孺先生"载："春间接手教，深荷指示，兼知老师于公务之暇，闭户读《易》，惜未能追随函丈，一窥其绪余也。易学至明季庞杂已甚，扩而清之，因程朱以见羲文，当于老师是望矣。高景逸有《易孔义》，访之久未得，不知其书何如，贵乡尚有板否？《一隅》拙选，偶为初学指点，过蒙奖誉。兹再奉到十部外，《读书日程》二部附呈，并望裁正。"（第154页）陆氏赠给赵奎光（耐孺，常州人）《一隅集》① 十部与《读书日程》二部。

礼尚往来，陆氏在受赠之同时，亦常赠书他人，体现了典型的"书籍之交"。除了上述例子外，见诸记载的还有下面几例。

与秦定叟的书籍之交。《三鱼堂文集》卷五"答秦定叟书"载："再承手教，兼示以答中孚、潜斋、扩庵诸书刻本，反复庄诵，益叹先生之笃学精进，迥出流俗。……嘉靖时清澜陈氏《学蔀通辨》一书，先生曾细阅之否？近时北方有张武承讳烈所著《王学质疑》一卷，其言阳明之病亦颇深切著明，惜其已故，仆顷为刊其书，敢并附正。"（第97—101页）卷五"又（答秦定叟书）"载："客岁远承尊札，兼惠教《紫阳大指》，捧读之下，且喜且愧。"（第102页）秦云爽，字开地，号定叟，浙江钱塘（今杭州）人。秦氏赠其所著《紫阳大指》，而陆氏赠其《王学质疑》。

与徐乾学的书籍之交。《三鱼堂文集》卷五"答徐健庵先生书"载："辱赐群书，展卷伏读，珠玑满目，俗吏胸襟为之一洗。……陈清澜立传最足为考亭干城，《学统》一书，倾慕已久，今始得见之，荷教非浅。其中条理尚容熟玩请正。承询及论学之书，生平自惭浅陋，未尝敢著书，零星偶及，率不成编，无以报命。年来偶为此间诸生点窜讲义百余章，聊供村学究兔园册，草本呈正，伏惟裁教。外附县志并杂刻三种，统希垂鉴。"（第90—92页）《三鱼堂书目》收有《学统》一书。徐乾学赠其群书，其中应包括《学统》。陆氏则赠徐氏县志、杂刻三种以及讲义草本（应指《一隅集》）。

与陈子万的书籍之交。《三鱼堂文集》卷七"答安平令陈子万"载："前承借《剥复录》，数十年前邪正之辨，得了然在目，荷教非浅。抄录垂竣，当另专人奉归记室。《文庙考略》二本呈上。……外杂刻三种，并尘台览。"（第141—142页）"又（答安平令陈子万）"载："蒙发来《呻吟语》，当即照单分送诸同人。……外有敝同年张武承《王学质疑》一册，前岁偶为刊行，谨并附致，不识田先生以为何如。制艺拙选，偶为初

① 《一隅集》，应刻成于康熙二十七年。当得知周梁（字好生）将重刻《一隅集》时，陆氏说："《一隅集》猥蒙重刻，极承雅爱。但恐未必能多行，徒费足下一番经营耳。"《三鱼堂文集》卷7《答周好生》，第160页。

学指点，浅陋可笑，过蒙奖誉，愧何如之。承谕，又奉一部，聊供覆瓿。"（第 145 页）"又（答安平令陈子万）"载："楼山先生集，向所寤寐未见者，得承赐教，又蒙赐令兄诗集，真惠我无疆矣。……《宣公奏议》，寒家有一旧板，前印数部，到此俱送相知，讫容觅便再印呈奉。"（第 146—147 页）"又（答安平令陈子万）"载："外有耿氏《农书》一册，以其可佐备旱一筹，因重梓之，并尘台览。"（第 147 页）《三鱼堂书目》收有《呻吟语》①《楼山堂集》。陈子万，陈维崧之弟，陈贞慧之子，名宗石，字子万，号寓园，宜兴人，由知县历官户部主事，著有《二峰山人诗集》。陈氏当时在直隶安平任知县。陈子万赠陆氏《呻吟语》《楼山堂集》、"令兄诗集"（即陈维崧诗集）。陆氏则赠陈子万《文庙考略》《农书》《王学质疑》、杂刻三种、"制艺拙选"（应指《一隅集》），还准备赠其《宣公奏议》。另外，他还借抄了《剥复录》。

从上述陆氏赠书之例子可以看出，陆氏赠人之书主要有：《学蔀通辨》《王学质疑》，以及其自著、自编、自刻之书。这些书有一个共同的特点——反映了陆氏所宣扬的理学思想。

《学蔀通辨》一书，是陆氏表叔顾天挺所刻。顾天挺，字嵩来，号苍岩，平湖人。康熙十七年（1678）顾天挺撰《重刻学部通辩序》，序文后署"题于荥阳公署"，可见此书刻于荥阳，而当时顾氏任荥阳县知县。目前存世之《学蔀通辨》，即有康熙十七年顾天挺启后堂刻本。《三鱼堂文集》卷六"答同年顾苍岩表叔"载："旧冬都门获接尊札，并领《学蔀通辨》。"（第 116 页）《三鱼堂书目》："《学蔀通辨》一本，计十二卷，抄。明陈建撰。此书内后编、终编系余自抄，前编、续编则先府君抄。顾嵩来刻于荥阳者，则又从此抄去也。其原本则系内黄黄氏所刊。"（第 100 页）"《学蔀通辨》二本，计十二卷，荥阳刻本。此系康熙戊午在京师，嵩来寄赠。"（第 142 页）可以看出，陆氏有此书一些复本，故在与友人论学中多次介绍、赠送此书。

《王学质疑》为陆氏同年友人张烈所著，陆氏曾为《王学质疑》作序（《年谱》第 253 页），并刻《王学质疑》一卷，亦常持以赠人。

---

① 关于《呻吟语》，参见《年谱》第 150 页。

此外，陆氏自著、自编及其他自刻之书，亦常持以赠人。例如，《程氏读书分年日程》，为康熙二十八年（1689）陆氏所刻，陆氏将其赠予多人。《三鱼堂文集》卷七"寄赵生鱼裳旗公"载："新春又刻得《读书分年日程》，因较对间，细阅其工夫次序，真可为学者法。今奉到三部，其一部烦寄我园。因驴背不能多带，镇上相知未能徧及，俟下次续奉也。"（第 152 页）"答柏乡魏荔彤"载："外《程氏读书分年日程》，言工夫次第，确是程朱家法，弟新为刊行，谨奉正师门。"（第 155 页）"答嘉定吴生夒臣"载："旧本《日程》已抄毕，谨奉归记室。……《学蔀通辨》一册，并拙刻《日程》《质疑》各二册附览。其《一隅集》及《松阳讲义》，俟刷印，觅便再寄尊处。所有焦弱侯《小学》刻本，便中倘可一借阅，荷甚。"（第 157 页）此信提到的《一隅集》及《松阳讲义》，也是陆氏自编、自刻之书。

陆氏所编之书中有一类较特殊，就是方志。陆氏在任灵寿知县期间曾主持编纂了《灵寿县志》①，而围绕修志，陆氏曾向邻县搜求志书。《灵寿县志》印成，陆氏又将其纳入书籍之交中，持赠他人。例如，《三鱼堂文集》卷五"答徐健庵先生书"载："外附县志并杂刻三种，统希垂鉴。使旋匆匆，不尽欲言，临楮曷胜悚惶。"（第 92 页）从上述书籍之交可以看出，地方官之间索赠与受赠方志是比较多的②。

三　借阅

这里的借书，指的是陆氏向人借入，而不是借出。通过借书，他获抄一些希见或自己想要的图书，例如，《三鱼堂书目》第 78 页载："《困知记》三本，康熙戊申江西张贞生刻，首二卷缺。系戊午在京师借抄。"《年谱》第 83 页载，康熙二十一年（1682）正月，阅《信古余论》。此书《三鱼堂书目》第 78 页有相关著录："《信古余论》，计八卷，康熙壬戌从云间借抄。"又如，《三鱼堂日记》第 155 页载，"十一，将瑶山之《唾居

---

① 陆陇其修，傅维橒纂：《（康熙）灵寿县志》10 卷末 1 卷，清康熙二十五年（1686）刻本，4 册，中国国家图书馆藏。

② 这可以补充戴思哲的相关研究。［美］戴思哲：《中华帝国方志的书写、出版与阅读：1100—1700 年》第六章《方志的目标受众及传播》，向静译，上海人民出版社 2022 年版。

存录》发两仆抄。其书颇有发明，故全录之。"第 198 页载，"闰六月初一，始命仆钞《考亭渊源录》"。《三鱼堂日记》第 63 页载，康熙十四年四月初九，"愚以一纸写理学诸书如《读书录》《居业录》《困知记》《木钟集》及敬轩、敬斋、康斋、整庵、鲁斋、草庐之集，徧问前门诸坊，无有也"。而到康熙十七年六月廿三，终于借抄了其中的《困知记》一书。总之，借阅也是陆氏搜求图书之重要手段，见表 6-3。

表 6-3 陆陇其借书表①

时间	书名	借书者	地点	《三鱼堂书目》著录与否	备注
康熙十四年四月初五	《中星简平规图》	利类思	京师天主堂		亦可能是赠送
二十日	《延绥镇志》	子振	京师		
廿二	《迂言》				至陶虙臣寓，求其一帖与成耐微索《迂言》
闰四月初六	《灵台仪象志》	利类思			托朱年翁借得
康熙十六年十一月初五	《道命录》及《胡敬斋集》	翼王	嘉兴	有《道命录》	陆元辅，字翼王
康熙十七年二月十五	唐荆川所编《诸儒语要》	贻孙②			
三月廿八	熊勿轩（名禾）《五经训解》	卓先生			向卓先生借书颇多
五月初一	《淮海水利略》③	卓易庵（名永锡）			《年谱》第 253 页
六月廿三	张幹臣所刻《困知记》	寓匏④		有	《年谱》第 54 页谈到如何借此书
廿九	《读律佩觿》	谭孚上			
七月十五	孙奇逢（字钟元）《理学宗传》	静山⑤			《年谱》第 59 页

① 参见陆陇其撰，陈春俏点校《三鱼堂日记》。
② 倪淑则，字贻孙，岁贡生，平湖人，陆氏弟子。
③ 高邮王亮士（名德明，王永吉之子）著有《淮海水利略》。
④ 嘉善柯崇朴，字寓匏，中书舍人。
⑤ 邵延龄，字静山，号耐轩，浙江平湖人，顺治进士，曾任提学副使。

续表

时间	书名	借书者	地点	《三鱼堂书目》著录与否	备注
八月初二	黄太冲文五篇	左襄南①			《年谱》第58页
九月初六	魏冰叔（名禧）集	谭祖豫			《年谱》第250页
十六	汪苕文所刻《钝翁类稿》	侯大年②	京师		先借十四卷至三十一卷。《年谱》第250页
十月初三	《钝翁类稿》三十二卷至五十卷				
初十	张幹臣《张瑶山文集》	叶讱老③			《年谱》第69页
十八	《疏瀹汇集》	王亮士			
廿八	吴志伊《春王正月辨》三篇	左襄南			左岘
廿九	黄太冲杂文二册	叶讱庵			
康熙十九年五月初二	《吴康斋集》	旅公		有	寄阅
廿八	《吴立夫集》	巢来兄弟			
康熙二十年二月初八	《真西山集》	旅公	平湖		寄阅。《年谱》第81、158页
三月初二	《瞿氏家乘》	杨秋④			
初三	陆德明《经典释文》	叶石君⑤			
初六	《四书百方家问答》《尚书苇钥》《申瑶泉墓志铭》	卓先生			
	《群经音辨》	叶石君		《群经音辨》	

① 左岘，字襄南，一字我庵。鄞县人，康熙进士，官工部郎中。

② 侯开国，字大年，嘉定人。侯岐曾之孙。陆氏弟子。

③ 叶方蔼，字子吉，号讱庵，江南昆山人。顺治己亥（1659），赐进士第三人，官至礼部侍郎，加本部尚书。

④ 杨秋，吴江人，高士。

⑤ 叶树廉，字石君，性嗜书，世居洞庭山中。

续表

时间	书名	借书者	地点	《三鱼堂书目》著录与否	备注
十八	《后湖志》《皇明政要》	好生①		有	《年谱》第259页
五月十二	《庐山志》及《临川文选》	卓先生	常熟		
十九	《黄四如集》、胡云峰《四书通》、耿橘《常熟水利全书》	旀公		《黄四如集》《常熟水利全书》	寄阅
廿七	《山东全河备考》	侯大年			
	邓元锡《史记内编》	卓先生			
六月廿九	《黄山志》	鱼裳			
	顾伟南所辑《客滇杂钞》	夏西求			
八月廿四	《鄢陵县志》	杨氏	枫泾		《年谱》第83页
十月廿九	《齐民要术》《颜氏家训》	卓先生	常熟		《年谱》第58页
康熙二十一年正月十二	《紫阳通志》	唐钦文			《年谱》第84页
五月初一	雷礼所辑《南京太仆寺志》	星佑家②			
十月初七	徐日久所著《骂言》	卓先生			
康熙二十二年正月十六	张考夫《备忘录》	周好生			《年谱》第151、264页
二月廿四	《考亭渊源录》	周好生			《年谱》第170页
七月廿七	《徐氏书目》	嘉定张云章③			
廿九	汪氏所钞王次点《周礼订义》半册	周卜年			
八月十一	充宗所著《周官辨非》	季野			《年谱》第85页

---

① 周梁，字好生，嘉善人，为陆氏弟子。

② 曹宗柱，字星佑，庠生，平湖人，陆氏女婿。

③ 张云章（1648—1726）字汉瞻，又字倬庵，号朴村，监生，嘉定人，陆氏弟子。

续表

时间	书名	借书者	地点	《三鱼堂书目》著录与否	备注
九月廿一	《许鲁斋全书》	张武承（名烈）			
十一月初八	《鲁斋遗书》	史馆		有	通过陈端伯侍郎借得
康熙二十三年二月十七	傅掌雷《明书》				傅维鳞
康熙二十四年十月廿三	《八府地图》	井陉道			
康熙二十五年三月廿一	《史记》	傅宅		有	傅维鳞
五月廿九	《群芳谱》	张医生家			
康熙二十八年十二月廿六	《纪录汇编》	傅鹭来①			陆氏与傅氏来往较多
康熙二十九年七月十六	宋陆唐老《通鉴》	邵子昆②			
十二月十二	孙荀所辑《皇明疏钞》七十卷，三十六本	邵子昆			
康熙三十年正月初六	郑世子《历学新意》	梅定九			
康熙三十一年正月初十	以旧板《分年日程》来阅	吴燮臣③			陆氏将此书录副后还给了吴氏
六月廿五	《陈北溪集》	朱锡鬯			朱彝尊（字锡鬯）

　　以上 55 条记载共涉 63 种书，其中《三鱼堂书目》著录 10 种。可以看出，《三鱼堂书目》无法反映陆氏之读书量，而其读书量要远大于其藏书量。当然，上表所反映的借阅信息是不全的，例如，《年谱》第 255 页提到"从唐服西处借阅《幸存录》"，表 6-3 没有体现这一借阅信息。

---

① 燮雒字鹭来，号笠亭，灵寿人，维鳞子，贡生，有《笠亭诗集》。
② 邵嗣尧字子昆，号九缄，猗氏人，康熙九年（1670）进士。邵子昆其时任清苑令。
③ 吴燮臣，嘉定人，与李玉如、金潮应该都是陆氏弟子。

　　陆氏数度任馆师，而其所馆之主人家（如席氏等）均富藏书，故陆氏得以借阅大量图书。例如，据《年谱》第242页载，在席氏馆借阅《诸儒语要》《傃庵野钞》《常熟志》《五经训解》《天原发微》《辨证》《齐东野语》；第258、261、263页载，在席氏馆借阅《八编类纂》共百本等。不过，这些书中有一些并不是席氏的，而是从他处借阅的。

　　当然，正如前述的赠书情况一样，书籍之交是双向的或多向的，他人也经常向陆氏借书，例如，《日记》第79页载，"廿四，李玉如（名实）来。……复借《读书录》《居业录》《困知记》三书去"。

四　知见

　　除上述各种搜书之途外，陆氏还通过其他方式获知图书信息，其中最主要的是阅肆、他人示知（临时性的展示、交谈、通信等），见表6-4。不过，这里不包括陆氏自己看书得来的信息（《三鱼堂书目》中常提到当访某书，即是其读书所得），例如，《三鱼堂日记》第67页载："览《开州志》，见开人王嗣虞……著《历体略》数卷。……又嘉靖时有王循古，注《五经图说》献于朝。此二书当托孙青门觅之。"《三鱼堂书目》中著录有《历体略》，应该是其后来有意搜寻所得。

表6-4　　　　　　　　　　　陆陇其知见图书表①

时间	书名	知见方式	地点	《三鱼堂书目》著录与否	备注
康熙十四年三月初七	《贞观政要》《象像管见》	在书坊见		有《贞观要》	
十五	陈选《小学集注》、罗念庵《舆地图》	（京师）报国寺集上见			
十九	《超性学要》	西人利类思出示	（京师）天主堂		
四月初三	山东抚臣周有德《抚东奏疏》、江西抚臣蔡士英《抚江集》及《许钟斗集》	胡存古求售			胡存古，平湖人，有可能是书商

① 参见陆陇其撰，陈春俏点校《三鱼堂日记》。

续表

时间	书名	知见方式	地点	《三鱼堂书目》著录与否	备注
初九	胡致堂《读史管见》《四书经正录》	书坊内见	京师前门	有《读史管见》	
十三	西法诸历书板皆在天主堂，得数金便可全印	利类思云			
康熙十六年十一月廿六	胡致堂《崇正辨》	翼王示我①	嘉兴	有曹月川遗书、《崇正辨》	
康熙十七年正月十二	《庄渠遗书》	周好生来，出相示	嘉定	有	
闰三月十四	抄本《齐东野语》	元祈叔带	嘉定		
九月十五	杂文数首	朱锡鬯出示			
十月十六	问杜氏《释例》，亦云未尝见。云王鲁斋有《论语考证》，冯（名）云骧之尊公宦于金华，有其抄本，又曾刻《鲁斋集》。又云江西卢陵黄瑞节有《朱子成书》，载在《通志》，前朱锡鬯所买《参同契注》，即《成书》中一种也。又云江宁何楷有《古易订诂》，最好	黄俞邰		有《古周易订诂》	
廿八	尝纂辑《大全》《或问》《蒙引》《存疑》《浅说》，谓之《四书五删》。近日所续《日知录》	会富平李天生（名因笃）		有《四书蒙引》《易蒙引》《四书存疑》	
廿九	言熊孝感《闲道录》虽刻，自以为未慊处，不多刷印，亦见其虚心	叶讱庵			
三十	几亭书惟《明儒统》未刻，又有李卫公、李忠定、张江陵《三先生合纂》，亦未刻。《高子遗书》板则在南都，不可问矣	陈子熟来言			

---

① 陆陇其撰，陈春俏点校《三鱼堂日记》第80页："翼王来会，以胡致堂《崇正辨》示我，抄本也。云有《曹月川集》，因留济，未曾带归。《夜行烛》一书亦在集内。又云有《许鲁斋集》，为葛瑞五借去。又云平生最留心于《三礼》，曾著有《仪礼集说》。"

续表

时间	书名	知见方式	地点	《三鱼堂书目》著录与否	备注
康熙十九年四月廿四	《致知在格物》《习是编》《姚广孝论》	宋昆友（名瑾，号豫庵）示余			《年谱》第256页宋昆友赠所刻《习是编》
十一月十九	所辑崇祯朝史、上谕及奏疏分为二集，共有四千余叶。夏彝仲《幸存录》议论多游移。梅村《绥寇纪略》持论甚正	曹秋岳（曹溶）言		《绥寇纪略》	
二十	《赠高念东先生莫忘篇十首》	山东唐梦赉出示			《年谱》第78页
康熙二十年二月廿七	卓先生有《八编类纂》，共一百本，乃陈仁锡所纂				四月十七于屠武虬寓见冯有《朱子录要》
四月廿五	朱子书八种，共十七套：《文集》五套，《语录》五套，《经济文衡》二套，《奏议》一套，《录要》（冯复京编）一套，《年谱》一套，《易学启蒙》一套，《楚词》一套。又见《仪礼图》	在杭州书坊内		有《年谱》《经济文衡》《仪礼图》	
廿六	刊文一卷。又见其未刻之《教民论》。又见其《论语拾遗》。又见《礼学汇编》《要编》	宋昆友（瑾）出相示			
六月二十	钱牧斋《有学集》刻本多为人所改	席文夏言		有	
廿六	《蔡虚斋集》	周好生以来阅			
八月初三	毛子晋所刊《史记索隐》今板尚在其家，不与《十七史》合。又其所刊《八唐人诗》已毁于火，《五唐人诗》则货于江宁	席文夏言		《史记索隐》	

续表

时间	书名	知见方式	地点	《三鱼堂书目》著录与否	备注
康熙二十一年七月初三	《宋史质》		昆山书肆		
初六	《续南雍志》	书贾以来			
十四	《邵二泉年谱》	旀公以示			
十月初五	《玉林语录》	僧睦怀以见示			
康熙二十二年六月	史馆有《文渊阁书目》	黄俞邰来言			
闰六月初四	礼部诸书板系祠祭司掌管,然藏于库中,非奉旨不敢刷印	赵无恤言			
十五	汲古阁刊李鼎祚《易解》、京房《易传》、王弼《易略例》《郭氏易举正》四种	报国寺集上见			
七月廿八	《鲁斋遗书》因修史怀庆府送至,故史馆中有此书,想彼处尚有板也	汤潜庵言			汤斌
八月二十	《读礼通考附论》	万季野			
	监板《易经注疏》	在坊中见			
廿七	其家有苏老泉《太常因革礼》钞本。健庵家《开元礼》是朱锡鬯在胡兆龙家钞得,约有十五六本	吴志伊[1]来言			
十月十一	灵寿故少司空傅维霖所作《明史》持论颇不甚正,今送在史馆	黄俞邰言			
十二	顾宁人《日知录》已十倍于前。汪东川所管《长编》内,竟未见我济南公名字,此可异也	万贞一[2]云			

① 吴任臣,字志伊,又字徽鸿、尔器,号托园,浙江仁和(今杭州)人,康熙十八年(1679)应博学鸿儒试,列二等,授检讨,充《明史》编修官;著有《山海经广注》《字汇补》《托园诗文集》等。

② 万言,鄞县人,字贞一,号管村,以古文名,由副贡预修《明史》。

续表

时间	书名	知见方式	地点	《三鱼堂书目》著录与否	备注
康熙二十四年十一月十七	有吴次尾所作《剥复录》，许可借抄。又言《正字通》之好	陈子万言		《正字通》	文集中提到其借抄了《剥复录》
	《正字通》	在书坊取视之		《正字通》	
康熙二十五年闰四月廿七	曹子忭文集；吕泾野内外集板	王敷五[①]来言			
七月初二	孙征君《理学宗传》《年谱》板俱在辉县	保定，魏莲陆[②]言			以一金托之寄刷
七月初十	杨一清《关中奏议全集》	书坊见	定州		
康熙二十六年五月廿九	耿逸庵《昊天与圣人皆有四府其道如何策》及《孝经易知》	会施行唐			
康熙二十八年三月廿八	《四书大全》俱系倪士毅《通义》本子，当时草率如此。又言张考夫有《家训》，桐乡姚大也鼓舞魏县崔维雅之子麟征刊刻。又言《北溪字义》无党家有	吕无党（吕留良子）来言		有《四书大全》	
八月十七	其家尚有朱仲福《历法折中》及耿允楼《农书》。又言四川富顺陈雪滩遗书甚多	傅燮调（维鳞子）言			
廿七	《三才图》	来卖者			
九月廿四	仪封隐士李国华（字光生）所刊《程氏读书日程》	无极人苏善德来见			
十一月十六	袁了凡《水利》诸书板俱在宝坻库中；平山崔华家藏书甚多，新刻《来易》及《痘书》已成	平山学师刘芷[③]言			

---

① 王宽字敷五，山西安邑人，康熙庚戌（1670）进士，授编修。

② 魏莲陆，名一鳌，保定人，曾任山西忻州知州。

③ 平山教谕刘芷，宝坻人。

续表

时间	书名	知见方式	地点	《三鱼堂书目》著录与否	备注
康熙二十九年八月十二	欲自纂一《经籍存亡考》。又言龚氏刻陆滘《春秋传》已遭回禄。又言吴草庐《书纂言》、王次点《周礼订义》、刘贡父《春秋意林权衡》、吕东莱《书说》皆已刻于徐健庵家	朱锡鬯来言			
九月二十	《崇祯长编》	万季野			
廿三	通志堂所刻敖继公《仪礼集说》、卫湜《礼记集说》、王次点《周礼订义》、杨复《仪礼图》，又见宋陈均《皇朝编年录要》，系宋板。又见李焘《长编》，系钞本	朱锡鬯		有《仪礼图》	
十月初二	元板黄鹤《杜诗注》	于仇沧柱寓			
康熙三十年九月初一	钱塘胡文焕所刻《百家名书》	在报国寺			
康熙三十一年七月初七	健庵所刻《经解》	席氏馆			《年谱》第190页
十一月初二	陆翼王所著《礼记集说补正》，徐氏以三百金买之，刻在成德名下	侯大年言			

以上53条记载共涉一百余种书，其中《三鱼堂书目》著录17种。可以看出，陆氏搜书渠道很广，书籍信息来源众多。其所知见之书籍数量，当然要远大于其读书数量和藏书数量。另外，也可看出陆氏知见图书是其阅读与搜书之基础。例如，《年谱》第255页载，经其弟子介绍，陆氏购得《山堂考索》；又如，陆氏从他人处获知《孙征君年谱》板存辉县，以一金托之刷寄，终获此书。当然，如前所述，日记所载不可能反映所有陆氏知见图书之信息，例如，《年谱》第236页提到"阅张文潜集"，

第274、277页记载的书籍信息，在表6-4中均无反映。

五 从《三鱼堂书目》看陆氏藏书

《三鱼堂书目》共收书435部（其中有个别是丛书，也算一部，不单计零种），其中有三十余部是复本（包括版本不同的复本），因此约一共收书400种。据《三鱼堂书目》第44页载："五代史（眉批：壬申春在朱家角见书船上有东莱十七史详节，共四十本，系明初板，以价贵未买）。"壬申是康熙三十一年（1692），而陆氏也是此年十二月去世的。朱家角在青浦县。他当时可能从平湖到常熟，路过青浦，获见《十七史详节》。此外，上文赠书表载，康熙三十一年正月初八陆氏获赠《水东日记》，而《三鱼堂书目》即收有《水东日记》。可见，《三鱼堂书目》反映了陆氏临近去世前之藏书情况。不过，此书目所收应该不是陆氏之全部藏书。例如，与上述《水东日记》同时受赠的《震川集》，《书目》就没有著录。

《三鱼堂书目》所收书没有分类，但似乎又有大致的归并，从中可以看出，陆氏比较重视理学之书，也比较关注水利方面的书籍。此外，有函套的书并不多①，可见当时函套装帧并不是很普遍。该书目书眉上的批注，从内容上可以看出是陆氏所作，且多为随感随想，未经修改过。

以下笔者尝试将此书目与上述各表作比较，以窥探陆氏藏书与搜书之关系。

其一，书目中有不少地方提到其要访求之书，这在其他书目中是较少见的。例如，《三鱼堂书目》第41页眉注："司马贞《史记索隐》一本，汲古阁另刻，当访求。"第448页眉注："嘉靖时上海王圻，号洪洲，有《续文献通考》，虽不能如马之精，然亦可备考，当访求。"类似的记载还见于第44、45、52、53（2）②、55、59（2）、62、66、69、70（2）、72、76、77、84、89、90、91、92、93、94、98、100、101、104、106、109、112、115、119、120、121、124、125、127、128、129、138、142、144、

---

① 《三鱼堂书目》第52页"《弇州史料》二十一本三套"，第53页"古今考十二本一套"，所谓"套"，指的是函装。《三鱼堂书目》所收之书，绝大多数没有著录"套"数。

② "（2）"是指该页有两条相关内容。

150、155、157 页等处，从中可以进一步了解他获知图书信息的途径（如通过与他人交流，看书，在他人家看到，逛书店，书贾上门服务等方式获得相关信息）。这些图书信息可以与上述"知见表"相互补充印证。这说明此书目是供陆氏自己备查用的。

其二，书目中有不少地方提到某书是如何获得的，例如，"《国史经籍志》五本，计六卷，万历壬寅刻。明焦竑弱侯撰。此系陆翼王所赠。其指示之意甚切。"（第70页）"《困知记》三本，康熙戊申江西张贞生刻，首二卷缺。系戊午在京师借抄。"（第78页）"《道命录》一本，计十卷，康熙丁巳从陆翼王处借抄。"（第90页）"《春秋孔义》三本，计十二卷，明高攀龙撰。景逸尚有《周易孔义》，余曾在史馆中借抄，适因遭颠沛，未及完。"（第92页）"《学蔀通辨》一本，计十二卷，抄。明陈建撰。此书内后编、终编系余自抄，前编、续编则先府君抄。顾嵩来刻于荥阳者，则又从此抄去也。其原本则系内黄黄氏所刊。"（第100页）"《鲁斋遗书》二本，计七卷，抄。元许衡撰。鲁斋刻于大德、成化、万历者，皆名遗书。刻于嘉靖者，则名全书。其次第卷数各不同。岁癸亥予在京师，从张武承借得嘉靖本，缺其后二卷，复从史馆借得万历本，因检前所缺抄录附后，仍将万历本序目附后，庶见两本之同异云。其《学庸直解》二卷，亦嘉靖本所无，则以文多不及录。"（第105页）"《崇正辨》一本，计三卷，抄。……宋胡寅字明仲撰……康熙丁巳余从嘉定陆翼王所借抄。"（第120页）"《群经音辨》一本，计七卷，在虞山借抄。"（第123页）"《绎史》四十四本，计一百六十卷……此书辛未在京师台中李讳斯义，亦山东人，为之发行。"（第126页）"《史记》二十本……此系买之书贾……"（第133页）"《史通》二本……辛酉岁余得之贾人。"（第135页）"《学蔀通辨》二本，计十二卷，荥阳刻本。此系康熙戊午在京师，嵩来寄赠。"（第142页）这些信息可以与上述"购书表""受赠表""借阅表"相互补充印证。

其三，将此书目与上述各表比较可以看出，一方面，其所获之书有相当多在此书目中并未收载；另一方面，此书目中很多书在上述各表中亦未见收录。可见，因为有些书随得随散（如有的用来交换，有的用来赠人，有的可能被出售或遗弃等），此书目并不能反映陆氏曾经藏书或所收书之全部。陆氏曾任官、授徒于多地，有的书就不一定都带回平湖老家。

其四，此书目所收主要是新书和明版书。这一点也可以与上述各表相印证。例如，第105页所收《日下旧闻》，成书于康熙二十七年（1688）；第150页所收《御定孝经衍义》，康熙二十九年（1690）刊行。可见，陆氏搜书以实用为主，并不太注重版本，因而其不能算是一个真正的藏书家。其藏书只是学者的藏书，随收随散，也是可以理解的。

此外，以往文人阅读和使用类书的情况并不是很清楚，而结合《三鱼堂日记》《三鱼堂书目》，研究者可以对士大夫收藏与阅读类书有更深入的认识。

首先，从《三鱼堂书目》看，陆氏收藏的类书还不少：《玉海》《山堂考索》《源流至论》《稗编》《右编》《艺文类聚》《意林》《韵府群玉》《武编》《书肆说铃》《北堂书钞》《五车韵瑞》。

其次，从《三鱼堂日记》看，陆氏也经常会阅读、利用类书并留意与类书相关的信息。例如，"阅《潜确类书》，见其载滹沱河、滋河，绝无源委。真是无头学问。"（第257页）"十七，阅《潜确类书》，文昌，误以《汉书》所载次序为《史记》。"（第259页）"十二，端伯言同年江德新之侄之淮字梦得，睢宁教官，署县印，被参问军。精于堪舆，与端伯道合。……又言堪舆二字出《白虎通》，即天地也。……（查《潜确类书》第一卷云：'张晏曰：堪舆，天地总名也。'）"（第262页）"廿七，有以《三才图》来卖者，系万历间上海王圻号洪洲所著，而其子思义字允明所续成者也。其书考核不精，且强半无益，如笾豆簠簋，止拾《博古图》之说；区田不考其所自始，而围棋、双陆、佛老之像、诗余之谱，皆登于册，绝无去取。其农器、蚕织器、什器四卷最好。"（第264页）"十二月初七，在真定见李醒斋补刻《玉海》，可谓贤学院矣。"（第266页）"廿一，邱象随言皇上曾发《五车韵瑞》命翰林校对。此书差误甚多。"（第274页）

最后，通过《三鱼堂书目》《三鱼堂日记》比较可以看出，两者所收之类书存在着一定的差异，例如，《潜确类书》应是陆氏常备之参考书，但书目中并没有著录。据此可以推测，陆氏曾经收藏和阅读的类书，应该较上述两书所提及的要多。

第七章　域外之交

　　陆陇其在北京期间与西方传教士来往较多，获赠多部西学书籍，他们之间的书籍之交可称得上是"域外之交"。不过，非常奇怪的是，《三鱼堂书目》对这些西学书籍一部都没有著录①。显然，陆陇其与传教士、西学终有一间之隔，其"域外之交"与下文将要讨论的"域外之交"形成鲜明反差。

　　周绍明在《书籍的社会史》中曾尝试用西方"知识共同体"的概念来解释明清时期图书交流现象，这一尝试尽管有一定的启发性，但未免有些牵强。伯克指出，"知识共同体"（或称"文人共和国"）指的是以同一种语言（拉丁语），赠送出版物，书信交流，学术交流形成的知识群体②。"知识共同体"的一个主要特征是文人之间的交流是跨国的、国际性的、超越国家的。如果从这个意义上看，东亚汉文化圈内士人的"书籍之交"，倒多少有些"知识共同体"的意味。

一　纪昀致朝鲜使臣书信四通辑考

　　纪昀，字晓岚，河北献县人，清代大文人、大学者，一生心血多付诸《四库全书》，其他文字著述虽还有多种，但较著名的只有《阅微草堂笔记》。相对而言，其诗文流传于世的并不多，而且影响也不是很大。孙致

---

　　① 刘昊认为有可能是因为：西学书籍不符合陆氏读书理念，故编目时有意舍弃；《书目》抄录者删除了一些书。参见刘昊《书生的旧业——〈三鱼堂书目〉抄本与陆陇其的书籍世界》，《古典文献研究》2023 年第二十六辑上。

　　② ［英］彼得·伯克：《语言的文化史》第二章，李宵翔等译，北京大学出版社 2020 年版。

忠等校点的《纪晓岚文集》三册是目前收载纪昀诗文最多的集子，但是，这些诗文多是一些应制之作，难见其真性情与真学问，这对于研究纪昀一生及其学问仍颇有不足①。近年，随着《四库》热及纪晓岚热的兴起，学界对其著述文字的搜求也日益迫切。事实上，纪昀为当时学界领袖式的人物，与当时中外学人多有书信往还，但是，《纪晓岚文集》所收只有寥寥六通，显然不能反映其真实情况。沧桑变化，文献凋零，纪氏之书信存世者共有多少，目前还难以一一考清。笔者在搜读朝鲜文献中，获见失收于《纪晓岚文集》的纪昀书信四通，因迻录于此，以公同好，并为略作解读。

（一）致洪良浩书一通

洪良浩，字汉师，号耳溪，与纪晓岚同岁。乾隆五十九年（1794），洪氏作为朝鲜冬至使兼谢恩正使第二次来京，得以结识纪晓岚，并请纪氏为其《耳溪诗集》《耳溪文集》作序。此后两人诗书不断，持续近十年之久，结为异国知己。而且，他们的后代也十分珍视这份情谊，并续有交往。纪树馨编辑《纪晓岚文集》时，把纪氏与洪良浩父子来往诗文（计有序文、赠诗和八通书信）收入其中。洪良浩的《耳溪洪良浩全书》，也收有洪氏与纪氏往复书信十通（其中洪氏七通，纪氏三通）②。两相比较可以发现，纪氏致洪良浩书，其中两通为纪集所收，另一通则纪集不收。兹将该通未收书信全录于下，并略加考释：

---

① 孙致中等人在校点《纪晓岚文集》（河北教育出版社1995年版）前言中即已指出："收在《遗集》中的诗文，大约十不足一。……《遗集》所收，晚年之作居多，而壮年尤其是青年时代的作品却甚少。这固然是因为后人搜集先人的作品，晚年之作易见而青壮年之作难得，也可能因为纪树馨以为那些应酬上层人物尤其是应酬皇帝的诗文，乃是自家先人的最高荣宠，故《遗集》收之甚多。……公允地说，据此描绘纪晓岚的形象，是不完整、不全面的。"徐滢修：《明皋全集》（韩国民族文化推进会1998年《影印标点韩国文集丛刊》本）卷14《传·纪晓岚传》载："余曰：'阁下诗文，已有刊行者否？所著书亦有几种？'晓岚曰：'少年意气自豪，颇欲与古人争上下。后奉命典校《四库》，阅古今文集数千家，然后知天地之不敢轻易言，文亦遂不敢轻言编刊。至于随笔杂著，姑借以纾意而已，盖不足言著作矣。'"纪昀生前未能编刊其诗文集，以至于诗文多有散失，显然与其这种谨慎的态度有关。

② 载洪良浩《耳溪洪良浩全书》卷16，韩国民族文化社1980年影印本。该卷为南开大学历史学院教授孙卫国先生扫描惠赠，谨此致谢。关于纪氏与洪氏之交谊，参见孙卫国《乾嘉学人与朝鲜学人之交游——以纪晓岚与洪良浩之往来为中心》，《文史哲》2014年第1期。

纪匀（昀）顿首顿首，敬启耳溪先生阁下：阔别久矣，回忆如朝夕间事，盖无时不怅怀元度，不但朗月清风间也。客岁十月，曾寄小诗二首奉怀。岁暮贡使入京，询知与领时宪书官中途相遇，知岁前尚未尘清观也。令侄侍读寄到华札及大作"字说"、杂文，喜沧溟以外，尚念及故人，深为慰藉。寒夜篝灯，细披著述，真不啻对作十日谈矣。杂文刊落浮华，独存精液，信学深则识定，识定则语必中窾，故文简而理足。此自读书老境，非可勉强而至者。"字说"以深湛之思，溯治官察民之本意，不求同于古人，亦不求异于古人，因所固有，而得其当然。有此一编，始知书契所系之大。其尤当理者，在不全为之说，亦不强为之说。荆公《字说》，今无传本，惟《周礼新义》中散见之。以其未注《考工记》，宋人采其《字说》补成之。此一篇所载尤详，反复观之，亦非并无可取。宋人所以交攻之者，一以元祐之门户，一以必欲全为之说，遂不免强为之说，致相轧者置所长而专攻所短，遂为后世之口寔。先生此书，有其长而无其短，此由气质学问粹驳不同，信先生之所养深也。高邮王给事怀祖，东原高足也，于小学最有渊源，昨以示之，渠深佩服，知弟非阿所好矣。弟今年七十有五，学问粗浮，不敢自信。凡有诗文，大抵随手置之，不甚存稿。近小孙树馨始略为撼拾抄录，未知将来能成帙否？倘其成帙，定当奉寄一本刊正也。别简所言西洋教事，此辈九万里航海而来，前者甫死，替者续至，其志必欲行其教于中国。而究之，万万无行理。彼所以能行于吕宋者，吕宋人惟利是嗜，故为所饵。中国则圣贤之教素明，谁肯毁父母之神主，绝祖宗之祭祀，以天主为父母祖宗哉？此是彼法第一义，即是彼法第一碍。故人曰西洋人巧黠，弟直谓其谋所必不成，真一大愚而已矣。其书入中国者，秘阁皆有。除其算法书外，余皆辟驳而存目，已列入《四库总目》。印本新出，先生谅尚未见，今抄录数篇呈阅。至其法出于古法，先生所见灼然不诬，亦发其凡于《四库总目》"周髀"条下，一并抄录呈阅，见此理中外相同也。临风驰溯，书不尽言。时因译史，冀接德音。统惟鉴照，不备。纪匀（昀）顿首，敬启耳溪先生阁下。戊午正月廿七日。（外附：呈钮祜禄制府新开端研一匣，有拙铭；明程君房墨二圆一匣，万历天启间人；辰州丹砂床研山一匣；康熙印模壶卢茶瓶茶盉一匣；汉铜威斗一件。)①

此信作于嘉庆三年（1798）正月二十七日，是纪氏给洪氏的回信（洪氏原信写于 1797 年）。关于纪氏此信，有两点需注意：

其一，洪氏原信还附有别幅，问纪氏对西学的看法，故此信中从"别简"以下，即针对洪氏来信"别幅"所提的问题而言的，据此可看出纪氏关于西学的看法。而且，纪氏在此直言《四库总目》所载为其观点，并抄了几篇提要给洪氏看。这些信息，对研究《四库》有参考价值。

其二，洪氏随原信附寄给纪氏一部自著的《六书经纬》，故此信中自"'字说'以深湛之思"至"知弟非阿所好矣"一段，即是针对洪氏此书而言的。后来，洪氏将此段文字作为《六书经纬》的跋文收入其《耳溪外集》卷十中②。两者文字完全相同，只是后者在"东原"后加入了小字注："翰林戴衢亨号。"这应该是为了解释"东原"是指何人。不过，这一标注显然有误，因为东原是戴震的号，而不是戴衢亨的号。

至于已收入纪集的"与耳溪书"两通，洪良浩《耳溪洪良浩全书》所收对其亦具一定的补正作用。

其一，洪集所收的纪氏第一通信最末还附有一段文字："匀（昀）书迹之拙，闻于天下，故文章多倩人书。此札，亦本拟假手，缘后会无期，欲存一手迹于高斋，以当面晤，故竟自涂鸦。希鉴区区之意，勿以为笑也。匀（昀）又附题。"此段文字不见于纪集，可证纪集所收者不全③。而且，这段文字可以提供给我们很重要的信息：首先，进一步证实纪氏书法不佳。关于这一点，当时似乎已有公论，据昭梿《啸亭杂录·续录》卷十"书法"载："近时纪晓岚尚书、袁简斋太史皆以不善书著名。"④

---

① 括号内文字在原文中为小字。

② 洪良浩：《耳溪集》《耳溪外集》，韩国民族文化推进会 1998 年《影印标点韩国文集丛刊》本。

③ 至于其孙纪树馨在编纪集时为何不将此段话收入集中，可能是为亲者讳吧。

④ 昭梿撰，何英芳点校：《啸亭杂录》，中华书局 1980 年版，第 341 页。

纪氏自己在此亦坦承这一点。其次，纪氏之书信、文章多由他人代书①。例如，洪氏《耳溪集》卷 18 "太史氏自序"载："纪氏大赏之，各著诗文序，使其门人蒋诗书而遗之。"他给洪氏所作的诗、文集序，也是让门人抄好后再送给洪氏的。最后，此信应是纪昀难得的真迹。纪氏为了表示诚意，不以自己书法不佳为藉口，破例亲自写信给洪氏，可以看出纪氏对两人交情之重视②。

其二，洪集所收的纪氏第二通信最末有纪氏所署的写信时间"丁巳正月廿四日"，而纪集所收者则没有。据此，我们可以明确知道此信写于嘉庆二年（丁巳，1797）正月廿四日。而且，我们还可以进一步证明纪集所收两通致洪氏书的编排顺序有误（纪集将此信作为第一通，而将纪氏写于 1795 年的信当作第二通）③，而洪集所收的顺序则是正确的。因此，应将纪集所收此两通信的顺序对调一下。

此外，顺便一提的是，洪集所收的纪氏第二通信云："前两接手书，俱已装潢成轴，付小孙树馨收贮。兹拜读华藻，亦并付珍弄。此孙尚能读书，俾知两老人如是之神交，亦将来佳话也。"可见，纪氏十分重视与洪氏的通信，并将其所收洪氏来信交其孙树馨装贮。关于此点，洪氏在后来给纪氏的第四通信中作了回应："况教以前后拙笔付诸令孙，使之藏箧而传家，此何等至意盛眷耶！贱孙祖荣，年方弱冠，粗解文墨，亦使此儿擎收盛迹，以修永世之好也。"可见，洪氏也仿效纪氏的做法，将两人之通信交其孙装贮。另外，纪树馨装贮纪昀来往书信一事，还有相关材料可证：甘肃图书馆所藏的《阅微草堂收藏诸老尺牍》，即是纪树馨将翁方纲等二十一人给纪氏之书信装潢而成的，其后还有纪树馨的跋，交待其所收

---

① 关于这一点，还可参见孙致忠等校点《纪晓岚文集》第三册，第 441 页，校点者按语云："纪昀拙于书，简函著述多门下士代写，或由书吏誊录。赵慎畛《榆巢杂识》卷上亦云：'河间师博洽淹通，今世之列原父、郑渔仲也，独不善书。即以书求者，亦不应。尝见斋中砚匣，镌二诗于上云："笔札匆匆总似忙，晦翁原自笑钟王。老夫今已头如雪，恕我涂鸦亦未妨。虽云老眼尚无花，其奈疏慵日有加。寄语清河张彦远，此翁原不入书家。"'故其墨迹留传甚少。"

② 参见孙卫国《乾嘉学人与朝鲜学人之交游——以纪晓岚与洪良浩之往来为中心》，《文史哲》2014 年第 1 期。

③ 纪集所收两信的时间顺序有误，孙致忠等校点的《纪晓岚文集》（第一册，第 277 页）已在校注中指出。

的内容及整理情况①。但是，不知纪树馨装贮的洪氏来信原件是否还存天壤间？

（二）致徐滢修书三通

嘉庆四年（1799），朝鲜谢恩、进贺使团的副使徐滢修（号明皋）来北京购求朱子书，因在坊间未购得，便在归国前托纪昀代购。此后，两人围绕购书事一直有书信往还，直至1802年纪氏终于助其购得其中两种②。他们的往还书信，我目前所见一共有八通，其中五通为徐氏之书，三通为纪氏之答书，均收载于徐氏《明皋全集》卷六"书·与纪晓岚"中③，而《纪晓岚文集》则全无收录。兹全录此三通纪氏答书，并略加按语于后。

不揣固陋，应命强为元晏，适成徐无党耳。方自惭悚，而先生推奖逾分，寔所不期。感感。承惠诸品，此亦古人发币之遗礼，敬领。烟纸诸物，已荷高情。至币帛，前已拜赐；人参，素所不服，谨对使拜还。所委采办各书，陆续必有以报命。其《白田杂著》一种，本无是书，乃匀（昀）编定《四库》时，惜其全集之芜杂，转掩其考证之精确，为删定其书，改题此名，寔非所自编也。近其孙得官县令，闻已从匀（昀）所编刻板，当即驰书索之耳。纸短情长，言不尽意，统为朗照。耳溪乔梓，忽忽不及另函，希代道相忆。纪匀（昀）顿首顿首，上明皋先生。九月二十七日。

按：徐氏在使行逗留北京期间，曾去信请纪氏为其文集作序，随信送给纪氏诗文若干篇、《学道关》一书，以及数种土特产④。随后，纪氏派

---

① 易雪梅、曾雪梅：《阅微草堂收藏诸老尺牍》，《文献》2005年第2期。另可参见法式善"阅微草堂收藏诸老尺牍跋"云："香林郎中以阅微草堂收藏尺牍长卷见示，与余意同，且命之跋。呜呼，是真能不忘其先人者矣！文达公读书万卷，历官清要五十余年，熟悉朝家掌故，中外请益问字者，日凡有几，计其往来笺素，盖盈箱累箧矣。"载法式善《存素堂文集续集》卷2，上海古籍出版社2002年影印《续修四库全书》第1476册。

② 关于其详情，参见张升《朝鲜文献与四库学研究》，《社会科学研究》2007年第1期。

③ 纪氏之三通答书分别附载于徐氏各书之后。

④ 徐滢修《明皋全集》卷6"书·与纪晓岚"（第一通）。

人给徐氏送去了自己所作的徐氏文集序①，并回赠了四种礼品。徐氏在收到序和礼品后，即给纪氏作书表示感谢（信写于其回国之前一日），并请求纪氏帮其代购《朱子大全类编》等四种书，随信还送给纪氏一些礼品②。此通答书即是纪氏回复徐氏该信而作的。至于答书之写作时间，应该是在嘉庆四年（1799）九月二十七日。据《李朝实录》记载，徐氏于该年十一月已回至朝鲜，并向朝鲜国王说明了购求朱子之书的进展③。

---

① 参见孙致忠等校点《纪晓岚文集》第一册，第 215 页《明皋文集序》。该序亦收载于徐滢修《明皋全集》卷首。

② 徐滢修：《明皋全集》卷 6《书·与纪晓岚》（第二通）。另据同书卷 14《传·纪晓岚传》载："我正宗己未，余以谢恩副使赴燕，时上欲购朱子书徽、闽古本，俾臣访求于当世之文苑宗工……余于入燕后，先以书致意，并送抄稿请序。继以小车造其门，则晓岚颠倒出迎，欢然如旧。……余曰：'仰托朱子书及前、后《汉书》，既蒙阁下石诸，感感！未知可得者为几种？'晓岚曰：'《朱子文集大全类篇》，此板刊于建阳，其序即勾（昀）所作，现在市中者绝无，尚可购求于闽人。《朱子五经语类》系故友程征君春昙之家刻，其文皆采自《语类》中，但以经分编耳，当札索之其子。《翁季录》久无其本。前、后《汉书》现行官本外，只有南、北监板及毛板，其大板皆宋刻，非藏书世家无之。'余曰：'康熙中，榕村李公疏请刊布《翁季录》，得旨，岂尚未举耶？'晓岚曰：'勾（昀）即李文贞之再传弟子，年前督学福建，就其家问之，亦未见。《朱子全集类编》，昨问陈春淑副宪，云在闽得一部，但不记现在何箱中，嘱为检查，大约下次贡轺可带回。'余曰：'陈副宪岂朱门私淑耶？'晓岚曰：'陈副宪，浙江平湖人，陆稼书先生之乡人也。'余曰：'《朱子全集》《语类》所不载者，或有另行之遗编零简否？前、后《汉书》宋本，终无可得之道耶？'晓岚曰：'采录朱子说为书者，不可缕数，然皆以意去取，未必当。至于《全集》《语类》所不载之零简，未见。宋板前、后《汉书》，惟大内有一部，朱家宰家有半部，今何可得耶？'余曰：'愿闻朱家宰名。'晓岚曰：'朱珪。'余曰：'寡君尊朱一念，殆所谓至公血诚，欲以朱子之学，为陶镕一国之炉锤。今此贡使之来，广购古本诸种者，实奉君命而非其私也。望阁下博访代觅，随得随付于日后贡便，使仆获免于委命草莽之罪，区区之幸也。'晓岚曰：'使轺岁岁往来，陆续得一种即寄一种也。'"可见在第一次通信后，徐氏又拜会了纪氏，并且详细说明了自己受朝鲜国王之命购书事，而纪昀则向其解释有无可能购得各书，故徐氏在第二通信中就明确向纪氏提出请其代购以下四种书：《朱子大全类编》《朱子语类》《朱子五经语类》《白田杂著》。

③ "（嘉庆四年十一月）辛未，召见回还进贺正使赵尚镇、副使徐滢修、书状官韩致应。上教滢修曰：'朱书觅来，而果有紧要耶？'滢修曰：'书下诸册遍问于藏书宿儒，而多不能辨其何等义例。惟礼部尚书纪昀洞悉其源流，如朱玉所编《大全韵编》，事实年条逐编注释，称为《大全》诸本中最善本。黎靖德所编《语录合编》乃是池、眉、饶、徽、建安诸本之合录者，故称为全本。而一在建宁，一在淮安，谓当次第觅来，此后使行，便鳞次付送，必当如约。'"吴晗辑：《朝鲜李朝实录中的中国史料》，中华书局 1980 年版，下编第 5000 页。

　　纪匀（昀）顿首顿首，敬启明皋先生阁下：匀（昀）今年七十七矣，天性孤僻，平生无一声利交，惟以道义文章相切劘者，乃能款洽，故滥以虚名传天下，而门庭恒阒如也。前见先生，不以中外为限而顾我；快读著作，亦不敢以中外为限而倾倒于先生，彼此相赏，固均在酸咸外也。贡使接读手教，如见故人。适岁暮，典礼繁多，老景颓唐，竟未能作札一畅所欲言。然大旨望先生刻自树立，使他日声流中土，为老友所深慰而已。承委买朱子各书，业已发札托旧友代觅。道路迢遥，卷秩繁重，此时尚许而未至，然必有以报命也。承惠方物，已拜登，顺以布谢。临风怅望，纸短情长，统希朗鉴，不备。纪匀（昀）顿首顿首，敬启。庚申上元后二日呵冻寄。〇夹片曰：朱子书数种，皆人家藏板与明刻板，非市中所有。其书一半在江南，一半在福建。江南之书，已托驿盐道魏成宪购求；福建之书，已托十府粮道陈观购求，皆匀（昀）门生也。此时尚皆未至。当以次随得随寄，必有以报命也。

　　按：其一，此信作于庚申上元后二日，即嘉庆五年（1800）正月十七日。该年纪昀七十七岁（自称）。其二，徐氏在收到前一通纪氏答书后，即写了一信，托嘉庆四年（1799）的三节年贡使团成员带给纪氏。该使团成员应于嘉庆四年（1799）年底到了北京，将信交给纪氏，纪氏即作此信回复。徐氏在信中再次问及购书事，故纪氏一方面在回信中表明必守前诺代为购书，另一方面通过书末夹片进一步解释了未能及时购得的具体原因。

　　匀（昀）敬启明皋先生阁下：别来日久，相忆殊深。寥廓海天，迢遥川陆，惟赖双鱼尺素一抒饥渴云尔。六月使车至止，接读华缄，兼惠寄方物，知前笺已达，且怅且喜。杜陵云‘文章有神交有道’，此难为外人言也。所需之书，京师竟不能物色，求之闽中，始有端绪。其中《白田杂著》一种，原匀（昀）家之抄本，敓通家陈粮道疑而反诘。不知止正副二本，正本已交官库，为《四库全书》之底稿，钤印秘藏，不可复得。副本为白田之孙乞去刊刻，闻已刻成。而此公萍踪无定，故匀（昀）转求印本，而敓通家以为疑也。顷已札

覆之，谅亦必办矣。久稽台命，颇切惭恧，谨以敝通家札中夹片呈
阅，庶知匀（昀）未度外置之耳。附曹扇十柄，杨（扬）州香珠十
串，聊以伴函，不足言敬也。今日敝同寅德大宗伯遽返道山，一面具
奏，一面理其后事，匆匆不暇多及，统惟朗鉴。临楮驰溯，顺候近
祉。不备。匀（昀）顿首，敬启。七月十六日未刻。○陈粮道观夹
片曰：前谕寻买朱子诸书，即向闽中书坊查问。所有《语类》《全
集》，俱已买得，卷帙繁重，道路迢远，必附土贡之船，始可以北
上。其程川《五经语类》，据书坊云系新板，现在坊中者卖完，尚须
另觅。其《白田杂著》一种，闻系抄本，现无此书，并称此抄本出
于老夫子大人家中，不知何以转觅，并乞示知。门生观谨附禀。

其一，嘉庆五年（1800）春天朝鲜使者回国，带回了纪氏的上一封
答书。随后，徐氏又修书一封给纪氏，约于六月随朝鲜使团到北京而送
达了纪氏之手。随后，纪氏即作此答书。可知，此信应作于嘉庆五年
（1800）七月十六日。其二，此信最后所附的夹片是陈观给纪氏写的，而
不是纪昀所写的。纪氏附载于此，是为了证明其购书多费周折，并非故意
推托。

综合上述三通信而言，还有一些其他重要信息值得重视。

其一，以上材料涉及《四库》征书的掌故：《白田杂著》，清王懋竑
著，收入《四库全书》杂家类，《四库全书总目》著录正是纪昀家藏本。
由上述纪昀所言可知，此书为其献入四库馆，但一入四库馆，就不易再返
还。作为总纂官的纪氏，尽管对此有微词，但也颇感无奈。由此可看出，
四库馆所征个人献进之书，后来大多没有被返还，就不难理解了。

其二，上述书信还提供了关于当时图书流通的一些信息：一方面，
作为纪昀这样的大臣，要从外地购书也不容易；另一方面，当时图书之
刊刻与流通，还是以南方为主，如信中所提到的朱子书一半在江南，一
半在福建。

综上所述，朝鲜文献收有未入纪氏文集之书信共四通，而即使已收
入纪集的书信，朝鲜文献所收者亦能提供一定的补正作用，因此，这些
书信对我们研究纪昀及其他相关问题有非常重要的参考价值。除前面已

述及的史料价值外，笔者认为还有两点需要注意：其一，这些书信反映纪昀与朝鲜文人学者间的真挚友情，为研究清代中朝士人交往提供了鲜活的、可靠的一手材料。其二，这些书信详记纪氏之交游、写作、生活等材料，而且多署明日期，对研究纪氏生平、修订纪氏年谱，均大有帮助。当然，由于纪氏与朝鲜学人交往颇多，而且多有酬答之诗文，那么，除了上述四通答书外，是否还能从朝鲜文献中搜得更多未入纪集的纪氏之诗文呢？我认为，随着学界对朝鲜文献开发与利用的不断深入，我们有理由对此充满期待。

二 纪昀与《白田杂著》

嘉庆四年（1799），朝鲜谢恩、进贺使团的副使徐滢修（号明皋）来北京购求朱子书，因在坊间未购得，便在归国前托纪昀代购四种，即：《朱子大全类编》《朱子语类》《朱子五经语类》《白田杂著》。此后，两人围绕购书事一直有书信往还，直至1802年纪氏终于助其购得其中两种①。另外两种的情况比较复杂，纪氏在回信中作了说明，其中谈到《白田杂著》的情况是这样的："所委采办各书，陆续必有以报命。其《白田杂著》一种，本无是书，乃匀（昀）编定《四库》时，惜其全集之芜杂，转掩其考证之精确，为删定其书，改题此名，寔非所自编也。近其孙得官县令，闻已从匀所编刻板，当即驰书索之耳。"②《四库》收录的《白田杂著》正是纪昀家藏本。那么，纪氏家藏的《白田杂著》是从何而来呢，他是否亲自改编过此书，既然纪氏家藏此书，为何却要辗转求诸外人呢，纪昀后来是否找到了此书的刻本呢？以下主要想谈谈这几个问题。

（一）纪昀所藏《白田杂著》的来源

《白田杂著》八卷，王懋竑著。王懋竑（1668—1741），字予中（一作与中），号白田，江苏宝应人，清初名儒，著述颇丰，其中收入《四库

① 参见张升《朝鲜文献与四库学研究》，《社会科学研究》2007年第1期；张升《纪昀致朝鲜使臣书信四通辑考》，《古籍整理研究学刊》2013年第5期。
② 徐滢修《明皋全集》卷6《书·与纪晓岚》所附纪昀答书第一通，韩国民族文化推进会1998年《影印标点韩国文集丛刊》本。

全书总目》（包括著录与存目）的即有多种，而《白田杂著》即为其中之一（为《四库》收录）。该书主要为考证辩论之作，涉及内容比较庞杂，其中最主要是关于朱子学的考辨。

如前所述，《四库》收录的《白田杂著》为纪氏家藏本，那么，纪氏家藏本又从何而来呢？

四库本《白田杂著》书后有纪容舒跋文两则："余闻宝应王予中名，未识也。后于同年申谦居处见其杂著数册，云得之方溪。爱其淹洽，因录存之。予中犹前一辈人，其词往往有根柢，可以传也。乾隆丁卯五月河间纪容舒记""谦居言予中尚有《白田草堂集》，推之甚至。后于李根侯案上见数册，略取读之，则诗文都非所长。此老正应以实学见耳。其菁华尽此数卷矣。乾隆戊辰三月又记"。纪容舒（1685—1764）为纪昀之父，康熙五十二年（1713）恩科举人，曾任云南姚安知府。乾隆丁卯、戊辰分别为乾隆十二、十三年。据跋文可知，纪容舒从其同年申谦居家中抄录了此书，且申氏还提到此书得自方溪。申谦居，即申诩，为纪容舒同年①。方溪，不详，我怀疑是指望溪，即方苞（字灵皋，号望溪）。方苞《望溪集》中有"答申谦居书"一通，可证申氏与方氏有交往。

据王懋竑《白田草堂存稿》书前所附王懋竑行状载："桐城望溪方公年踰冠来馆吾邑……相与订交。"②《白田草堂存稿》中亦收有多通"与方灵皋书"，信中称方氏为吾兄，而自称为同学弟。可见，方苞与王懋竑相交甚早且甚深。据行状还可知，王家在王懋竑去世后拟刻其文集（即《白田草堂存稿》），于乾隆十五年曾送一部文集（抄本）与雷鋐，请其为文集作序。鉴于方氏之名望及与王懋竑之关系，王氏家人亦有可能请方氏为文集作序，而将抄本文集送与方氏。当然，据方苞"吴宥函墓表"载：

---

① 纪昀《阅微草堂笔记》（孙致中等人校点《纪晓岚文集》，河北教育出版社 1995 年版）卷 11 载："景州申谦居先生诩记，姚安公癸巳同年也，天性和易，平生未尝有忤色，而孤高特立，一介不取，有古狷者风。"李卫等监修《（雍正）畿辅通志》（北京燕山出版社 2019 年版）卷 66 载："康熙癸巳科（举人），申诩，景州人。"康熙癸巳，为康熙五十二年。姚安公，即纪容舒。

② 王懋竑：《白田草堂存稿》，《四库全书存目丛书》本，齐鲁书社 1994—1997 年据乾隆间刻本影印。

"冬十有一月，闻宝应王懋竑予中之丧，其子姓及淮南故旧皆谓铭幽之文，余义不容辞。"① 王氏家人在请方氏作墓志铭时将文集送给方氏也是有可能的。总之，申氏所得的王懋竑"杂著"数册应该是转录自方氏。前引跋文云："谦居言予中尚有《白田草堂集》，推之甚至。"可知，申氏是见过《白田草堂集》（实际上应为《白田草堂存稿》）的。正如上述纪昀信中所说，在其编订《白田杂著》之前，世上并没有所谓的"白田杂著"一书，因此，申氏、纪氏过录的"杂著"其实只是《白田草堂存稿》中的一部分，即该书前九卷"杂著"。

纪氏跋文中还提到李根侯手上也有《白田草堂集》，这是怎么回事呢？李根侯，即李清馥，字根侯，福建安溪人，康熙朝名儒李光地之孙，官至广平知府，著有《闽中理学渊源考》等。我推测，王氏家人有可能也曾请其作序，而将《白田草堂存稿》送给他。

（二）《白田杂著》的编订

如前所述，《白田杂著》是纪昀编订的，那么，他是如何编的呢？

查《白田草堂存稿》二十四卷，前九卷均为"杂著"，而四库本《白田杂著》则为八卷，两者之异同如下：两书卷1至卷5、卷7，完全相同；除《白田草堂存稿》卷6"杂著"多收"恭记圣祖仁皇帝两事"、"曾大父泰和公炳烛编跋"两篇外，两书卷6亦相同；除《白田草堂存稿》卷8多收"题黄石斋先生书后""书渊明乞食诗后""书仲长统乐志论后""书乔志熙书离骚经后""书潘善人传后""洪赢东唱和诗跋""题竹炉图咏后""题李氏双节旌表录后""书李树庵篆书后""又书李树庵篆书后""偶记""偶读私记"，卷9多收"议赈说""立嗣辨""希韩字说""通谱说""义仆王珍传"外，《白田杂著》卷8与《白田草堂存稿》卷8、9亦相同。也就是说，除了《白田杂著》卷6将《白田草堂存稿》卷6删去两篇，《白田杂著》卷8将《白田草堂存稿》卷8、9合并而成一卷而删去了十七篇外，《白田杂著》与《白田草堂存稿》前九卷"杂著"完全相同。因此，四库本《白田杂著》的改编，主要是作了一些删选，并将原书八、九两卷合为一卷。当然，改编之后，还拟了新的书名，即

---

① 方苞：《方望溪全集》卷12，中国书店1991年版，第175页。

“白田杂著”。这也就是纪氏在信中所说的“本无是书”之意。由此我们还可以推知，纪氏家藏的王氏“杂著”肯定是九卷，而且就是《白田草堂存稿》的前九卷，否则《白田杂著》无法据以改编。

那么，这里还有一个问题：既然此书被送入四库馆中校办，作为总纂官的纪昀难道要亲自改编此书吗？

笔者推测，此书是在送入馆之前由纪昀改编的，且改编之时四库馆已开馆，证据如下。

其一，四库馆中应校办之书会首先发下给纂修官审读，因此，若有改动，《四库》提要会有反映。但是，《四库》该书提要并没有提到改动的情况，这如何解释呢？这只能说明，纂修官校办时所面对的是改编好的《白田杂著》。换言之，如果是入馆后所编，那么，纂修官所校办的原书肯定不会名为“白田杂著”，也不会是八卷而是九卷，这些情况为什么在提要中均不提及？

其二，该书提要提到了该书与《白田草堂全集》（实际上应是《白田草堂存稿》）之异同，且说不清楚该书是王氏自编还是申氏所编订。如果此书与《白田草堂存稿》前九卷完全相同，则会直接指出，而不会有不知何人编订之疑。因此，从该书提要看，纂修官面对该书时，书名即已改，卷数、内容亦已改，只是不知道是何人所改编。

其三，上述纪氏信中明确说：“乃匀（昀）编定《四库》时，惜其全集之芜杂，转掩其考证之精确，为删定其书，改题此名，寔非所自编也。”这说明此书确实是纪昀重编的，而且是在修《四库》时所编，这不是与前述入馆前已改编的说法相矛盾吗？我认为并不矛盾。纪昀是在乾隆三十八年（1773）闰三月入馆的[①]，四月以后在京官员才开始陆续献书入馆。纪昀在四库馆开馆期间亦曾献书，例如，《四库采进书目》即收有“侍读纪交出书目（计共二十二种）”，这里的“侍读纪”即为纪昀。不过，这次所献之书并未包括《白田杂著》。据郑伟章考证，纪氏献书有一百多部，因此，纪氏献书是陆续进行的（献《白田杂著》应该是在其中的某一次）。他在信中说是修《四库》时编的，应该是指改编此书时四库

_____

① 据张书才主编《纂修四库全书档案》（上海古籍出版社 1997 年版，第 74—78 页）“办理四库全书处奏遵旨酌议排纂四库全书应行事宜折”可知，乾隆三十八年闰三月十一日四库馆提名纪昀任《四库全书》总办。因此，纪昀应在此后不久入四库馆。

馆已开馆，而并不是指在四库馆中改编此书。

其四，纪氏为何在送馆前改编此书呢？这主要是因为纪氏希望将此书收入《四库》（其实最主要是为了让其父之跋能附书而行）。其时，江苏第一次进呈书（乾隆三十八年上半年送入馆中）中即已有《白田草堂存稿》二十四卷，因此，纪氏有可能在馆中早已看到《白田草堂存稿》二十四卷。如果对自己所藏的王氏"杂著"不做改动，则此书与《白田草堂存稿》无太多差异，甚至还不如《白田草堂存稿》（因为其只是《白田草堂存稿》之一部分）。因此，纪氏为了便于此书被收入《四库》，就将家藏王氏"杂著"作了删节，改题书名，然后送进四库馆中。需要注意的是，纪氏的删节是颇有讲究的。例如，"恭记圣祖仁皇帝两事"一篇，所记载之内容为他人之转述，不是很可靠；"题黄石斋先生书后"一篇，有涉贰臣王铎之事；"书渊明乞食诗后"一篇，谈到晋宋之际抗志不仕；"题李氏双节旌表录后"一篇，多挖去字。纪氏对以上诸篇均作了删除。这说明，纪氏在馆中对《四库》收书原则已有一定的了解，因而对王氏"杂著"中有可能犯讳或其他方面不合适的内容都进行了删节。

其五，纪氏既然作了改编，但提要中并未提及，那么，纪氏为什么不通过修改提要而提及此事呢？此书为纪昀所献，又有其父之跋，又为自己所改订，如果纪氏这样做，反而容易授以口实，让人以为纪氏一心要将此书收入《四库》，让其父留名，有偏私之嫌。因此，不如就保留原提要所说的不清楚何人所编订，让人以为有可能原书即如此。书足以自重，反而有利于其收入四库，且有利于纪跋之保留。但是，在私下来，纪氏可以说此书是自编的（如信中所言）。

其六，纪氏的改编只是一些简单的删减工作，因此，其改编可能只是在其父抄本原书上操作完成的。此后，纪氏将此改编本抄录了一部进呈四库馆，而自己只保留了改编之底本（即其父之抄本）。因此，在他将此自留本借给王懋竑之孙王希伊后，自己就没有该书的任何本子了，否则他不会为朝鲜使者徐滢修四处求人来找此书（若其曾重抄一部，即可据以抄写，而不用费时费力到处找）。纪氏在给徐滢修回信中说："其中《白田杂著》一种，原匀（昀）家之抄本，敝通家陈粮道疑而反诘。不知止正副二本，正本已交官库，为《四库全书》之底稿，钤印秘藏，不可复得。

副本为白田之孙乞去刊刻，闻已刻成。而此公萍踪无定，故匀（昀）转求印本，而敝通家以为疑也。顷已札覆之，谅亦必办矣。"① 正本即送入馆之本，副本即其自留之本。陈粮道（即陈观）不清楚个中情况，故对纪氏四处找《白田杂著》表示疑惑。据此我们亦可判定，纪氏借给王希伊的书是其改编过的（即信中所说的"闻已从匀所编刻板"②）。否则，《白田草堂存稿》原即为王氏家人所编，何必借给他们呢？

总之，在四库馆开馆后，纪昀将家藏王氏"杂著"改编为《白田杂著》八卷而送入馆中。纪氏之所为，明显地反映了其修书过程中的偏私之心：将其所献之书收入《四库》；刻意保留其父之跋文③。

顺便还要一提的是，既然《白田杂著》是纪昀新改编的，而且是新取的书名，朝鲜人徐滢修是如何获知有此书的呢？

嘉庆五年（1800）七月，徐滢修在"与纪晓岚"信中提到："其《白田杂著》，曾闻翁覃溪言，知于朱子书能辨别真伪，参核同异，故必欲得见。"④ 徐氏可能是通过翁方纲（号覃溪）而获知此书的。《四库全书简明目录》该书提要载："懋竑于朱子之书用力至深，而能辨别其真伪，参考其异同，不苟相附和，于经史亦多自著于心得，凡所发挥，多先儒之所未及。"此前，《四库全书简明目录》已印行，翁氏有可能将《四库全书简明目录》中该书的提要转述或抄示给了徐氏，因此，徐滢修在1799年九月"与纪晓岚"信即已提到："《白田杂著》，王懋竑所编，闻于朱子书用力至深，能辨别真伪，参考异同。其所发挥，多前儒所末及者。"其所述与提要颇为相近。当然，《四库全书简明目录》在乾隆末年编成印行不久后，很快就传入了朝鲜。编成于朝鲜正祖朝（1776—1800）的《奎章总目》即收有《四库全书简明目录》十二本⑤。徐氏也有可能直接从

---

① 徐滢修《明皋全集》卷6《书·与纪晓岚》所附纪昀答书第三通。

② 如果是在四库馆中改编的，则纪氏自家所留肯定为未改编之本，与此处所述相矛盾。

③ 《四库》对所收之书的原序、原跋一般都会予以删除，但《白田杂著》所附的两则纪容舒跋文却得以保留，应该是很特殊的情况。

④ 徐滢修：《明皋全集》卷6《书·与纪晓岚》。

⑤ 《四库全书简明目录》是乾隆四十七年（1782）写定进呈的，后经赵怀玉抄出，于乾隆四十九年（1784）始印行。因此，《奎章总目》编成时间应在1784年之后。

《四库全书简明目录》了解到此书。不过，相对来说，其通过翁氏来了解《白田杂著》的可能性更大，因为前后两信均提到了"闻"字。

（三）《白田杂著》是否刻成

王氏之孙王希伊①在获知《白田杂著》被收入《四库》后，曾向纪昀借阅此书，即前引纪氏信中所提到的："近其孙得官县令，闻已从匀所编刻板，当即驰书索之耳""副本为白田之孙乞去刊刻，闻已刻成"。那么，《白田杂著》是否由王氏之孙刻成了呢？笔者认为没有刻成，因为就目前笔者所了解到的情况看，清代并没有出现过《白田杂著》的单刻本。清人所说的《白田杂著》印本，一般都是指刻本《白田草堂存稿》的前八卷或前九卷而言的，并不是纪昀改编过的《白田杂著》之印本。例如，广雅书局于光绪二十年（1894）刻印的《白田草堂存稿》八卷，只是《白田草堂存稿》原书的前八卷"杂著"，既与《白田杂著》所收不完全一致，也没有用"白田杂著"之名。

那么，王希伊为什么没有刻成《白田杂著》呢？

《白田杂著》本是王氏著作，纪昀改编之后将其收入《四库》。王希伊在获得纪氏之改编本后可能觉得，《白田杂著》其实即据《白田草堂存稿》前九卷之简单改编，而自家早已刻成《白田草堂存稿》了，原板仍存，因而没有必要再单独刻《白田杂著》。

在此，我们有必要再了解一下王氏文集《白田草堂存稿》的刊刻情况。

据前引王懋竑行状可知，《白田草堂存稿》曾于乾隆十七年（1752）刻成。王希伊"书妻录存稿续集本后"亦载："……壬申夏，朱子年谱、存稿正集二十四卷成。……忆初刻时阅十三年矣。……时乾隆三十年乙酉闰二月二十六日。"②壬申为乾隆十七年。也就是说，乾隆十七年曾刻成

---

① 王氏之孙曾任县官者只有王希伊。王希伊，字由拳，一说字耕伯，号在川，举人，曾任陕西白水县知县，著有《清白堂存稿》十二卷、《彭衙存稿》十卷、《由拳存稿》四卷、诗集十卷。据包世臣《艺舟双楫》（浙江人民美术出版社 2017 年版）卷 9 附录三 "皇清崇祀名宦陕西白水县知县告改江苏青浦县教谕王君墓表"，王希伊已在乾隆五十九年（1794）去世，因此，纪氏在嘉庆初年的信中说王氏之孙于最近任县令，有可能是误述。联系到下文 "闻已从匀所编刻板" 亦属误闻，纪氏在此处有误述当亦不奇怪。

② 王希伊：《清白堂存稿》上册卷 2，抄本。

《存稿》正集（即《白田草堂存稿》）二十四卷，这是王氏文集的初次刊刻。后来，在原板基础上又增刻了雷鋐序等内容。增刻应该是在乾隆二十七年之后进行的，因为：乾隆十五年拟刊刻王氏文集时，王氏家人曾请雷鋐作序，但雷序直到乾隆二十七年才写成，然后刻入《白田草堂存稿》中。因此，目前所见附有雷序之《白田草堂存稿》，应该就是乾隆二十七年之后的增刻本，如《四库全书存目丛书》本和《清代诗文集汇编》本①。

　　此外，王懋竑还有诗文集《白田草堂续稿》，我目前所见有两个本子：其一为国图本。国图本题名为"白田存稿续集"，无前后序跋，版式、行款与正集（即《白田草堂存稿》二十四卷）同，应该也是王氏家刻本。卷末署有"五世孙惟贤校字"，惟贤为王希伊之孙，估计刻此书当在乾隆之后了。此书一共十七卷，前十二卷均为"杂著"，后五卷为"书"（即书信）。其中卷一至十一、卷十三至十四，书口均标明卷次（如"卷之一""卷之二"等），但卷十二、卷十五至十七，则只标卷之口（留空），有可能是刻版未最后完成所致②。此书应是临时刷印之本。其二为《清代诗文集汇编》本。《清代诗文集汇编》所收的《白田草堂续稿》，原为中华书局藏稿本，卷端题：白田草堂续稿。此书共收诗文八卷，用带格子的纸抄成，其中有修改的痕迹。其行款与国图本不同。因此，此书确实可能是稿本或誊清稿本，后又据此再誊写上版（依正集的

---

　　① 《四库全书存目丛书》本《白田草堂存稿》二十四卷附行状一卷，除了多出"崇祀乡贤祠录"及"例义"等内容外，其余与《清代诗文集汇编》本（上海古籍出版社 2010 年版）《白田草堂存稿》二十四卷完全相同。卷后所署的校、写者姓名亦同，可见两书所据以影印之本为同一版本。《四库全书存目丛书》本所收的"崇祀乡贤祠录"，其中有关于乾隆二十六年的记载；所收的雷鋐序，也是作于乾隆二十七年，均说明该本所据以影印的乾隆刻本只能是乾隆二十七年之后的增刻本。至于《清代诗文集汇编》所据以影印之本，原署为清乾隆十七年刻本，也是不对的，因为该书书前亦有雷鋐序。而且，该书书前还收有《四库全书简明书目》中《家礼》八卷、《神农本草经疏》三十卷、《说学斋稿》四卷三书的提要。这三则提要均提到了王懋竑，尤其是强调其考证之功。《四库全书简明目录》是乾隆四十九年（1784）始印行的，因此，该刻本之印行时间较《四库全书存目丛书》所据之本可能更晚。该刻本封面题"王白田全集（杂著九卷，序誌六卷，书启五卷，诗集四卷），本祠藏板"，可据以推知：王氏家人原拟刻王懋竑全集，而《白田草堂存稿》是作为全集之一部分刊刻的。因此，《四库总目》"《白田杂著》提要"所提及的《白田草堂全集》，其实即指的是《白田草堂存稿》二十四卷。

　　② 书中错字多，挖改之处也较多，亦可证明其为初印本。

版式），即刻成上述的国图本。

王氏家人在乾隆初年即拟刻印《白田草堂存稿》，于乾隆十七年（1752）刻成。《白田草堂存稿》在乾隆二十七年后又曾增刻过，加入了行状、雷序等内容。因此，《白田草堂存稿》自乾隆十七年刻成后，王氏家中即有存版，随时可以增刻刷印。1801年，朝鲜使团成员柳得恭在抵达北京后，第二天就去拜访了纪昀，询问徐滢修所托买书事。据柳得恭《燕台再游录》载："……余曰：'如《白田杂稿》可得否？'晓岚曰：'此本寒家之本，一入官库，遂不可得。幸王懋竑有文集，此书刻入其集中，亦托人向镇江府刷印也。'"①王氏为宝应人，当时宝应属扬州府，纪氏可能误认为属镇江府。纪氏在上述信中提及听说《白田杂著》已刻成，在此又说可以通过刷印文集来获得《白田杂著》，可见信中所言应属误听，可能是指《白田草堂存稿》在乾隆后期的增刻本而言的。否则，如有单独的《白田杂著》刻本，为何还要刷印文集呢？总之，王氏可能觉得《白田杂著》之改编价值不大，而《白田草堂存稿》早已刻成，原板仍存，没有必要为了其简单的差别而专刻《白田杂著》。后来，纪氏获悉王家并未刻成《白田杂著》，只好向朝鲜人解释《白田草堂存稿》中即有其内容，可以据以刷印。

那么，纪昀是否为徐滢修刷印了《白田草堂存稿》（《白田杂著》）呢？笔者认为，纪氏可能并没有为徐滢修刷印了《白田草堂存稿》（《白田杂著》），有三点可以证明。

其一，查韩国延世大学中文系全寅初教授主编的《韩国所藏中国汉籍总目》（全6册，2005年韩国学古房出版），其中并没有著录《白田草堂存稿》和《白田杂著》。

其二，查"韩国古典综合数据库"，没有发现有关于朝鲜人见到过《白田草堂存稿》或《白田杂著》的记载。又查张伯伟编《朝鲜时代书目丛编》（中华书局2004年版），亦没有著录《白田草堂存稿》和《白田杂著》。

其三，李朝人朴珪寿《瓛斋先生集》卷十"与沈仲复秉成"载："王

---

① ［韩］林基中编：《燕行录全集》卷60，韩国东国大学校出版部2001年版，第265—266页。

懋竑《白田杂著》几(凡)为几卷,市肆中当有之,而向亦求而未得,前后托人求之而终未见焉。此公之笃实精博,并无门户之见,最所钦服,而恨未见全书耳。"① 朴珪寿(1807—1877),字瓛卿,号瓛斋,朝鲜潘南(今韩国全罗南道罗州)人,朝鲜著名实学思想家朴趾源的孙子,为朝鲜高宗时的重臣,官至右议政。沈秉成(1823—1895),字仲复,浙江归安人,藏书家。可见,朴氏也没有见过《白田杂著》。

至于纪昀没有为徐滢修刷印了《白田草堂存稿》(《白田杂著》)的原因,目前还不是很清楚。

综上所述,通过对纪昀与《白田杂著》之改编关系的分析,可以有助于我们更深入地认识《四库》编修的有关问题。

首先,王懋竑《白田杂著》一书,并不是由王氏自编的,也不是由其家人或弟子等有关人士所编,而是在四库馆开馆后由纪昀将家藏王氏"杂著"改编、重拟书名并送入四库馆的。《四库》收录的《白田杂著》,也就成为该书唯一的定本。显然,没有纪昀之改编,也就没有所谓的《白田杂著》一书。如果不是借助纪氏私信之所述,我们根本无从知道这一点。

其次,四库馆书的返还问题。当时未返还的原因固然有很多,其中之一是藏书者主动表示不用返还,但是,纪氏显然是希望能够返还的。尽管如此,纪氏所献之书也没有返还。可见,进呈之书未返还确实是一个普遍的现象。由此可看出,四库馆所征个人献进之书后来大多没有被返还,就不难理解了。作为总纂官的纪氏,尽管对藏书未能返还有微词,但也颇感无奈。因此,对于一般献书者而言,对所献之书未返还也肯定是无可如何的。

再次,《四库》修成后,大多数底本都交由翰林院收藏。乾隆五十七年(1792),法式善任翰林院功臣馆提调官,负责对翰林院中修《四库》余下的大量图书进行清理②。按常理来说,纪氏从翰林院中借出《白田杂著》再转录一部,较之辗转托人从南方搜寻更为方便。但是,纪昀在前引信中却说不好找:"正本已交官库,为《四库全书》之底稿,钤印秘藏，不可复得。"这是因为当时未清点好，还是确实受管理规定所限呢？关于此问题，还有待进一步的研究。

最后，关于馆臣在《四库》修书过程中的一些偏私行为，目前四库学论著中已有所论及。例如，郑伟章、江庆柏等均已对纪昀之偏私有所揭露①。显然，从纪昀对《白田杂著》一书之处理看，亦能发现其偏私的一面。因此，本节所述对前人的研究有一定的补益作用。

三　关于《论语集解义疏》流传的三个问题②

皇侃《论语集解义疏》十卷在乾隆年间由商人汪鹏自日本带回国后，一者上四库馆，被收入《四库全书》，又通过武英殿刊行（在乾隆五十二年），备受重视；一者曾被刻入《知不足斋丛书》，流传更广。关于此书流传的研究目前虽已取得不少成果③，但是其流传过程中的一些细节问题仍有探讨之必要。例如，汪鹏是何时从日本带回《论语集解义疏》的，该书的《四库》采进本是何人呈送的，鲍廷博与《论语集解义疏》初刻本（即王亶望刻本）有何关系？这些问题在国内相关研究中难以找到准确的答案。最近，笔者读到日本学者松浦章《浙江商人汪鹏（汪竹里）与和刻本〈论语集解义疏〉》一文④，其中引用了浙江巡抚王亶望于乾隆四十四年的一份奏折，可以有助于解答上述问题，兹全文照录于此：

　　浙江巡抚臣王亶望跪奏为恭进皇侃《论语义疏》仰祈圣鉴事。窃照浙省商人认办铜斤，前赴东洋贸易。有商伙仁和县监生汪鹏，其人通晓文义，从前曾在臣衙门管理笔墨。兹据自东洋回籍，呈缴日本国所刻皇侃《论语集解义疏》一部。谨按，侃为六朝梁时人，官国

① 参见郑伟章编著《书林丛考：增补本》，岳麓书社 2008 年版，第 489—490 页；江庆柏《四库全书私人呈送本中的家族本》，《图书馆杂志》2007 年第 1 期。

② 本节为与周天爽博士合作。

③ 参见陈东《关于皇侃〈论语义疏〉的整理与研究》，《恒道》2005 年第 3 期；刘咏梅《皇侃〈论语义疏〉研究》，硕士学位论文，曲阜师范大学，2006 年；李玉玲《皇侃〈论语义疏〉堂本、斋本比较研究》，硕士学位论文，曲阜师范大学，2013 年。

④ ［日］松浦章：《浙江商人汪鹏（汪竹里）与和刻本〈论语集解义疏〉》，载［日］松浦章《清代帆船与中日文化交流》，张新艺译，上海科学技术文献出版社 2012 年版。

子助教,见《梁书·武帝纪》。所著《义疏》,见晁公武《郡斋读书志》、马端临《文献通考》,其书在今所行邢昺《论语疏》之前。朱子谓:昺之《疏》即侃之本。至明焦竑《经籍志》,尚列其名,明末诸藏书家书目始无著录者。朱彝尊《经义考》亦云未见,不知何以流传该国。尚有其书,相应呈进,伏候我皇上裁定,或可备《四库全书》采择。至该国此本系庚午年所刊,其国人服元乔作序,文中以中土为海外,议程朱为经生,盖蛰虫闭户、封己见小之说,自应撤去。谨粘签另册,一并恭呈御览,仰祈皇上睿鉴。谨奏。

朱批:知道了。

乾隆四十四年九月二十七日。"

据此奏折可以明确获知,《论语集解义疏》是浙江巡抚王亶望于乾隆四十四年(1779)九月呈进四库馆的。但是,松浦章的文章并没有对上述三个问题提供令人满意的解答,例如,关于前两个问题,松浦章的文章有所涉及(即认为汪鹏在乾隆四十三年购得此书,并将此书送给浙江巡抚衙门),但其没有作论证;关于第三个问题,则根本没有论及。因此,本节在松浦章文章的基础上,以该奏折为依据,再参考其他材料,试图解答上述三个问题。

(一)汪鹏何时从日本带回《论语集解义疏》

陈东在《关于皇侃〈论语义疏〉的整理与研究》中认为:"乾隆三十六年(1771),武林汪鹏航海至日本,购得《论语义疏》而还。次年,乾隆三十七年(1772),乾隆帝谕天下遍访遗书,准备编纂《四库全书》。浙江省也设立了遗书局,布政使王亶望亲为总裁,锐意收集遗书。汪鹏趁机将新得的珍本《论语义疏》献给了遗书局。王亶望得之大喜过望,急忙将此书进呈四库馆。"也就是说,乾隆三十六年(1771),汪鹏从日本购得《论语义疏》而带回国。陈东虽然没有明确指出呈进四库馆的时间,但据其上下文来推测,应该是指在乾隆三十七年。上述观点在学界较有代表性①。

---

①　前注所引的刘咏梅《皇侃〈论语义疏〉研究》与李玉玲《皇侃〈论语义疏〉堂本、斋本比较研究》均采用了此观点。

　　虽然陈东在文章中并没有交代得出上述观点的依据，但我推测其依据应为翟灏《四书考异》。翟灏《四书考异》载："愚于乾隆辛巳（乾隆二十六年）从堇浦杭先生（杭世骏，字堇浦）向小粉场汪氏（指藏书家汪启淑）借阅此书（指《七经孟子考文补遗》），知彼国尚有皇侃《义疏》，语于杭。杭初不深信，反复谛观，乃相与东望叹息。逡巡十年，众友互相传说。武林汪君鹏航海至日本国，竟购得以归，上遗书局。长塘鲍君廷博椠其副于《知不足斋丛书》中，以初模一本见馈，不啻获珍珠船也。"① 据此条材料可知，乾隆二十六年，翟灏获知日本有《论语集解义疏》；大约过了十年（即"逡巡十年"），也就是乾隆三十六年，汪鹏从日本带回《论语集解义疏》。翟灏《四书考异》还载："自宋淳化初，命邢昺等重定《论语》诸疏，邢《疏》颁行，皇《疏》遂以废……今乾隆三十七年，天子诏征遗书，海内外欣跃访购。有自日本国得侃疏本上献者，六百余年沦失古书，重得为下士所见，诚厚幸哉。"② 我们粗看此条材料，有可能认为，《论语集解义疏》是在乾隆三十七年被呈进四库馆的。但是，如果仔细分析此条材料则会发现，其中并没有明确说呈进《论语集解义疏》在乾隆三十七年，而只是说朝廷征书是从乾隆三十七年开始。而且，我们据上述王亶望奏折已经可以明确否定乾隆三十七年进呈此书之观点。那么，乾隆三十六年汪鹏从日本带回《论语集解义疏》的观点是否正确呢，这需要稍加分析。

　　如前所述，松浦章认为汪鹏是在乾隆四十三年将《论语集解义疏》带回中国的，其主要依据应该是上述的奏折，但松浦章没有在文中作具体的说明。笔者认为松浦章的说法是比较合理的，兹论证如下。

　　其一，如果汪鹏于乾隆三十六年即已带回《论语集解义疏》，为何王亶望于乾隆四十四年九月才呈进四库馆？这不好解释。而且，从奏折原文看，汪鹏应该是在回国后不久而不是在过了若干年后将此书献给王亶望的。

　　其二，当时在浙江杭州书局任职且后来参与校刻《论语集解义疏》

---

　　① 翟灏：《四书考异》上编卷32《前人考异本》，上海古籍出版社1996—2003年影印《续修四库全书》本，第167册，第136页。

　　② 翟灏：《四书考异》上编卷31《古注朱注略说》，《续修四库全书》本，第130页。

的朱休度于乾隆四十四年才看到来自海舶（洋商）的此书。据钱仪吉《山西广灵知县名宦朱君事状》载："乾隆己亥（四十四年），始获皇氏侃《论语义疏》于海舶，君（指朱休度）因著《皇本论语经疏考异》。"① 其时进呈之书都要经过书局办理，故此记载应该比较可信。

其三，吴骞于乾隆四十六年仲秋作《皇氏论语义疏参订》序云："梁皇侃《论语义疏》十卷……前岁武林汪君航海至日本，得其本以归。"汪君，即汪鹏。前岁应指乾隆四十四年。

其四，据松浦章《浙江商人汪鹏（汪竹里）与和刻本〈论语集解义疏〉考证》，汪鹏作为船主到达日本共有八次，分别为：乾隆二十九年（1764）、三十七年、三十八年、三十九年、四十一年、四十二年、四十三年和四十五年。汪鹏获得《论语集解义疏》应该是在乾隆四十三年。汪鹏于乾隆四十三年二月到达长崎，在逗留期间获得《论语集解义疏》。汪鹏回国后，将其送给王亶望，时间估计是在乾隆四十四年。

综上所述，汪鹏于乾隆四十三年在日本购得《论语集解义疏》带回国后，于乾隆四十四年献给王亶望。经过浙江书局审查后，王亶望于乾隆四十四年九月将此书进呈四库馆。那么，前述乾隆三十六年进呈的观点如何解释呢？笔者认为，翟灏过了十几年后回忆前事所记之时间未必准确，而且，"逡巡十年"可能只是泛称十余年，并非指整十年。

（二）是汪鹏还是鲍廷博将《论语集解义疏》献给王亶望

汪鹏与鲍廷博关系密切。汪鹏曾受鲍氏之托往日本求书，并将在日本搜得之《古文孝经孔氏传》送给鲍氏。有种种迹象表明，汪鹏自日本购归《论语集解义疏》后不久（大约也在乾隆四十四年），鲍氏即获得了此书之副本。那么，王亶望献给四库馆之《论语集解义疏》，是出自汪鹏还是鲍廷博之手？陈东在《关于皇侃〈论语义疏〉的整理与研究》一文即提到："四库采进本是汪鹏所献还是由鲍廷博所献？何时所献？关系到四库本皇疏文字改动的年代与责任问题，但现在还依然是个谜。"

笔者认为，进呈四库馆之《论语集解义疏》是由汪鹏献给王亶望（当时主持浙江书局）的，其依据主要有五点。

---

① 钱仪吉：《衍石斋记事稿》卷8，《续修四库全书》本，第1508册，第638页。

其一，前引翟灏《四书考异》载："武林汪君鹏航海至日本国，竟购得以归，上遗书局。"这里明确说汪鹏将《论语集解义疏》献给遗书局（即浙江书局）。

其二，王亶望在前引奏折中只提到汪鹏而没提鲍廷博，可见，献书应该与鲍廷博没有什么关系。

其三，王亶望在前引奏折中称："汪鹏，其人通晓文义，从前曾在臣衙门管理笔墨。"这说明他们两人本就认识，且暗示书是其亲自送来的。

其四，汪鹏对《四库》征书之事颇了解，据日本人木村兼葭堂《翻刻清版〈古文孝经〉序跋引》云："安永四年乙亥，汪竹里航海，艳说《四库全书》之举。"① 汪竹里，即汪鹏（号竹里山人）；安永四年，即乾隆四十年。因此，汪鹏将搜得之书献给浙江书局是很正常的。

其五，如果是鲍氏将《论语集解义疏》送给浙江书局的，那么鲍氏肯定会有文字述及，因为这是其荣耀之事。但是，鲍氏相关题跋及卢文弨为鲍刻本《论语集解义疏》所作之序均没有提及此事。此外，如果是鲍氏送的，应该会在王亶望奏折中提及或在该进呈本中有相应的标记，例如，鲍廷博之前献给四库馆的书都是以其子鲍士恭的名义献的，在《四库全书总目》著录其所献之书中均有明确的标记：浙江鲍士恭家藏本。但是，王亶望奏折中既没有提及鲍氏，《四库全书总目》也只是将《论语集解义疏》标记为浙江巡抚采进本。

综上所述，将《论语集解义疏》献给浙江书局（王亶望）的应该是汪鹏而不是鲍廷博。

（三）鲍廷博与《论语集解义疏》初刻本是何种关系

陈东在《关于皇侃〈论语义疏〉的整理与研究》中指出："王亶望在将日本原刻本《义疏》进献四库馆的同时，也为自己以巾箱本的形式翻刻了一部，请鲍廷博予以校正，后遂刊行于世。"此巾箱本即为王亶望刻本，亦可称为《论语集解义疏》初刻本（或《知不足斋丛书》初刻本）。民国十年上海古书流通处影印的《知不足斋丛书》所收即为此本。此本与通行的《知不足斋丛书》本不同，保留有王亶望参与刻书的相关记录：

---

① 转引自［日］松浦章《浙江商人汪鹏（汪竹里）与和刻本〈论语集解义疏〉》，第146页。

书题"论语集解义疏";黑口,四周单栏,半页9行,每行20字,无鱼尾;经注文单行,疏文双行;每卷首三行署:魏何晏集解,梁皇侃义疏,临汾王亶望重刊(日本根逊志本此处原署:日本根逊志校正);每卷卷末依次署题校者为:仁和汪鹏校字,临汾樊士鉴校字,秀水朱休度校字,临汾王裘校字,临汾王棻校字,仁和孙丽春校字,临汾王焯校字,钱塘温廷楷校字,临汾王祜校字,钱塘汪庚校字。通行的《知不足斋丛书》本则将上述"临汾王亶望重刊"和各卷校者署名均删除,而且参照《四库全书》本作了相应的改动,又于书前增加了乾隆五十三年(1788)卢文弨为《知不足斋丛书》本《论语集解义疏》所作的序文:"吾乡汪翼沧氏常往来瀛海间,得梁皇侃《论语义疏》十卷于日本足利学中……新安鲍以文氏广购异书,得之,喜甚,顾剞劂之费有不逮。浙之大府闻有斯举也,慨然任之,且属鲍君以校订之事,于是不外求而事已集。既而大府以他事获谴死,名不彰,人曰是鲍子之功也。以文曰:吾无其实,敢冒其名乎?谓文弨曰:是书梓成时未为之序者,人率未知其端末。夫是书入中国之首功,则汪君也;使天下学者得以家置一编,则大府之为之也。春秋褒毫毛之善,今国法已伸,而此一编也,其功要不容没。子幸为之序,而并及之,使吾不尸其功,庶几不为朋友之所讥责,吾得安焉。"浙之大府,指的就是浙江巡抚王亶望①。

据王亶望刻本看,其中并没有鲍廷博参与校订此刻本的记录,那么,卢文弨序中说"且属鲍君以校订之事"(也就是前引陈东文中所说的"请鲍廷博予以校正")又是怎么回事呢?鲍氏与王亶望刻本是何关系呢?

综合卢序及王亶望刻本的具体情况看,笔者认为王亶望刻本的校刻过程应如下所述。

首先,刻印《论语集解义疏》之发起当为鲍廷博。如前所述,鲍廷博于乾隆四十四年(1779)即已获得此书之副本。当时鲍氏正在编刻《知不足斋丛书》,因此,一旦得到珍贵之图书,应该会考虑将其刻入此

---

① 刘尚恒认为"大府"是闽浙总督陈辉祖,不对。参见刘尚恒《鲍廷博年谱》,黄山书社2010年版,第146页。

丛书。而且，鲍氏于乾隆四十一年即将从日本寻归的《古文孝经孔氏传》刻入《知不足斋丛书》第一集，因此，他有将《论语集解义疏》刻入丛书的想法是完全可以理解的。但是，由于经费欠缺①，他便想到找浙江巡抚王亶望帮忙。他与王亶望本就相熟，在浙江书局中多有合作，而且当时鲍氏正承担翻刻聚珍本之事，也与王氏多有合作。

其次，王亶望答应资助，并承担校订的任务。王氏为何愿意资助呢？主要因为：一方面王氏也想刻书留名；另一方面，这些钱对他来说并不算多大负担（乾隆四十六年查办王亶望案即已证实王氏是大贪官）②。王氏为何愿意承担校订任务？一方面，既想留名，那么校订是在刻印古书中留名之理想途径；另一方面，他可以很容易找人来助其校订，而且当时他已审查过此书（应该主要是由朱休度等书局中人办理的）。据王亶望刻本可知，全书十卷分别由十人负责校字，每人一卷，并在卷后刻上校字者姓名。这十人可分为两类，一类为王亶望之幕僚或下属：汪鹏、樊士鉴、朱休度、孙丽春、温廷楷、汪庚。樊士鉴为举人（后于乾隆四十五年中进士），是王亶望之同乡，应属王氏之幕僚。朱休度是浙江嘉兴举人，曾在杭州书局和为乾隆南巡而设的杭州总局任职（主要经理书画等事）。汪庚，是浙江钱塘生员，是杭州大藏书家汪启淑之子，曾承刊朝廷发下浙江翻刻的聚珍本③。孙丽春（浙江仁和人，泰顺县试用训导），曾任朝廷发下浙江翻刻的聚珍本的校字④。温廷楷，钱塘人，估计也在杭州总局中任职。以上诸位为王氏校书可视为其本职工作。至于汪鹏，亦曾在王氏衙门工作，又是献书者，未必亲自参与校订工作，但仍列名校者（而且是居于首卷），可能主要因为王氏有奖励其献书之意。另一类为王亶望之儿

---

① 《知不足斋丛书》之编刻经常会遇到资金问题，这从该丛书之凡例上之征刻资广告亦可看出。

② 乾隆三十九年编刻《浙江采集遗书总录》时，王亶望亦捐资助刊。参见沈初等撰，杜泽逊、何灿点校《浙江采集遗书总录》，上海古籍出版社 2010 年版，黄璋跋。

③ 鲍廷博在获得明汪道昆刻刘向《列女传》十六卷原板后拟印刷，请卢文弨写了一篇序，而这篇序就是请汪庚书写上板的。刘尚恒：《鲍廷博年谱》，第 93 页。可见，鲍氏与汪庚关系也不一般。

④ 参见丁申《武林藏书录》卷上《重刊聚珍版诸书》，上海古籍出版社 2005 年版，第 24—25 页。

子:王裘、王棻、王焯、王祜。其中王祜当时尚年幼(不满六岁。档案中名为王佑①),应该只是列名而已。至于另外三位是否真正参与,也不好说。总之,王亶望应该确实组织人员对《论语集解义疏》做过校订。例如,据前引钱仪吉《山西广灵知县名宦朱君事状》载:"乾隆己亥(四十四年),始获皇氏侃《论语义疏》于海舶,君(朱休度)因著《皇本论语经疏考异》。"显然,朱休度著《皇本论语经疏考异》(已佚)即与校订之事有关。

最后,王亶望将校订好的《论语集解义疏》交由鲍廷博刊刻。上述"且属鲍君以校订之事",可能是指由鲍氏刊刻而言的,因为刊刻时亦会有校对。至于以往学者多以为《论语集解义疏》由王亶望刊刻,王氏被处死后而板归鲍氏②,笔者认为这一观点是不对的。兹论证如下。

其一,对于王亶望而言,将《论语集解义疏》交由鲍廷博刊刻是当然的想法。这与翻刻聚珍本的运作模式是一样的。据丁申《武林藏书录》、傅以礼《藏书题识、华延年室题跋、雁影斋题跋》相关记载可知,乾隆四十二年(1777),朝廷颁发下聚珍本让浙江翻刻。翻刻工作由浙江大员如浙江巡抚王亶望等主持、督刊,由杭州书局人员如孙丽春等负责校字,由鲍廷博等四位杭州的大藏书家承刊③。《论语集解义疏》的刻印也如此运作:由王亶望督刊,所以署"临汾王亶望重刊";由书局人员校字,如孙丽春,既为聚珍本校字,又为此书校字;最后由鲍廷博承刊。刻印《论语集解义疏》约在乾隆四十五年,与翻刻聚珍本时间相近,故便于按同一模式来操作。另外,据法式善《陶庐杂录》载,鲍氏承刊的聚珍本有38种290卷④。乾隆年间发下浙江翻刻的聚珍本一共才39种,而

---

① 参见[日]松浦章《浙江商人汪鹏(汪竹里)与和刻本〈论语集解义疏〉》,第146页。

② 缪荃孙《艺风堂文续集·外集·日本访书记》(《续修四库全书》本,第1574册,第285页)载:"汪翼沧得梁皇侃《论语义疏》十卷于足利学,浙抚王亶望刻之,后归鲍氏(初印本卷一衔名三行,首魏何晏集解,次梁皇侃义疏,三行王亶望校刊。王伏法后,板归知不足斋,改三行为二行而削去王名)。"陈东《关于皇侃〈论语义疏〉的整理与研究》亦认为:"乾隆四十七年(1782),王亶望因贪污获罪自尽,《义疏》木板归鲍廷博所有。"其实,王亶望并非自尽,而是被处死的。

③ 参见丁申《武林藏书录》卷上《重刊聚珍版诸书》,第24—25页;汪璐辑,傅以礼撰,李希圣撰,李慧、主父志波校点《藏书题识、华延年室题跋、雁影斋题跋》卷上《钦颁武英殿聚珍版书浙刻本》,上海古籍出版社2009年版,第95—96页。

④ 法式善撰,涂雨公点校:《陶庐杂录》,中华书局1997年版,第133—134页。

鲍氏即承刊了 38 种，似乎不太可信（估计有虚高的成分）。但不管如何，鲍氏承担了较多聚珍本的翻刻是肯定的，因而其花费也是相当巨大的。据此来看，当时鲍氏要刻《论语集解义疏》而缺钱确实事出有因，而他向王亶望求助亦属正常之举（相当于互相帮助）。

其二，王亶望刻本《论语集解义疏》也符合鲍氏知不足斋刻本之特点。《论语集解义疏》与翻刻聚珍本、鲍氏《知不足斋丛书》一样，都采用巾箱本（或称袖珍本）装印。但是，需要注意的是，翻刻聚珍本与丛书的行款完全相同，均为半页 9 行，每行 21 字，而王亶望刻本《论语集解义疏》的行款却为半页 9 行，每行 20 字，为什么呢？这主要有两方面的原因：首先，覆刻原书的结果。王氏刻本之底本为日本根逊志刻本，其行款即为半页 9 行，每行 20 字①。至于为何要覆刻原书，则可能一方面是遵照王氏之意；另一方面是考虑刻印之方便，因为原书有大小字、正文与疏文之区分，不便改动版式。其次，鲍氏《知不足斋丛书》所收也有个别书的行款是半页 9 行，每行 20 字的，例如，《赤雅》《客杭日记》《对床夜话》即如此。可见，这种行款在鲍氏刻书中也并非特例。而且，尤其需要注意的是，以上《赤雅》等三书均曾作为鲍氏知不足斋单刻本印行，后来才被收入丛书（收入时行款仍照旧），这与《论语集解义疏》的情况完全相同。因此，鲍氏一开始就是将《论语集解义疏》作为鲍氏知不足斋单刻本来印行的，后来才将其收入丛书第七集。

其三，吴骞于乾隆四十六年（1781）仲秋作《皇氏论语义疏参订》序云："梁皇侃《论语义疏》十卷……前岁武林汪君航海至日本，得其本以归。予友鲍君以文读而异之，亟为开梓，以广其传。数百年湮晦之书，一旦可使家学而人习之，谓非治经者一大幸与！"② 吴骞序显然是针对初刻本而言的，且明确说这是鲍氏刻的。吴骞序作于乾隆四十六年仲秋（八月），其时已完成了《皇氏论语义疏参订》的写作，而且所据主要是鲍刻本《论语集解义疏》③，因此，《论语集解义疏》的刻印时间应远早

---

①　王亶望刻本《论语集解义疏》版式仿照根逊志本，只是省略了原书中的日式标点和假名。

②　吴骞：《皇氏论语义疏参订》卷首，钞本。

③　吴骞《皇氏论语义疏参订》卷首凡例云："凡经注中异文，援证他书，但以鲍氏新刻本为主。"

于乾隆四十六年仲秋，估计是在乾隆四十五年。如果如之前所认为的，《论语集解义疏》由王亶望刻印，板存王氏处，后来因为王氏被处死而板归鲍氏，再由鲍氏重印，那么，乾隆四十六年七月王亶望才被收监，八月被处死，鲍氏怎么可能在乾隆四十五年就获得其板片而重印呢？吴骞怎么可能于乾隆四十六年八月即已完成《皇氏论语义疏参订》的写作呢？

其四，王氏被处死后板归鲍氏的说法，既不符合时间（如上述），也不符合情理。首先，板存王氏，案发后归鲍氏，这一说法目前并没有直接材料证明。后人多据板在鲍氏处而有此猜测，而没想到板原来即在鲍氏处，本就为鲍氏承刊的。其次，王亶望案为朝廷大案，牵涉面广，鲍氏应该会尽量撇清与其关系，为何要急急求得此板？何况他在初刻本上并没有留下什么痕迹，不需要刻意去修改。此板已印行，鲍氏也有其书，又缺钱，要刻印的书还有很多，没有必要购入其板片。相反，如果板片原来即属于自己，则会想方设法印行以售卖。最后，据王亶望案的相关档案看，当时涉案资产要查封一段时间后再充公，在短时期内不太可能将板片售予鲍氏。那么，有没有可能是案发前卖给鲍氏的呢？也就是说，王氏在案发之前即已将书板卖予鲍氏。笔者认为这种可能性也不大，因为王氏何必刚刻好就卖，而且鲍氏又说因缺钱而无法刻此书，怎么可能反而有钱去买现成的书版呢？

总之，王亶望只是赞助刻资，并负责校订，而由鲍氏负责刻板，板片仍归鲍氏，由其印行售卖。因此，尽管此书书前署"临汾王亶望重刊"，但是吴骞仍理解为鲍氏所刻。与他同样理解的还有翟灏，他在前引《四书考异》中也认为《论语集解义疏》是鲍氏刻的："武林汪君鹏航海至日本国，竟购得以归，上遗书局。长塘鲍君廷博椠其副于《知不足斋丛书》中，以初模一本见馈，不啻获珍珠船也。"正因为刊印由鲍氏承担，所以书板一直存于鲍氏之处。到王氏案发后，即削去其名和各卷校订者之名而重印①。

_____

① 鲍氏重印《论语集解义疏》时又觉得有必要记下王氏之功劳，故请卢文弨写了篇序冠于书首。不过，为了避嫌，序中只以"大府"代指王亶望。至于民国十年上海古书流通处影印的《知不足斋丛书》本《论语集解义疏》，所据为王亶望刻本，但又有卢序，应该是后来加入的。可参顾洪《王亶望与〈知不足斋丛书〉本〈论语义疏〉》，《文史》第28辑（1987年）。

需要注意的是，鲍氏在重印时除了将王亹望之名删除外，还将每卷原有的校订者姓名均删除，这些人当时均应在世，不怕被人指责吗？笔者觉得主要是因为：其一，原书基本是照日本根逊志本覆刻的，这些校订者的工作其实并不重要。其二，校订者中有四位为王亹望之子，鲍氏恐有嫌疑。既然删除了这四位，其余六位也不便保留。其三，在重印时，鲍氏已参照《四库》本重新进行了修改①，不想将最新的校订成果归美于原有之校订者。

此外，陈东在《关于皇侃〈论语义疏〉的整理与研究》中认为：初刻《论语集解义疏》是在乾隆四十年（1775）左右。这显然是不对的，因为《论语集解义疏》于乾隆四十三年才由汪鹏从日本购归。至于前引松浦章文章认为，在乾隆四十五年年底前完成了《论语集解义疏》的校订。这应该稍有误差，因为参与校订的樊士鉴于乾隆四十五年初考中进士，朱休度也于是年乾隆南巡后离开杭州总局（约在五月），因此校订工作应该在乾隆四十五年年初即已完成。至于刻印完成的时间，据前述吴骞于乾隆四十六年仲秋即已写成《皇氏论语义疏参订》看，应该是在乾隆四十五年。

综上所述，王亹望出资助鲍廷博刊刻《论语集解义疏》，并承担校订任务。鲍氏约在乾隆四十五年（1780）刊成此书，并保存其版片。乾隆四十六年八月王氏因贪污罪被处死后，鲍氏将原版中王氏及各卷校订者的姓名削去而重印，收入其《知不足斋丛书》第七集中。

以上关于《论语集解义疏》流传问题的探讨，还有助于重新认识四库馆征书的持续时间。一般认为，至乾隆四十三年（1778）八月，江西附解"堪备选择"的数种书籍之后，各省就再也没有进呈书籍，四库馆征书工作遂告全部结束。但是，《论语集解义疏》是在乾隆四十四年九月由浙江巡抚王亹望呈进四库馆的，而且很快就被采入《四库全书》中（文渊阁《四库全书》该书的校上时间是乾隆四十六年），这说明，零星的呈进在乾隆四十三年八月之后依然存在。

---

① 其改动情况参见顾洪《皇侃〈论语义疏〉释文辨伪一则》，《文史》1985年第25辑。

结语　明清民间社会的"书籍之交"*

　　学界对中国古代图书的商业流通研究较多，而对非商业流通研究较少。与西方将商品性当作书籍的第一属性不同，中国传统士大夫更愿意将书籍看作为文化、身份的象征，用来阅读、收藏乃至送礼、求名等。可以说，中国古代相当多的书都不是为了买卖而出版的。与此相应，古代书籍流通中非商业性流通比重较大，如传抄、赠书等。促使非商业性流通普遍存在的原因很多，例如，士大夫之间的私人交往多，赠书、相互传抄比较普遍，抄书便宜、方便迅捷，书价一直偏高，商业流通渠道不畅等。那么，如何把握非商业性流通的关键问题呢？笔者认为，应该从"书籍之交"入手。

一　什么是"书籍之交"

　　什么是"书籍之交"？从商业性来区分，中国古代图书流通可分为商业性流通与非商业性流通。商业性流通方式，包括买卖、租赁等。非商业性流通方式，包括颁赐、赠送、借阅、征集、展示等。其中，颁赐、征集主要是官方行为，因此，明清民间社会的非商业性图书流通主要采用赠送、借阅、展示等方式。商业性流通的核心要素是金钱（钱），民间非商业性流通的核心要素是人情（情）。当然，这个情，既可指感情，也可指

　　* 原文发表于《历史教学问题》2015年第4期。参与讨论者有：张升、张舰戈、周天爽、李奥林、黄姗、洪慧媛、程盼盼、杨翰戎。收入本书时稍作修改。

人情世故。这里所说的"书籍之交",即是指民间非商业性流通而言的。

总之,所谓书籍之交,是指民间非商业性的书籍往还,包括赠送、借阅、临时展示等。因为这种书籍往还是以人情为纽带的,所以笔者将其称为"书籍之交"。

中国古代藏书家多藏而不借,这是大背景。但是,在此大背景下,书籍之交在一定范围内还是相当活跃与发达的。在熟悉的圈子内,图书不但可以借阅,甚至还可以赠送。另外,书籍之交并不只是针对藏书家而言的,它存在于社会的各个角落。可以说,藏而不借、书籍之交这一对矛盾,一直贯穿于整个中国的图书流通史中。

为什么要用"书籍之交"来概括明清民间社会非商业性图书流通现象?

最近一些年,笔者比较关注图书流通问题,也一直希望在这方面的研究上有所突破。之所以提出这一概念,主要有五个方面的原因。

其一,促进文献学尤其是文献流通的研究。文献学一向不太重视对流通的研究,以至于许多问题不甚了了。笔者认为,我们要研究活的文献,而文献流通就反映了文献活的一面。文献是活的,而且总在流通中,因此,书价、书商、书坊、书船、行业公约、行业神、公私流通、流通渠道(赐、赠、购等)等,都是我们的研究范围。我最近在编写文献学教材,就专门设一章谈文献的流通,强调从动态的角度研究文献的一生。

其二,受新书籍史的影响。从20世纪五六十年代开始,西方兴起了文献学与史学等其他学科相结合的书籍史研究。与传统的书籍史相比,新兴的书籍史注重将其视为整体史的一部分,更注重用社会史、文化史的方法来研究书籍,并且注重开发以往书籍史涉猎较少的领域(如传播、阅读等),进而通过书籍来研究社会、历史。因此,学术界把这种书籍史称为新书籍史,或直称为书籍社会史。新书籍史特别注重对图书流通的研究,甚至认为书籍史应纳入传播交流史中。

其三,对"藏而不借"观念的反思,希望能辩证地看待藏书与借书之关系。毫无疑问,藏而不借是私家藏书的一大特点。早在晋朝,杜预就引古谚"有书借人为嗤,借人书送还为嗤也"来告诫其子不要借书给人。后代藏书界流行的"借书一痴,还书一痴"即源于此。可以说,古代藏书家对自己的藏书都比较自私、自秘。但是,图书本身是一种文化载体,必须要流通起来才能被更多的人阅读，才能充分实现其应有的价值。由于古代关于图书流通的记录多是藏书家或上层士大夫所写的，因此，我们对下层的图书交流（包括下层士民间交流，以及低端的、通俗的、大众化的书籍的交流）不够了解，以至于普遍低估了其影响及普遍性。其实，民间书籍往往还要比实际记录的要活跃得多。总之，藏书家"藏而不借"之特点与书籍之交的普遍性，这看似矛盾的两者是如何共存的，值得好好思考。

其四，对精英文献学的反思。我们的传统文献学，一直以来都是精英文献学、藏书家的文献学。文献学研究的书，也是精英的文献，是精英眼中的文献，不是普通民众眼中的文献。其实，藏书家的藏书，并不能真正反映通行书的情况，有时甚至是相反。这也促使我们思考：藏书是否等于藏书家所拥有的全部书，藏书目录是否反映了藏书家所有的书？那么，文献学的视野是否可以向下，更多地关注普通书籍的生产、流通、阅读情况呢？事实上，新书籍史研究更关注藏书家藏书之外的书，也就是那些不是用来收藏的书，如善书、一些小册子、通俗读物、商业书、通俗类书等。这也启发我们在研究文献学时，不要只关注藏书家，而要关注下层，关注一般人的收藏与阅读。

其五，和最近的阅读与思考有关。笔者比较喜欢读日记，《管庭芬日记》（中华书局 2013 年版）出版后，我就找来读。笔者发现其中所记书籍往还非常频繁。联系到以前关于文献流通的思考，笔者就想到用"书籍之交"一词来概括《管庭芬日记》中所反映的书籍往还现象，并希望据此来分析明清民间社会的非商业性书籍流通现象。最近，徐雁平教授发表的《〈管庭芬日记〉与道咸两朝江南书籍社会》一文（载《文献》2014 年第 6 期），其中的一些认识与笔者在这里所要阐述的观点可以相互印证。

二 "书籍之交"的主要表现

"书籍之交"有哪些主要表现方式？以管庭芬为例，我们来看看明清民间社会书籍之交的具体表现。

管庭芬（1797—1880），字培兰，号芷湘，清代生员，浙江海宁州路仲里人，著有《芷湘吟稿》4卷、《海昌经籍著录考》22卷等数十种著作。《管庭芬日记》中多记载其与他人书籍往还之事，这里选取道光四年（1824）三月的情况，详见表结语－1。

表结语－1　　　　　　　　　　　　管庭芬的书籍之交

日期	流通方式	书名	著者	书主	获（观）书者	备注
初三	借	《聊斋志异》	蒲松龄	管庭芬	祝梦岩	祝梦岩，海宁诸生，管氏之友
初五	赠	《禹贡图说》	马俊良	管庭芬	钱焯	钱焯，字承勋，号爱斋，海宁诸生，管氏之亲戚
		《林蕙堂四六》	吴绮			
初六	示	《硖川诗抄》	曹宗载	曹宗载	管庭芬	管氏在曹氏家获观此书。曹宗载，字问渠，号桐石，海宁贡生，管氏之父执
初七	借	《订正通鉴（纲目）前编》	南轩	钱意山	管庭芬	钱意山，管氏之亲戚
初八	借	《枣林杂俎》	谈迁	管庭芬	潘宝岩	潘宝岩，管氏之表兄
		《西藏志》	佚名			
		《真腊风土记》	周达观			
		《国史经籍志》	焦竑			
初九	示	《兰言题赠》	毕三桥辑	毕三桥	管庭芬	管氏在毕氏家获观此书。毕三桥，海宁石泾人，管氏之友
初十	借	《皇朝武功纪盛》	赵翼		管庭芬	钱焯
		《檐曝杂记》				
十一	观	《武林旧事》	周密	胡尔荣	管庭芬	管氏在胡氏家获观此书。胡尔荣，字豫波，号蕉窗，又号廉石，海宁路仲里人，监生，管氏之表侄
十三	赠	《昌平山水记》	顾炎武	管庭芬	胡尔荣	
十四	赠	《默记》	王铚	胡尔荣	管庭芬	周勋懋，字虞嘉，号竹泉，海宁人，道光壬午副贡，管氏之老师
		《船山诗草》	张问陶			
		《白鹄山房集》	徐熊飞			
	借	《小篷庐札记》	周勋懋辑	周勋懋		
十八	赠	《春园吟稿》	查有新	潘宝岩	管庭芬	查有新，字铭三，号春园，海宁袁花镇人，诸生

续表

日期	流通方式	书名	著者	书主	获（观）书者	备注
十九	托购	《禹贡图说》	马俊良		管庭芬	此三书为管氏托马省三购得
		《禹贡注节读》				
		《易堂问目》	吴鼎			
	赠	《槐西杂志》	纪昀	马省三	管庭芬	马省三，桐乡语溪人，诸生，在海宁做塾师，管氏之友
		《陶说》	朱琰			
二十	借	《祝氏宗谱》		祝梦岩	管庭芬	
		《石门县志》	耿维祜	省三		
		《姑妄听之》	纪昀			
廿一	寄	《文章游戏》	缪艮	管庭芬	孙绵山	孙绵山，管氏之友
廿二	归还	《姑妄听之》	纪昀	马省三	管庭芬	
廿四	借	《敬亭诗文集》	沈起元	祝梦岩	管庭芬	
廿七	借	《西域见闻录》	七十一	管庭芬	虞濮园	虞濮园，海宁鄹墅镇人，管氏之友
廿八	归还	《随园诗话》	袁枚	管庭芬	僧志能	海宁僧人
	赠	《春园吟稿》	查有新		马省三	
廿九	借	《小篷庐札记》	周勋懋辑	周勋懋	马省三	此书先由管氏借自周氏，再转借马氏

　　以上是《管庭芬日记》中所载一个月的书籍往还情况，类似的情况在日记中还比较普遍。据此可以看出：其一，书籍交流非常频繁。在一个月内，有书籍来往的天数很多（共19天），涉及的人和书也比较多；其二，其交流圈主要在海宁州内，交流者主要是亲戚、师友、同乡；其三，交流形式多样，包括借、还、寄、赠、托购、临时展示等。不过，除托购（其实更接近于购买）外，其他方式都不出上述"书籍之交"的三种表现形式：赠送（寄、赠）、借阅（借、还）、展示（临时性的示、观）。笔者认为，管庭芬的例子比较典型地体现了民间社会中"书籍之交"的内涵。

　　为什么说管庭芬的例子比较典型地体现了民间社会中"书籍之交"的内涵？这可以从以下一些方面来认识。

　　其一，管氏之交往，总离不开一个情字。"书籍之交"是以人情为依托的，也就是以私人交际圈为依托的。在管氏交往的这些人中，管氏与他们都有着一定的私人关系，其中包括了亲戚（亲情）、师生（恩情）、朋友（友情）、同乡（乡情）等。

其二，礼尚往来。他们的交往，总是有来有往的。管氏既是借书者，也是出借者；既是赠书者，也是受赠者。这充分体现了"书籍之交"的双向性。

其三，他们都保持着长期的、经常性的、稳定的交往。"书籍之交"必须是相对稳定的，而不是临时性的。管氏与所涉诸人的"书籍之交"，一般维系的时间都比较长，而且交往频繁，有的甚至是终其一生都是这样往来的。

其四，"书籍之交"的范围会不断地延展和扩大。"书籍之交"是以私人交际圈为依托的，而只要是圈子，就有一定的自我封闭性，不是向所有的人开放的。但是，"书籍之交"也有其一定的开放性。从管氏"书籍之交"看，随着其私人交际圈的变化与扩大，不断有新的书友加进来，其"书籍之交"的范围也在不断地扩大。因此，"书籍之交"是活的，是流动性的。由此我们甚至可以进一步推想：管氏的书籍之交，虽然以戚友为圈子，但是戚友亦有自己的戚友，这样一圈圈扩大、漾散开去，书籍之交的涵盖面就相当大。江南地方文人圈子的形成，地方文化的发达，文化世家的出现，书香社会的建立，均应该与此有关。

以上几点，可以说是我们把握和理解民间社会"书籍之交"的关键之处。

那么管氏"书籍之交"的范围有多大？管庭芬是个名不出海宁州的文人，因此，他的交往范围基本就局限在海宁州之内，尤其是以其所居路仲里及其附近的乡镇为主。

此外，其所交往的基本都是下层的文人，以秀才为主，举人以上者绝少。在任官员中，与其交往最多的是当时任海宁州训导的钱泰吉。钱氏是著名的藏书家，又是负责州学的官员（与管氏这样的生员是师生关系），对编纂地方文献有很大的兴趣，故与管氏颇为投契，平时相互交流（包括诗书往还）比较多。

管氏虽曾远游北方，但大多时间都待在溧县其从兄家中，交游很有限。除此之外，他也定期赴省会杭州参加科考，但往往来去匆匆；咸丰初年，管氏在杭州修《净慈寺志》和《天竺寺志》，待的时间比较长，但是，其交往的范围也不大。因此，总的来看，他与外地文人的交往比较少。我们可以假设，管氏如果能更广泛地与外地文人交流，他能获见到的图书会更多，取得的学术成就也可能比他实际所取得的要大。当然，其"书籍之交"的内容肯定还会更丰富。

管氏"书籍之交"所涉之图书有什么特点？

从表结语-1可以看出，那些图书主要是新书，很少当时所谓的古书，更谈不上什么善本珍本。这些新书中，包括当代一些名人所著之书（如纪昀、袁枚等人的著作）、当时新刊印之书、当地人新编纂之书（如周懋勋、查有新等人的著作）。尤其是最后一类图书，在交往中涉及比较多。从日记中也可看出，当地文人比较注重编纂自家（包括本人和其他家人）的诗文集和地方文献，管氏就是这方面的典型。管氏十分关心乡邦文献，曾编写过多部有关乡邦的著作。这与他平时注意搜讨、积累这方面的材料有关。因此，在"书籍之交"中，大家有共同的兴趣与编纂经历，互相交流、取资、品题、作序跋等就相对比较多。可以说，对本地文化、历史的认同，是他们交往的一个非常重要的基础。这种交往本身，也在不断地强化其认同。所谓地方文化传统的形成，应该与"书籍之交"也有着非常密切的联系。

从日记还可看出，管氏虽然也买古书，但以买新书为主。例如，管氏于道光十二年（1832）十一月十五日从书估那里购得一部新书（《灵石山房诗集》四册，是其父亲的弟子所著）。需要注意的是，明清时一些日记在涉及买书时往往会记录书价，但是，管氏日记基本不记载这方面的内容，到底是什么原因呢？我猜想，这可能与这些书的价格比较便宜，不值得一记有关。总之，当时大家相互赠送的，基本上都是这些价钱不太高的新书。

管氏这样一种购、赠选择应该有很大的代表性，因为管氏的藏书并不太多，购买力也有限，因此，以新书作为书籍之交的主要书籍，符合类似于管氏这样的下层士人的身份与经济实力。同时，这也说明书籍之交的交际成本并不太高，下层士人都能长期维系这样的交往。

　　管氏"书籍之交"所涉士人对待"书籍之交"的态度又是否有差异？

　　他们应该多少都会有一些差异，但是，从管氏日记很难发现这一点。与此相对，在日记中可以看到，他们在"书籍之交"中均往来无阻滞，基本上没有出现过借书遭拒的情况。而且，他们都乐于主动分享他们新获得的图书。例如，管氏于道光十三年（1833）十二月十六日从故书铺中购得陈谁园《钱谱》手稿三册，到道光十四年二月二十日，就有人向其借阅此书。事实上，当时管氏他们很少有自家藏书目录面世，而且，那些新获得的图书，如果不向人展示或示知，他人根本不会知道。因此，新获得的书很快就能出借，说明他们之间都乐于互通有无。

　　这是非常有意思的事情，因为之前我们谈藏书家的来往时，多会提到其借书之不易。大家会觉得哪种情况会是当时社会的常态呢？笔者更倾向于管氏他们的书籍之交是一种常态。

　　管氏的"书籍之交"是一种常态吗，在明清民间社会中管氏的"书籍之交"有多大的代表性？

　　前文已经提到，管庭芬是个名不出海宁州的文人，而明清时期的下层士人基本上都是这种状态，因此，他的身份有相当大的代表性。管氏在当地虽也是一大家族，但实力并不雄厚，其本人藏书也不多，而且一直都是下层文人，只有秀才的功名，也从未出仕，较能代表下层文人生活的一般情况。从日记中可以看出，管氏交游圈中的士人，大多都如同管氏一样的身份。他们交流的图书，也是以新书为主。更为重要的是，书籍之交是如此频繁，渗透进他们日常生活的方方面面，包括日常应酬、待人接物、诗书往还等。因此，书籍之交已经成为当地士人之日常礼仪。如果我们再结合《儒林外史》等文献看，可以发现管氏的书籍之交其实代表了明清时期下层士人的一种生活方式。

　　当然，我们也要注意，管氏的书籍之交在当时的江南，尤其是在他所在的海宁地区，可能有更大的代表性。海宁为藏书之乡，藏书家多，文化世家也多，而且，这些大家族均有沾亲带故的关系，因此，书籍之交在当地更为突出。至于在明清时期的其他地方，其图书交流不一定有这么频繁。

三　"书籍之交"的其他表现方式

除了管氏所展示的图书交流方式外，"书籍之交"是否还有其他表现方式？

"书籍之交"的主要表现方式就是赠送、借阅、展示这几种。但是，在这些方式基础上，又会产生一些变体或者是特殊的方式。就笔者的理解，应该还有四种表现方式值得关注：图书交流协议，这也是特殊的互借方式；祭书，这可以视为临时性的展观；书帕赠送，这也是特殊的赠送方式；私家征书，这也可视为赠送。

什么是图书交流协议？

作为图书流通的协议，古代最著名的是清初曹溶《流通古书约》与丁雄飞《古欢社约》。

曹溶《流通古书约》说："今酌一简便法，彼此藏书家，各就观目录，标出所缺者。先经注、次史逸、次文集、次杂说，视所著门类同，时代先后同，卷帙多寡同，约定有无相易，则主人自命门下之役，精工缮写，校对无误，一二月间，各赍所抄互换。"

几乎与曹溶同时，丁雄飞《古欢社约》也与大藏书家黄虞稷订立了互相借抄所藏的协议："每月十三丁致黄，二十六黄致丁；要务有妨则预辞；不入他友，恐涉应酬，兼妨检阅；到时果核六器，茶不计；午后饭，一荤一素，不及酒，逾额者夺医书示罚；舆徒每名给钱三十文，不过三人；借书不得逾半月；还书不得托人转致。"

以上两份协议反映了清初藏书家藏书有限度的交流，因为这两份协议有明确的规定，图书交流只存在于某些地位相当的藏书家之间，不涉及外人，而且对所借之书亦多有限定。不过，如果据本书第五章所述《流通古书约》的实施情况看，许多清代藏书家之间可能存在着长期的、常态化的图书交流活动。这说明清代藏书家之间的图书交流还是相当普遍而深入的。

什么是祭书？

中国古代藏书发达，形成了一些颇具特色的藏书习俗，祭书即是其中的一种。祭书的产生大概有两个主要的原因：其一为拜经。对经典的崇拜，后来扩展至对珍贵图书的膜拜。其二为敬神。敬的是司书之神，主要是为了保佑图书平安。相对来说，对书神的祭拜是较为普遍的，而对珍贵图书的祭拜则是较为特殊的。

对书神的祭拜一般是在除夕举行。对图书的祭拜则不会固定在除夕，而是根据具体的祭拜对象本身来定，例如，在苏东坡生日那天祭拜苏东坡的书，在孔子生日那天祭拜儒家经典等。祭拜者挑选出自己心爱的书陈列在案头，也用鲜花酒醴作供，焚香礼拜。主祭者常会邀请书友参与，而书友有时也携来其珍藏的图书甚至水果、菜肴、茶酒等，名为助祭或助兴。大家一起玩赏、交流，饮酒赋诗。有人甚至还会把这种活动画下来，再请人在书或画中作题跋以为纪念等。这是一种以书会友的方式，是藏书家或书友间的社交活动。这种社交活动的中心就是珍贵的图书。

"书籍之交"所关注的祭书，即是此种以祭书为名的雅集，也可称为祭书会，如翁方纲（1733—1818）的祭书、黄丕烈的祭书、傅增湘的祭书等。

什么是书帕本？

清初顾炎武《日知录》卷18"监本二十一史"条在引述明朝陆深《金台纪闻》之文"今学既无田，不复刻书，而有司间或刻之，然只以供馈赆之用，其不工反出坊本下，工者不数见也"后注释说："昔时入觐之官，其馈遗一书一帕而已，谓之书帕。自万历以后，改用白金。"所谓书帕，书指图书，帕指头帕（头巾）之类的物品。这两种东西是明代官场上例行的礼物。其中的图书，后来被称为书帕本，往往只注重表面装潢，校勘粗疏，一般不为学者所重视。不过，现在的书帕本已相当难得，成为藏书家极力搜求的对象。

明代民间士大夫来往亦普遍存在着书帕这类礼物，如《金瓶梅词话》中多有记述。《金瓶梅词话》第三十六回载："蔡状元那日封了一端绢帕、一部书、一双云履。安进士亦是书帕二事、四袋芽茶、四柄杭扇。各具宫袍乌纱，先投拜帖进去。西门庆冠冕迎接至厅上，叙礼交拜。献毕赞仪，然后分宾主而坐。"第四十九回载："二官揖让进厅，与西门庆叙礼。蔡御史令家人具赞见之礼：两端湖绸、一部文集、四袋芽茶、一方端溪砚。"那么，究竟是官场之风影响及民间，还是民间传统影响及官场呢？

笔者倾向于后者，其原因如下。

其一，民间士大夫交往中普遍存在着以书籍为礼物的书籍之交。赠送书籍古已有之，在明清时期更为普遍，因为其时得书更方便，相互赠送书籍成为一种风气。

其二，以书籍为礼物的现象，并不只是存在于下级对上级，身份低的人对身份高的人的交往中，而是普遍存在的。

其三，当时官场上用来赠送的图书其实远不止书帕本，还有其他古本、新书等，其中与书帕本相近的礼物还有《大统历》。《大统历》是明代通行的日历，由朝廷每年颁布印行。当时官场和民间私人交往，多有以这些日历作为馈赠礼物的。同样是在陆容的《菽园杂记》，卷四中有这样的记载："今每岁颁历后，各布政司送历于内阁若诸司大臣者旁午于道。每一百本为一块，有一家送五块者、十块者、廿块者，各视其官之崇卑，地之散要，以为多寡。诸司大臣又各以其所得，馈送内官之在要津者。"同样也是在《金瓶梅词话》，第七十五回中有这样的记载："平安就禀：'……本府胡老爷送了一百本新历书。'""玳安儿又拿宋御史回帖儿来回话：'宋老爹说："明日还奉价过来。"赏了小的并抬盒人五钱银子，一百本历日。'"

前人谈书帕，往往会提到其在后来的异化，即名为书帕，实则金银珠宝，因而书帕赠送变成了公开贿赂。例如，贺复征编《文章辨体汇选》卷118 收有明人赵南星的"再剖良心疏"，其中说："今有司之贪已成风，而长安之书帕自十二金而至百金，有至二百封者，此皆何从而来？安得不贪。"非常有意思的是，和书帕的异化一样，《大统历》也经历了这样的异化过程。例如，明弘治年间，徐恪曾先后任河南、湖广两地巡抚，期间有"一太守送历日百本，每本有银叶一片，共约千两，开用方知"（张萱《西园闻见录》卷十六"隐恶·往行"）。因此，当时有的官员提议禁止官员私馈历日。例如，成化七年（1471）七月，湖广按察司佥事尚褫上言五事，其一即关于私馈历日："《大统历》，我国家正朔所系。近在外两司官视为家藏之书，滥作私门之馈。纸费动以万计，航运钜如山积。无非藉以结权豪、求名誉而图升荐也。士风之坏，此其一端。臣请敕礼部条议为令，今后务使纸数有常，印造有额，而私馈者有罚。"（《明宪宗实录》卷

93)① 这与当时人们对官场中书帕赠送的态度也是一样的。从上述可看出，官场上所有作为礼物的图书，其实都有可能产生这样的异化，非惟以往所说的书帕本。

总之，从书帕本、《大统历》赠送到其他普遍存在的书籍往还之事可以看出，无论是官场内还是官场外，明代士大夫都习惯以书为礼。书帕赠送既反映了当时官场的潜规则，也反映了当时的人情世故，因此，可视为书籍之交的一种特殊方式。尽管人们大都把书帕本、《大统历》赠送视为官场贿赂，但我更倾向于它们的产生是本源于民间的"书籍之交"。或者换言之，书帕赠送是民间书籍之交在上层人士交往中的反映，是民间以书为礼的一种自然延伸。

征书一般是官方所为，那什么是私家征书？

以前大家主要关注朝廷征书，其实地方官府、书坊和个人也会有征书之举。书坊征稿（书）虽是商家个人所为，但与我们讨论的非商业性图书流通不符，因此，这里所谈私家征书不包括书坊征稿（书）。此外，古人为纪念、庆祝等活动而征诗、征文的也很多，但所征只是诗文，不是书，也不在此讨论。

例一，顾炎武编《天下郡国利病书》，其友人王猷定、毛瑍、顾有孝、王潢、张憼、潘柽章、顾梦麟、陆圻、吴炎、杨彝、黄师正、汤濩、万寿祺、杨踽、王锡阐、方文、归庄、陈济生、丁雄飞、吴任臣、戴笠凡二十一人为其征书以助成此巨著，共同签署《为顾宁人征天下书籍启》（约作于顺治九年，即 1652 年）。该征书启全文收于清人沈岱瞻所编《同志赠言》："东吴顾宁人，名炎武，驰声文苑垂三十年。……宁人年十四为诸生，屡试不遇。由贡士两荐授枢曹，不就。自叹士人穷年株守一经，不复知国典朝章官方民隐，以至试之行事而败绩失据。于是尽弃所习帖括，读书山中八九年，取天下府州县志书及一代奏疏文集遍阅之，凡一万二千余卷。复取二十一史并实录，一一考证，择其宜于今者，手录数十帙，名曰《天下郡国利病书》，遂游览天下山川风土，以质诸当世之大人

---

① 参见周中梁《明代大统历日的流通方式》，《辽宁工程技术大学学报》（社会科学版）2012年第 6 期。

先生。昔司马子长遍游四方，乃成《史记》；范文正自秀才时以天下为己任。若宁人者，其殆兼之。今且北学于中国，而同方之士知宁人者，敬为先之以言，冀当世大人先生观宁人之文以察其志，而助之闻见以成其书。匪直一家之言，异日天下生民之福，其必由之矣。"关于此次征书，还可参顾炎武《书杨彝万寿祺等为顾宁人征天下书籍启后》："右十年前友人所赠。自此绝江逾淮，东蹑劳山、不其，上岱岳，瞻孔林，停车淄右。入京师，自渔阳、辽西出山海关，还至昌平，谒天寿十三陵，出居庸，至土木，凡五阅岁而南归于吴。浮钱塘，登会稽，又出而北，度沂绝济，入京师，游盘山，历白檀，至古北口。折而南谒恒岳，逾井陉，抵太原。往来曲折二三万里，所览书又得万馀卷。爰成《肇域记》，而著述亦稍稍成帙。然尚多纰漏，无以副友人之望。"① 从顾氏此文看，此次征书还是颇有成果的。

此外，清代徐乾学兄弟曾经为其舅父顾炎武发布过一篇"征书启"："舅氏顾宁人先生，年逾六十，笃志《五经》，欲作书堂于西河之介山，聚天下之书藏之，以贻后之学者。……伏维先达名公，好事君子，如有前代刻板善本及抄本经史有用之书，或送之堂中，或借来录副，庶传习有资，《坟》《典》不坠，可胜冀幸之至。"（载缪荃孙辑《艺风堂杂钞》）这次征书的效果如何并不清楚。

例二，钱谦益为吴炎（字赤溟）、潘柽章（号力田）征书。据钱氏《牧斋杂著·牧斋有学集文钞补遗》"为吴潘二子征书引"载："近得松陵吴子赤溟、潘子力田，奋然有《明史记》之役，所为本纪、书、表、世家、列传，一仿龙门。取材甚富，论断甚核。史家三长，二子盖不多让。数过予索烬余，及讯往时见闻。予老矣，耳聩目眵，无以佐二子。……予因思澥内藏书诸家，及与二子讲世好者，不能一一记忆，要之，此书成，自关千秋不朽计，使各出所撰著及家藏本授之二子，二子必不肯攘善且忘大德也。敢代二子，布告同人，幸无以老耄而憨遗我，幸甚！幸甚！"这次征书的效果也不清楚。

从上述例子看，私家征书确实也代表了民间图书流通的一种方式，而

---

① 顾炎武：《顾亭林诗文集·亭林佚文辑补》，中华书局 1983 年版，第 221 页。

且也有人情在其中，如钱氏所说的"世好者"，但是，私家征书所依托的人情较为泛泛，缺乏私人关系网作为基础，而且往往是临时性的、一次性的，因而回应者肯定不多，其征书效果应该也不会很好。可以说，私家征书只是民间书籍之交的一种变体，并不具有典型意义。由此我们还可以反证，书籍之交总离不开一个情字，离不开长期的、稳定的私人关系网。

　　总之，尽管以上几种图书交流方式在书籍史上都会提到，但是，就实际影响而言，这几种方式只能算是书籍之交的补充方式，而管氏所示的"书籍之交"才是当时民间比较普遍存在的非商业性图书交流方式。

四　对"书籍之交"的思考

　　借由以上关于"书籍之交"主要表现方式的讨论，笔者对文献学、书籍史尤其是明清图书流通有一些新的认识。

　　"书籍之交"的渠道很多，如赠、借、示等，古人获书的渠道其实还是比较通畅的。

　　例如，赠书其实更能说明问题。赠书虽多是新书，但也有一些古书。除了书籍之交、诗文酬赠外，管氏日记中记录的其他赠送礼品并不多，这可以说明，管氏之交是真正的诗书之交，是君子之交。笔者认为，图书的赠送，也有诗文酬赠之延伸意味。文人之间赠送图书是表达情感的一种普通而又特殊的方式。频繁的互赠本身就说明，书籍是这个阶层文人间交往的最佳礼物。

　　此外，"书籍之交"是以一定的私人关系为基础的，有一定的封闭性，但是，从《管庭芬日记》中所展示的交流情况可看出，借阅也可以通过辗转的熟人来进行。这种辗转借阅圈的不断扩大，漾散开去，就会形成一个庞大的图书交流圈。江南士大夫间普遍存在的书籍之交，让我们对中国古代图书交流产生新的认识：在交流圈中，陌生人其实也是辗转的熟人。

　　古代图书的价格是偏高的，民间这些文人为何还经常赠送图书呢？

　　笔者初步的认识是：书价偏高，这是很多学者的共识。但是，这种认识也有一定的局限性，就是他们所观察的对象往往是古书（相对于当时购买者而言，而不是相对现在而言），因而价格偏高。这是一方面要注意的。另一方面要注意的是，管氏虽为下层士人，家产应该还算殷实，和他交往的那些人也多与他家庭背景相近。其三，他们赠送的多是新书，且册数往往不多。新书相对价格便宜，而且，海宁一带又是书业较发达之地，图书价格较其他地区会更便宜。

此外，"书籍之交"也是礼尚往来，有出有人，近乎于等价交换，因此，即使书价偏高，也不会太妨碍他们之交往。更为重要的是，"书籍之交"是士大夫交流圈中的惯例和通则。也就是说，要进人这样一个士大夫交流的圈子中，诗文酬唱、图书往还是人门的基本条件，以及维系这样一个圈子的基本纽带。

古代藏书家藏而不借，但从"书籍之交"看，这种认识是否有问题呢？

这确实值得好好反思。一方面，我们以前可能高估了藏书家藏而不借的影响。当然，这与我们所据的材料主要是藏书家留下的有关。另一方面，我们也低估了民间图书非商业性流通的活跃程度。

藏而不借往往指古书、善本，而且，这种事多会因文人之间的不满、牢骚而有夸大的成分。书籍之交，多新书，多通行之书。两者所反映的流通有不同，也有重合，值得深入研究。

古代藏书家一般都藏而不借，有多少书就有多少学问。从"书籍之交"看，这种认识是否也应该有所纠正呢？

确实要纠正。笔者认为，从"书籍之交"看，关系网有多大，获取书籍的范围就有多大。关系网甚至可以决定一个人能阅读到多少书，以及他的学问所能达到的高度。有很多人的学问，与其藏书不相称，这就能说明问题。例如，有的人藏书并不多，但是著述却很多，学问也很大。这与其"书籍之交"范围的扩大有很大的关系。例如，清初史家谈迁（也是浙江海宁人）家境一般，也是下层文人，但著作较多，且撰有《国榷》这样的巨著。这与其不断地在外搜求资料有密切的关系。因此，对于明清时期的下层士人来说，他的学问取决于他能看到多少书，而他能看到多少书在很大程度上取决于他的"书籍之交"。

"书籍之交"对管氏的治学又有多大的影响呢？

管氏虽然很少走出海宁，但是，他通过"书籍之交"获得了大量图书，也阅读了大量图书。从日记可看出，书籍交流的频繁，也体现了各家所藏书籍在一定程度的互补性。也就是说，除了一些通用的经史之书外，各人所藏重复的书并不太多。因此，管氏通过借阅获抄了大量图书，也编纂了一些著作。如果光从其藏书的角度来看，这是比较难理解的。这也说明了"书籍之交"在很大程度上决定了他能阅读到多少图书。

在"书籍之交"中，书籍总是在有一定关系的人之间流通，而在这样的交际圈中，大家容易产生共同的学术兴趣、治学倾向、阅读经历和范围等，以至于结社联咏、聚众修书等，并形成利益共同体。例如，钱泰吉与管庭芬交流很多，钱氏请管氏校书、编书、写题跋，而管氏在诗文中对钱氏作颂扬。当然，钱氏也给管氏诸多帮助，如聘其修志等。因此，"书籍之交"可能会催生某个学派、学术的家族性或地域性。例如，海宁地方文化的发展，应该就颇得益于这样的"书籍之交"。此外，我们是否还可以进一步思考这样的问题：从图书流通的角度，来探求明清江南文化、学术兴盛之道。这可以为解释明清江南学术、文化长期兴盛之原因提供一种新的思路。也许，江南书香社会的形成，人文渊薮之真正含义，均可由此获得更深入的认识。

附录一　祭书小考[*]

中国古代藏书发达，形成了一些颇具特色的藏书习俗，如题咏、绘图、晒书、祭拜等。这里的祭拜，指的就是祭书，包括对书神的祭拜和对藏书的祭拜。钱谦益甚至认为祭书就是"善藏之法"："藏之之道何如？曰：什袭以珍之，斋祓以享之。视其室，蓬莱道山也；视其书，天章宝符也。臧荣绪陈经而肃拜，颜之推借书而补辑，此善藏之法也。"①

一　祭书神

对书神的祭拜一般是在除夕举行。除夕时要拜祭很多神灵，书神是其中的一种。祭拜者在举行仪式时，在藏书柜前设香案，用鲜花酒醴作供，焚香礼拜。行礼时，口颂祭辞，其内容大多是请求书神保佑，以免藏书损毁之类。比较正式一些的，还会先写好一篇祭文，在行礼时诵读，如鲁迅《祭书神文》之类。又如，王晫《祭司书鬼长恩文》云：

> 有司书鬼名曰长恩，除夜陈酒脯祭之，可以辟蠹。乃以酒一杯，脯一盂，呼其名而告之曰：古有书而立之司，使阴相之，勿使遗佚。有所司而为之监，使默护之，勿使损伤。亦其废坠是为，岂如弁髦而

---

　　* 关于祭书的讨论可参见李乔《鲁迅祭书神小考》，《群言》2021年第9期；黄裳《祭书》，《读书》1980年第4期。此外，罗时进《作为清代文学批评形式的"岁末祭诗"》（载《文艺研究》2017年第8期）一文对于研究者从文学角度理解士人的各种祭拜活动有参考价值。

　　① 钱谦益著，钱曾笺注，钱仲联标校：《牧斋有学集》卷26《黄氏千顷斋藏书记》，上海古籍出版社1996年版，第996页。

因以敝之。予不佞，家之所有，惟此诗书。不宁寝食于是，犹将世守而俟后者。恒恐燥湿之不时，朽蠹以重皇急之羞。曩寝疾数月，书卷不亲，而蠹生焉。断我文辞，晦我义理。灭裂我简册，残毁我丹黄。侵欲崇侈，不可盈厌。聚敛积实，不知纪极。不分新故，不恤玄秘。岂汝未之知耶？抑知之而故听之耶？不知，是不智也；知之而故听之，是不仁也。司书者将蠹是务去，而听之，毋乃不可乎。汝或者欲逞其心以厚其毒，始降之罚。圣贤之爱书甚矣，岂其使小虫横于典签，以纵其淫，而误圣贤之传。必不然矣。且夫蠹亦何穷之有，既食字里，又欲肆其行间，若不尽歼其种，将焉处之。谨奉牲醴以告，其能降以相从，无滋他族，实偪处此，以与我仇此书也。岂惟不佞举子孙实受其贶，其自周孔以下，实宠嘉之。不然，毁则为贼，掩贼为藏，谁之咎也。汝若不许，惟汝则又何求。是用芸香兰麝，以与蠹周旋，其谁敢求辟于汝。①

　　王晫的祭文多少带有戏谑和自嘲的意味——因为书神只是众神中的一个小角色（我们甚至都不清楚其由来及相关传说）。

　　关于除夕祭书神，最早见于五代末宋初吴淑的《秘阁闲话》所载："司书鬼名曰长恩。除夕呼其名而祭之，鼠不敢啮，蠹鱼不生。"此后相关的记载较多，古代诗文中也常会提到书神。明末藏书家、出版家毛晋，每当新旧岁交替之际，必在他的藏书楼"汲古阁"和"目耕楼"设坛，祭祀书神，祈祷"在在处处有神物护持"。李汝珍《镜花缘》第八十七回载，玉芝道："此鱼如此之长，若吃东西，岂不要三四天才到腹么？'一日''七日'俱叠韵，敬红红姐姐一杯，我替兰音姐姐说了。"红红道："适因'衣鱼'二字，偶然想起书集往往被他蛀坏，实为可恨。丽春姐姐最精药性，可有驱除妙方？"潘丽春道："古人言，司书之仙名'长恩'，到了除夕，呼名祭之，蠹鱼不生，鼠亦不啮。妹子每每用之有效。但遇梅雨时也要勤晒，着听其朽烂，大约这位书仙也不管了。"清代杨浚"除夕

---

　　① 王晫：《南窗文略》卷8，康熙刻《霞举堂集》本。王晫还有在除夕"量书"的习惯。参见本书第三章第三节"王晫《行役日记》所见赠书考"。

祀长恩"载："未贺参元失火书，多君呵护喜何如！频年琴剑惭奔走，此夕杯盘慰起居。入抱不曾辜万轴，感时长与惜三余。海天一笑吾何幸，徐福归舟正岁除。"① 朱颖《秋蝉吟草》卷4"岁除祭架书"载："午鸡懒慢犹高卧，忘却今朝是岁除。检点胸中惟一事，肃将茶果祭诗书（予每逢除日，烹苦茗，陈嘉果以祭书，不忘本也）。"潘奕隽《三松堂集》续集卷1"和星桥西泠归棹之作"载："西泠归客逼残年，拟放溪头访戴船。馈岁厌循吴下俗，祭书欲结古人缘（十二月二十七日，为余礼斗斋期，陈所诵经史及所评杜韩白苏诗集，设明水香烛作祭书之举，岁以为例）。春回铜井探梅信，雪霁南园看柳烟。此是吾侪真乐事，须知天赐莫违天（用王右军语）。"② 潘氏每年在腊月二十七祭拜斗斋（五斗星君），顺便也祭书，与除夕祭书应属同类。

二　祭藏书

除了祭书神，还有一种是对藏书本身的祭拜，这体现了藏家对某些书的特殊喜爱，而祭书是其表达这种喜爱的一种方式。在祭书时，祭拜者挑选出自己心爱的书陈列在案头，也用鲜花酒醴作供，焚香礼拜。

对藏书本身的祭拜，多是源于人们对古代书籍、圣贤的崇拜心理以及藏书家的佞古心态。其起源可以追溯至南北朝时期。据《南齐书·臧荣绪传》记载，臧荣绪幼年孤苦，纯笃好学，为当时的高逸之士，"荣绪惇爱五经，谓人曰'昔吕尚奉丹书，武王致斋降位，李、释教诫，并有礼敬之仪，因甄明至道。'乃著《拜五经序论》。常以宣尼生庚子日，陈《五经》拜之。"也就是说臧荣绪在孔子生日那天，陈列五经来祭拜，以示对孔子和经书的崇拜。后人因之画《拜经图》，以记臧荣绪故事。古代学者号"拜经"者，应均与此典故有关。

臧荣绪拜经与后代祭书之心理如出一辙，但拜经仅限儒家经典，而祭书时所祭之书则不止于此。例如，清代蒋继轼藏书甚富，手校唐宋人集三百余种，除夕陈书肃拜，自号拜集主人③。清代顾嗣立于康熙二十

① 杨浚：《冠悔堂诗钞》卷4，载《清代诗文集汇编》第712册。
② 潘奕隽：《三松堂集》续集，《清代诗文集汇编》第399册。
③ 郑伟章：《文献家通考（清—现代）》，中华书局1999年版，第227页。

八年（1689）"除夕取架上手自校勘诸书，陈列草堂，清香桦烛，酒脯具设，再拜祝之。因作《祭书行》，亦陶、犀月、大临、日容并属和焉"①。所祭之书甚至可以扩及自作之诗文，据元代辛文房《唐才子传》卷五载："（贾岛）每至除夕，必取一岁所作置几上，焚香再拜，酹酒祝曰：'此吾终年苦心也。'"

当然，这种祭书在后来也不会固定在除夕，而是根据具体的祭拜对象本身来定。例如，在苏东坡生日那天祭拜苏东坡的书，在孔子生日那天祭拜儒家经典，等等。又如，张士元《嘉树山房集》卷9"答王惕甫书"载："弟始学为文，实师熙甫，尝以正月之吉，陈《震川集》于案上，北面拜之。"② 叶昌炽《藏书纪事诗》卷四"朱之赤"条载，"次日林宗入城，喧传得此，最先匍匐而来者，定远先生也，仓忙索观。陈书于案，叩头无数，而后开卷。朗吟竟日，索酒痛饮而罢。"③ 周亮工《因树屋书影》卷二载，钱谦益云："京山李组柱字本石，尝语予，若得赵文敏家《汉书》，每日焚香礼拜，死则当以殉葬。"④ 吴乔云："余尝置杜诗于《六经》中，朝夕焚香致敬，不敢轻学。"⑤ 此是对心爱之书日日祭拜。

祭书者有时会邀请书友参与，而书友亦携来其珍藏的图书甚至水果、菜肴、茶酒等，名为助祭或助兴。大家一起玩赏、交流，饮酒赋诗。有人甚至还会把这种活动画下来，再请人在书或画中作题跋以为纪念，等等。这是一种以书会友的方式，是藏书家或书友间的社交活动。这种社交活动的中心就是珍贵的图书。下文所举翁方纲、黄丕烈、傅增湘之祭书多是此类社交活动。又如，《缪荃孙全集·日记》载，（1915年5月）"廿一日己未……约蒋孟平、王子展、宗子岱、王雪丞、张石铭、陶兰泉、刘翰怡小饮云自在龕，为黄荛圃补作生日。孟平携《吴郡图经续记》《新定续

---

① 顾嗣立：《闾邱先生自订年谱》《北京图书馆珍本年谱丛刊》第89册，北京图书馆出版社1999年版。其《祭书行并序》收在顾嗣立《秀野草堂诗集》卷3（《清代诗文集汇编》第214册）。从《祭书行》可以看出，顾氏于除夕在自家祭书并赋诗，事后他人属和。

② 眭骏：《王芑孙研究》，华东师范大学出版社2011年版，第244页。

③ 叶昌炽著，王欣夫补正，徐鹏辑：《藏书纪事诗》，上海古籍出版社1989年版。

④ 周亮工著，张朝富点校：《因树屋书影》，凤凰出版社2018年版。

⑤ 吴乔：《围炉诗话》卷4，上海古籍出版社2002年影印《续修四库全书》本，第1697册，第638页。

志》《编年通载》《参寥子》《中兴馆阁录》，五种均可，无上上品。子岱携元刻《铁崖乐府》，子展携黄刻《易林》，又金黄甫君未断本二种，均莞圃所藏，予携黄跋《圣宋文选》、覃溪跋明刻《文山读杜》，雪丞携黄象。"① 缪氏虽不云此番是祭书之会，但实际上是祭书之一种。

一般来说，所谓祭拜，常常会有一个供祭拜的神灵存在，那么对书籍本身的祭拜，其神灵何在呢？归有光《送童子鸣序》所讲的故事可能有助于我们理解这一点："庄渠先生尝为余言：广东陈元诚，少未尝识字，一日自感激，取四子书终日拜之，忽能识字。以此知书之神也。非书之能为神也，古人虽亡，而其神者未尝不存。今人虽去古之远，而其神者未尝不与之遇。此书之所以可贵也。"② 也就是说，书中自有古人之精神在，祭书是与古人"神交"的最好方式。

综上所述，祭书的产生大概有两个主要的原因：其一为拜经。对经典的崇拜，后来扩展至对珍贵图书的膜拜。其二为敬神。敬的是司书之神，主要是为了保佑图书平安。相对来说，对书神的祭拜是较为普遍的，而对珍贵图书的祭拜则是较为特殊的。也许正因为特殊，这类对珍贵图书的祭拜反而更有影响，如翁方纲、黄丕烈、傅增湘的祭书。

翁方纲（1733—1818），字正三，号覃溪，晚号苏斋；直隶大兴（今属北京）人，乾隆十七年（1752）进士，授编修，官至内阁学士。其著述颇丰，藏书甚富。乾隆三十三年（1768）因购得苏东坡手迹《嵩阳帖》、宋嘉定六年淮东仓曹刻本《施顾注苏诗》，遂将书楼改名"宝苏斋"。此后在每年十二月十九日苏东坡生日这一天，他都会请很多名士到家里共同祭奠《施顾注苏诗》这部书，在书上写跋语和题记，称为"祭苏会"。据沈津《翁方纲年谱》所载，翁氏多年来一直在此日为祭书之会，例如，乾隆三十八年十二月十九日，以合装《苏斋图》供苏轼像前，同人小集拜苏轼生日。乾隆四十四年十一月十九日，因次日罗聘出都，翁氏于苏斋具蔬，焚香雅集，并请程晋芳、张埙、罗聘诸人到斋，预祝苏轼生日，兼为罗聘饯行。这样的"祭苏会"，祭书只是其中的一个目的，更

① 缪荃孙著，张廷银、朱玉麒主编：《缪荃孙全集·日记》第三册，凤凰出版社 2014 年版，第 387 页。

② 归有光：《归有光全集》第五册，上海人民出版社 2015 年版，第 223 页。

主要的目的是借其名以为雅集。

距翁氏祭书不久，南方也有黄丕烈所举之祭书会，而且，黄氏祭书可能多少也受翁氏祭书之影响。黄丕烈诗云："东坡生日是今朝，愧未焚香与奠椒。却羡苏斋翁学士，年年设宴话通宵。"自注："苏斋翁学士岁例出宋刻《注东坡诗》，于今日开筵宴客，致祝髯苏，故诗及之。"① 黄丕烈（1763—1825），清著名藏书家，字绍武，号荛圃、绍圃，又号复翁、佞宋主人等，长洲（今江苏苏州）人。黄氏常于岁末举祭书会，以酬一年所得。黄氏祭书，广邀朋友，赋诗品书，还绘有《祭书图》《第二祭书图》以纪其盛事。据徐康《前尘梦影录》卷上载："乾嘉时，黄荛圃（丕烈号）翁每于除夕，布列家藏宋本经史子集，以花果名酒酬之。翁自号佞宋主人。"顾广圻《思适斋集》卷3"士礼居祭书分赋（得书字）"云："归家倏忽岁将除，折简频邀共祭书。君作主人真不忝，我称同志幸非虚。仪文底用矜能创，故事还应永率初。更愿齐刊刊舍奠，每陪酹酒与羞疏。"沈士元"祭书图说"云："黄君绍甫，家多藏书，自嘉庆辛酉至辛未，岁常祭书于读未见书斋，后颇止。丙子除夕，又祭于士礼居，前后皆为之图。夫祭之为典，巨且博矣。世传唐贾岛于岁终举一年所得诗祭之，未闻有祭书者，祭之自绍甫始。"② 沈氏最后所说的可能是指像贾岛那样将一年所得之诗（书）以供祭拜者只有黄氏，因为祭书在当时及以前多有之。

关于黄氏之祭书，陈鳣《逸周书跋》亦有相关记载："去岁除夕，吴中度岁，往县桥巷黄荛圃家作祭书之会，因得明嘉靖廿二年四明章檗刻本《逸周书》，系顾涧薲依元刻手校本。"③ 可证黄氏祭书确实是在除夕，而且确实曾邀书友参与。

傅增湘（1872—1950），字沅叔，别署双鉴楼主人、藏园居士、藏园老人等，现当代著名藏书家，四川江安县人，光绪二十四年（1898）进士，选入翰林院为庶吉士。1917年12月至"五四"运动前，曾入内阁任教育总长。傅氏举行过多次祭书之会。傅氏与苏东坡均为蜀人，对苏氏情

---

① 黄丕烈著，潘祖荫辑，周少川点校：《士礼居藏书题跋记》，书目文献出版社1989年版，第232页。

② 叶昌炽著，王欣夫补正，徐鹏辑：《藏书纪事诗》，上海古籍出版社1989年版，第574页。

③ 陈鳣著，李林点校：《陈鳣集》，浙江古籍出版社2018年版，第40页。

有独钟，其书斋号"藏园"即取意苏东坡诗句"万人如海一身藏"，并曾仿翁氏之例于每年苏东坡生日那天为"宝苏之会"，以书会友。

1918 年，傅氏于家中举祭书会，好友吴昌绶"戊午岁除沅叔集同人为祭书之会赋诗记之"云："祭诗自慰肝膈苦，祭书非侈储藏多。校雠岁遍六百卷，丹铅郑重逾吟哦。主人政余特闲雅，家庖仍约朋僚过。胶州老史推祭酒，汾阳诗事勤搜罗。宋元明本日挂眼，旧游邓董同书魔。后来诸子各英妙，能通流别工订讹。病夫吴船倦残梦，笺题小令重摩挲。归车冲寒兀羸马，冻笔手把空厄呵。侧闻林亭擅幽胜，嬛环宝秘殊行窝。明年此夕续高会，倚镫为补藏园歌。"①

1921 年腊月二十四，傅氏于家中举祭书会，以酬该年所得宋版书多种。当时参加祭书的有董康（绶经）、王叔鲁、徐星署、朱翼庵、沈无梦、张孟嘉、彦明允、张泠僧、邵幼石，宾主共十人。其中徐星署以宋本《陆宣公奏议》、朱翼庵以宋本《汉官仪》来佐会。他们展玩竟夕，作诗以记之②。

1932 年十二月廿八日，据《许宝衡日记》载，"廿八日……赴沅叔约祭书会，至者柯凤孙、夏闰庵、章式之、陈仲骞、陈援庵、徐森玉、沈羹梅、张庚楼、袁守和、赵万里、刘诗孙、傅治芗，主客十四人，羹梅作记，余书之。主人所陈列者：抄《永乐大典》玄字韵《太玄经》，有陈仁子辑注、胡次和集注两种，乃当世孤本；又旧抄《诗话总龟》，上下两编，上编原为莫氏所藏，下编沅叔得之南方，乃得延津之合，诚异事也；援庵携示王怀祖《广雅疏证》手稿三册，原稿每字下皆有音切，均删去，或有附见于疏证末者，疏证中于习见之字原有引据，辄复删去，或有先引《史记》，后引《汉书》而同义者，辄删后说，足见当时之矜慎，并不以炫博为贵，若有以为漏略而议补缀者，不知皆作者所弃之余也；又有宋本数种，惟《吕氏童蒙训》二册乃绍定刻本，最可爱。"③

---

① 徐世昌辑：《晚晴簃诗汇》卷 182，中国书店出版社 1988 年版，第 500—501 页。
② 郑逸梅：《艺林散叶续编（新 1 版）》，中华书局 2005 年版，第 188 页。亦可参见傅增湘撰，王菡整理《藏园群书校勘跋识录》，中华书局 2012 年版，第 851—852 页。
③ 许宝衡著，许恪儒整理：《许宝衡日记》，中华书局 2010 年版，第 1372 页。

1935 年 12 月 19 日苏东坡生日那天，傅氏于家中举祭书会，四川乡人同会者有九人①。

后来，傅增湘总结其祭书之会云："藏园岁暮祭书之典，与会者常数十君。或发为咏歌，或题诸典籍，风流胜概，传播长安。"②

---

① 傅增湘撰，王菡整理：《藏园群书校勘跋识录》，第 479 页。
② 傅增湘：《藏园群书题记》，上海古籍出版社 1989 年版，第 876 页。

附录二　晚明清初江南征稿之风初探

　　晚明至清初，江南书业发达，编刻书籍数量众多。其时编者（尤以书坊主人或书坊所聘的操选政者为主）出于各种考虑，发布征启，传播四方，广致邮筒；而各地之诗文亦得以纷纷汇聚于江南，编者据之随收随刻，选评刊印①。这一征稿之风，颇堪玩味，其影响亦颇大②。今据搜检所得，将此一现象缕析如下，希望不但有助于加深对明清江南书业的研究，而且有裨益于今天的各种征稿活动。

一　征稿兴盛的原因

　　书坊征集文稿之举，在中国历史上很早就出现了。有人认为，南宋京城临安的陈解元书籍铺连续编刻了《江湖集》《江湖前集》《江湖后集》《江湖续集》《中兴江湖集》等，均系汇集选编时人之作，应是借助于征稿而成③；而宋代洪迈编撰《夷坚乙志》，虽然没有刊登征文，征集稿件，但其成书方式可能也有征稿的因素④。不过，就目前所知，书坊征稿广告实始见于元末。元刊本《皇元风雅》后集的目录之后，有一则刊刻者

---

① 明清时期，凡有一事之可纪可颂者（如贺寿、庆功等），即于亲朋、同僚、师生间广集诗文，以为纪念。这种纯粹应酬性的征稿，不在本文讨论范围之内。

② 相关研究参见袁逸《古代的征文征稿》，《光明日报》2000 年 6 月 28 日第 B3 版；蒋寅《清诗话的写作方式及社会功能》，《文学评论》2007 年第 1 期；程国赋《明代坊刊小说稿源研究》，《文学评论》2007 年第 3 期。

③ 参见袁逸《古代的征文征稿》，《光明日报》2000 年 6 月 28 日第 B3 版。

④ 参见程国赋《明代坊刊小说稿源研究》，《文学评论》2007 年第 3 期。

"古杭勤德书堂"的"征诗启":"本堂今求名公诗篇,随得即刊,难以人品齿爵为序。四方吟坛士友,幸勿责其错综之编。倘有佳章,毋惜附示,庶无沧海遗珠之叹云。"① 这是一则典型的征稿启事。至于元代的书坊征稿是否普遍,目前并没有充分材料来证明。到了明代(尤其是晚明),苏、杭等地书坊的征启开始大量地出现在各种书籍中,征稿蔚然成风,而且一直延续至清朝初年②。那么,何以晚明清初此风最盛呢? 这主要是因为:

(一) 当代诗文的选编成为一种时尚

晚明至清初,士大夫热衷于评选当代诗文。例如,晚明时期出现了大量的当代诗文总集③;即便是清初天崩地坼的环境下,仍编辑了不少的当代诗文总集④。除了少数一些名家的诗文作品可以通过其别集搜得外,那些名气小、生活在偏远地区的当代文人的诗文作品大多需要通过广泛征集来获取。此外,晚明结社之风甚盛,士子通过诗会、文会结盟酬唱,编刻社稿(诗文集),以助声势,标榜宣传。这些社稿,也经常通过征集来编刻⑤。至于晚明清初的时文选评,更是书坊主热衷的大生意。时文选本自明中叶开始流行,至晚明为极盛,销量大增。时文选本需要不断地推陈出新,那些新出的好时文,亦大多通过征集获得,如《儒林外史》第十三回载:"那日打从街上走过,见一个新书店里贴着一张整红纸的报帖,上

---

① 傅习、孙存吾辑:《皇元风雅》,《四部丛刊初编》(上海商务印书馆1919年版)本。

② 参见张秀民著,韩琦增订《中国印刷史(插图珍藏增订版)》(浙江古籍出版社2006年版)上册页372云:"征诗广告始见于元末,至明末为苏、杭书坊所仿效,而征集范围更广。"另可参见《清诗初集》凡例云:"一、选家例有征启,先期传布,广积邮筒,然后从事丹黄。"《名家诗永》凡例云:"一、刻诗必有征引。"以上分别转引自谢正光、佘汝丰编著《清初人选清初诗汇考》,南京大学出版社1998年版,第181、236页。

③ 参见《四库全书总目》(中华书局1997年版)《总集类小序》云:"至明万历以后,侩魁渔利,坊刻弥增,剿窃陈因,动成巨帙,并无门径之可言。"《〈岭南文献〉提要》云:"……于岭南诸集,搜辑颇广。然明人著作,百分之中几居其九十九。时弥近而所收弥滥,亦明季标榜之习气也。"

④ 参见谢正光、佘汝丰编著《清初人选清初诗汇考》,附录一"清初诗选集庋藏一览表"及附录二"清初诗选待访书目"。

⑤ 如王夫之《永历实录》(岳麓书社1982年版)卷20载:"鲁可藻,直隶和州人。初为诸生,附吴下诸士,标榜立名誉。顾暗劣不通制义,徒以征刻社文,居劳自炫。"

写道：本坊敦请处州马纯上先生精选三科乡会墨程，凡有同门录及朱卷赐顾者，幸认嘉兴府大街文海楼书坊不误。"①

（二）征稿为编书提供诸多便利

对于编书者来说，征稿的好处有：其一，收集材料更广、更方便，尤其是能较轻易得到异地的稿件，如《诗观三集》自序云："而四方之士，辱蒙不弃，咸以诗稿见投，充盈箧笥。"（第149页）② 其二，节省经费。这对于无甚资财的编选者来说尤其重要。即便是大书坊，也可以借此省去很多资费。而且，有的征稿者还可以借征稿之机顺便征集刻资，如《振雅堂汇编诗最》凡例云："一、选家大半寒士。诗文赫赫者，且不能赔出工资，况山林隐逸诸君甚夥，安得尽载帙中。或捐金替刻者，自应感激。"（第222页）《名家诗选》凡例云："但是选剞劂精工，如前辈名家，皆捐资代刻。倘有同志共襄厥成，尤所跂望。"（第274页）其三，借征稿搪塞他人对选者挂一漏万的责难。也就是说，编者已广发征启，士林周知，倘作者不惠予稿件，那编者也无可奈何，罪不在己，即如《补石仓诗选》凡例所云："一、搜访有心，邮筒莫致。"（第130页）而且，编者往往在征稿中强调，现在的缺漏，可以通过以后的续集来补救，如《国雅初集》凡例云："盖即以箧中之藏，先以行世，未及广征，见闻所阙，俟之二集蒐补云。"（第90页）《过日集》凡例云："一、因索稿不得，而他选中去取复有异同，故不敢以一奩概全体，宁阙之以俟他日。"（第194页）更有投机的诗文编选者，以征稿为幌子，并不关心其效果，最后只是从一些现成的别集、总集中选取材料。其四、方便筛选、取舍，省却人情麻烦，如《诗源初集》凡例云："一、选不征诗，若叩门求之，所见或不逮所闻，以为我负诸矣。……"（第64页）也就是说，如果不征诗，而登门访求，那么所得之稿若不合适，就不好舍弃；若广泛征诗，一视同仁，则不存在这一问题。

（三）出版业发达

出版业兴盛无疑是推动征稿之风的主要原因之一。明代中期以后，商

---

① 吴敬梓著，洪江校点：《儒林外史》，上海古籍出版社2012年版，第187页。

② 转引自谢正光、佘汝丰编著《清初人选清初诗汇考》，第149页。以下本文从此书中转引之材料，均单标页码于所引材料之后，不再另出注。

业化的出版开始兴盛起来，一直持续到清代初期。除了一般读书人感兴趣的诗文选本外，通俗文艺作品、日用百科读物、时文选本等，在当时也相当流行。其时，很多有钱的商人注入资金，开设书坊，编刊大型图书。在出版业竞争越来越激烈、图书流通加快的情况下，如何更快更多地获得稿件，成了书坊主十分关注的问题，因此，一些精明的书坊主想到了征稿。目前所见征稿材料中，多可发现书坊主对编书的操纵，如《过日集》凡例云："……兹欲暂毕初集，以应坊人之求，其他名篇，嗣登二集。"（第191页）《汇纂诗法度针》凡例云："一、……是集促于开雕，以应坊贾之售，不特别风淮雨之讹，触手即得。"[1]《古文未曾有集》"凡例十则"云："一、……兹因坊人之请，先梓是集，以公同好。"[2]《燕台文选初集、补遗》"凡例五则"云："用是裒辑成帙，爰付梓人。……奈都下梓工甚少，贾人力请从简，余亦有南还之棹，仓卒告竣，阙略甚多。"[3]

（四）以征启（或凡例）为图书作广告宣传

晚明清初，书坊在出版书籍（尤其是连续出版物）时往往会附有征稿启文（或征稿凡例）。这些征启（或凡例），既是对该书的一种宣传，同时也让读者对书坊出版的其他读物有所了解，尤其是为即将出版的书作广告宣传。因此，有相当多的征启（或凡例）在介绍该书的同时，还提到二集、续集即出，读者可以继续投寄稿件，如陈仁锡评选《明文奇赏》所附征启，即谈到为编续集而征稿[4]。又如《昭代诗存》凡例云："一、兹选既竣，予即勉事二编。凡远近诸名家瑶章大刻，速求惠赐，以成巨观。"（第169页）《皇清诗选》凡例云："一、是书问世后，随有二集，海内大家不我遗弃，幸即以瑶篇见寄，且云既梓《见山亭古今词选》一书，书成之后，邮寄诗余及文集者更夥，行将又有词选文选之役。鸿章隽调，并望俱邮；沐枣拭梨，俟成诸集。"（第174—175页）《明诗平论二

---

①　徐文弼辑：《汇纂诗法度针》，《四库禁毁书丛刊》本，北京出版社1997至1999年影印（下同），集部第170册。

②　王甫白辑评：《古文未曾有集》，《四库禁毁书丛刊》本，集部第155册。

③　田茂遇辑，乔钵增辑：《燕台文选初集》八卷《补遗》一卷，《四库禁毁书丛刊》本，集部第122册。

④　参见袁逸《古代的征文征稿》，《光明日报》2000年6月28日第B3版。

集》目录后题："……实多挂漏，殊愧大观。统俟三集备焉。"①

此外，交通便利、通邮迅捷可靠等②，也为晚明清初征稿的风行提供了有利的条件。

二　征稿的范围

晚明清初时期，书坊或编者征稿范围很广，所征包括诗词、古文、时文、信札、公文案牍、故事传说等。

（一）征诗

其时最普遍的征稿是征诗。如前所述，明中期以后，当代诗文选编之风颇盛，其中尤以诗集的选编最为风行，因为相对来说，诗歌作品数量更多，诗集的选编更方便。当时的征诗（包括词、赋），所征不但包括士大夫的诗，而且包括山林隐逸、闺阁名媛之诗，如《今诗粹》凡例云："一、……故颜曰初集，而以征引附行，冀得遍搜海内琼瑶，以备大观。……伏祈征引所至，名公巨手，咸勿金玉尔音，广为邮寄，是所望也。"（第74页）《诗持一集》凡例云："一、……有志千秋者，乞以全稿邮寄白下，共商剞劂焉。"（第115页）卓尔堪《遗民诗》凡例云："至耳目所未逮，正在访求补入，四方同志倘有留心收录者，敢恳邮筒惠寄，以便续选入集，不致憾于遗漏。"（第265页）苏州书商胡孝思辑《名媛诗钞》序云："四方名媛如有不吝赐教，有琼章见贻者，幸邮至苏郡府学前凤池门胡抱一舍下，以便续刊。"③

（二）征文

文有多种，包括四类。

古文、时文。如《明文霱》凡例云："一、近时三数名公，或仅得之邮寄，或偶购之肆中，品骘甚严，而耳目未备，嗣有续选行世。"④《陈明

---

①　朱隗辑评：《明诗平论二集》，《四库禁毁书丛刊》本，集部第169册。

②　[英]崔瑞德、[美]牟复礼编：《剑桥中国明代史1368—1644》下卷，杨品泉等译，中国社会科学出版社2006年版，第611页载："尽管信不一定能送到，但在明代，人们对信能送到目的地抱有信心。"这种信心显然对征稿很有必要。

③　转引自蒋寅《清诗话的写作方式及社会功能》，《文学评论》2007年第1期。

④　刘士鏻辑评：《明文霱》，《四库禁毁书丛刊》本，集部第93—94册。

卿先生评选古今文统》"漫书"（即书前之凡例）云："《奇赏》诸编，盛播海内，自有全帙之选轶鸿文，悉入二集。"① 崇祯年间苏州坊刻本《皇明今文定》附录云："此刻据予十余年来藏本，增以近科。然嘉、隆以来，先辈未见全稿者尚多；近科房书藏稿，经选手漏遗者，又未及见。而海内岂无湛思坚忍不好浮名者，倘嘉惠后学，邮寄阊门徐氏书室，共成补刻，此不佞所厚祈也。"②

书信。晚明清初出现了不少书信集（有士大夫自编的，也有书坊编的），这主要是因为：一方面，好的书信是好的文章，可以为大家所欣赏；另一方面，规范的书信可作为一种写信模式、活套，为一般人所仿效，如实用性的尺牍大全及汇编。这些尺牍汇编的稿件，也需征集，如李渔编的《尺牍》系列，其《尺牍初征》书首有"征尺牍启"称："今即以《初征》为媒，见斯集者，谅有同心；倘蒙不鄙，悉为邮寄，则仆得以竟此鸿愿，岂独《二征》《三征》《四征》而已耶！"③ 书信作为特别私人性的东西，被广泛地征刻，更说明了大家对征集稿件这种做法的普遍认同。

文告、文移、条议及判语等。如李渔的《资治新书》系列，专门收集地方公文判牍，有初集、二集、三集。其初集卷首"征文小启"云："名稿远赐，乞邮致金陵翼圣堂书坊。稿送荒斋，必不沉搁……"④

四六文。如李渔辑《四六初征》"凡例"云："一、凡征辑名文，务求备体，草草塞责，未免挂一漏万，是以向刻《资治新书》，尽口文移，不及四六，原欲另为一帙，庶为大观。今四六专选，衮然成书，用公宇内矣。……一、海内名作如林，自愧寒愚，未能广辑，特借是集为贽，庶得邮寄，以观二集之盛。伏愿橘山之外，更见梅亭；潘江所赐，同归陆海。不远千里，共集大成。"

此外，如陈子龙等编《明经世文编》，主要通过征集文集，从中选取奏疏、序、记、议等各体经世致用的文章，其凡例云："一、藏书之府，文集最少，多者百种，少者数家。四方良朋，惠而好我，发缄色动。及至开卷，

---

① 张以忠辑：《陈明卿先生评选古今文统》，《四库禁毁书丛刊》本，集部第 134 册。

② 转引自黄镇伟《坊刻本·苏州坊刻》，江苏古籍出版社 2002 年版。

③ 李渔辑：《尺牍初征》，《四库禁毁书丛刊》本，集部第 153 册。

④ 李渔：《李渔全集》第十八册，浙江古籍出版社 2014 年版，第 7 页。

恒苦重复。予等因遣使迻出，往复数四。一、……海内同志，有司空之富者，幸惠抄录，以俟续选。"吴晗"《明经世文编》序"亦云："……材料的搜集，除了松江本地的藏书家以外，还通过文社的关系，吴、越、闽、浙、齐、鲁、燕、赵各地的儒生、士大夫，都群策群力，访求征集，所得文集在千种以上。"①

（三）其他

事实（如人物传记、事迹、逸事、掌故）、故事素材、笑话、戏曲、小说②等，亦有征集。如《留溪外传》书前所附"征近代忠孝节义贞烈豪侠隐逸高人事实作传发刻启"云："……伏愿慈孙孝子、哲士仁人，或目击，或耳闻，悉其事，明以告。"启后署有稿件投寄地址："凡有事实，可寄至江宁承恩寺前轿夫营刻字店蔡丹敬家，或扬州新盛街岱宝楼书坊转付可也。"③又清代蒲松龄著《聊斋志异》，即通过友朋乡邻辗转托请，求索故事素材："久之，四方同仁又以邮筒相寄，因而物以好聚，所积益夥。"④

需要注意的是，由于当时很多书坊出书范围很广，因而其征稿往往不是单为一两种书而施行，而是多书并征，征稿范围十分宽泛，如崇祯六年（1633）陆云龙峥霄馆刊《皇明十六家小品》所附征稿启事云："见惠瑶章，在杭付花市陆雨侯家中；在金陵付承恩寺中林季芳、汪复初寓。"其征集范围包括：一、刊《行笈二集》，征名公制诰、奏疏、诗文、词启、小札；一、刊《广舆续集》，征各直省昭代名宦人物；一、刊《续西湖志》，征游客咏题，嘉、隆后杭郡名宦人物；一、刊《明文归》，征名公、逸士、方外、闺秀散逸诗文；一、刊《皇明百家诗文选》，征名公、逸士、方外、闺阁成集者；一、刊《行笈别集》，征名公新剧，骚人时曲；一、刊《型世言二集》，征海内奇闻⑤。清初李渔征稿的范围也很广，据

---

① 参见陈子龙等编《明经世文编》，中华书局1962年版，第57、5页。

② 参见程国赋《明代坊刊小说稿源研究》，《文学评论》2007年第3期。

③ 陈鼎：《留溪外传》，《四库全书存目丛书》本，齐鲁书社1994至1997年影印（下同），史部第122册。

④ 蒲松龄著，任笃行辑校：《全校会注集评聊斋志异》，齐鲁书社2000年版，第29页。

⑤ 何伟然、丁允和选：《皇明十六家小品》，《四库全书存目丛书》本，集部第378册。

其所编《四六初征》"凡例"云："一、芥子园新辑诸书，自《尺牍初征》《四六初征》《资治新书》外，尚有《纲鉴会纂》《明诗类苑》《列朝文选》出，万望四方名彦尽启秘藏，以光梨枣。"①

三 征稿的方法

书坊及编者常用的征稿方法之一是发布征启。这些征启，有的是单独发布的，有的是附书而行的。我们目前所能见到的征启多为附书而行的。通过新印行图书的凡例，来表明征稿的想法，也是非常普遍的。此外，指名函索、贴告示、请朋友帮助搜集等也是当时采用的征稿方法。需要注意的是，以上这些方法在征稿时往往是混合使用的。也就是说，书坊及编者在发布征启的同时，一般还会在凡例中列举征稿的原因、范围与投稿地址，甚至指名函索等。

（一）发布征启

征启亦称征引，即征稿的启文、引文。在古代，启文、引文均是一种典型的应用文②，有特定的功用与固定的行文套路。就征稿而言，其启、引的内容虽然很简单，但文字表述要讲究典雅，写起来有一定的难度，如清代王思训所作"征刻滇诗启"为："……凡兹感慨，尽人豪吟。在昔名流，类多杰构。徒以历年兵燹，都埋于戈船楼橹之间；万里风尘，不达于天禄石渠之内。遂谓南荒西徼，原不生才，长使骚客词人，难消斯恨。今欲合前贤时髦，律以三唐；辑旧咏新词，分为两集。付诸剞劂，虽非金碧之全身；播厥寰区，稍露苍华之真面。广加搜采，藉以表彰；望我同人，共勤其事。家藏秘籍，自制佳章，凡有片羽之投，胜得百朋之锡。俾知列贾浪仙于流寓，柘东原风雅之名邦；祀王逸少为圣人，《滇纪》祇荒唐之陋说。谨启。"③又如《皇清诗选》孙鋐"征刻皇清诗选二编启"为："……所冀墨卿君子，艺苑鸿儒，与有同心，悉公藏弃之秘，惠而好我，允贻卷帙

① 李渔辑：《四六初征》，《四库禁毁书丛刊》本，集部第134—135册。

② 陈枚辑，陈德裕增辑：《凭山阁增留青新集》卷9《启·征引类》，《四库禁毁书丛刊》本，集部第54—55册。

③ 鄂尔泰修：《云南通志》卷29之10《艺文志·本朝》，《文渊阁四库全书》本，台湾商务印书馆1986年影印（下同）。

之珍。……爰赍油素，以纪见闻，敬俟麦光，即登梨枣。谨启。"（第208—209页）《国朝诗的》"征诗引·征选《国朝诗的》引"为："凡诸白璧之遗，愿辍绛云而赐。……统虚群札，企溢百朋。谨启。"（第306页）因此，征启往往会请名人撰写：一方面希望能写出文采飞扬的征启，另一方面也希望借助名人的广告效应①。

除了附书而行及张贴于书坊门前外，征启刊印的数量及如何发放，目前均不太清楚。不过，《瑶华传》第十回中关于诗社征启的描述可以为我们提供一些参考："我闻得汴梁一带，能诗者甚多，应该立起一个闺秀诗社来，彼此均可有益。我且到汴梁，代你做篇征启，遍处传来。凡有闺秀来我庄上入社者，都要好好接待，少不得邻近数百里中，翕然都来了。……福王又请个饱学，代瑶华口气，做了一篇征诗启，刊刷了整千张，遍送汴城内文武各官，并嘱令转送远近缙绅士庶。这一传，引得这些闺秀，欣慕之心跃跃欲动。"② 这诗社征启与一般书坊编书的征启应有较多相通之处，而且，相对而言，书坊的征启应该数量更多、传布更广。

征启的内容一般包括三个部分。第一，征稿的目的或原因。一般来说，征稿者多会提到自己拘守一地，见闻有限，只好求助于四方，如《尊阁诗藏》"征启·征选今诗藏引"云："近体先经付梓，诸卷嗣将汇成。第恐孤吟只困于壤虫，寸管难窥夫全豹，敢恳高贤长者，锡之佳制，俯慰调饥。"（第142页）第二，对稿件的要求。征启中会明确说明自己目前准备编的是什么书，需要什么样的稿件（或诗或文），至于稿件的质量、长短、数量、新旧，征启中很少作具体的要求，但一般会希望来稿多多益善，而且要写清官职、籍贯、姓名及字号，如前引"征选今诗藏引"云："或前编登载无多，大名不妨再见；或新咏各体具备，压卷藉以增

---

① 目前所存明清人文集中，就收有一些征启，如徐士俊：《雁楼集》（清康熙五年刻本）卷19"征刻闰元宵诗词启""征选丁卯行卷桐风集启""征选闰阁诗词启"；陈维崧：《陈检讨四六》（《文渊阁四库全书》本）卷17"征刻今文选今文钞启"；等等。也正因为征启为应酬性文字，一些有个性的名人不愿意作此，如黄宗羲就声称平生不为人作征启："乞言征启，投递沿门；无与文字，买菜积薪。凡彼应酬，仆不敢闻。"参见《黄宗羲全集》第十册《作文三戒》，浙江古籍出版社1993年版。

② 丁秉仁撰，袁建校点：《瑶华传》，辽沈书社1992年版，第93—94页。

光。至于爵衔里居，原名别号，亦祈细加详示，以便刊入简端。"当然，有不少书坊征启并不只为了征取一两种在编之书的稿件，而是多书并征，将书坊近期拟编刻的书一并附入征启来进行征稿，如前述的明何伟然选、陆云龙评《皇明十六家小品》所附征启就是这种情况。第三，稿件交付的方法。征启中一般会标明稿件交付的地址，如前引何伟然、陆云龙评《皇明十六家小品》征启云："见惠瑶章，在杭付花市陆雨侯家，在金陵付承恩寺中林季芳、汪复初寓。"有的征启还会特别说明稿件既可以邮寄，也可以面交，如前述《明文奇赏》所附征启末署："愿与征者，或封寄；或面授，须至苏州阊门间的书坊酉酉堂陈龙山当面交付。"

（二）凡例标示

目前存世的晚明清初书坊所编刻之书的凡例中，有大量关于征稿的论述，如：《尺牍新钞》"选例"云："傥不吝瑶琼，惠而锡我，嗣成续集，伫候好音。"① 《尺牍兰言》凡例云："一、……斯编告竣，随有二集，海内著述大君子不弃鄙陋，幸各惠鸿章，毋吝金玉。"② 《国朝诗选》凡例云："一、海宇名流，诗集未及见者甚多，不无沧海遗珠之憾。拙序已详言之。伏恳邮寄据经楼，以便添入。"（第 339 页）

相对于追求文辞典雅的征启而言，凡例对征稿范围与要求的标示更详细、更明确，如《清诗大雅二集》凡例云："一、客岁与同学团子冠霞合订《正气诗集》一书，凡表彰忠孝节义之言，不论事迹古今，概为选录，其于世道人心不无裨益。当代作家著有名篇，统希惠教。"（第 327 页）又如《骊珠集》凡例云："一、同人如朱子近修……，俱未见以集见贻。……颙望速惠新集，入五律七绝中也。一、……今赵子山子复约余同订《丘樊》《台阁》二集。同人名篇，幸即惠寄，并详注爵里是望。"（第 109 页）既指明征求的内容，又特别指出来稿要写清官爵、乡里。有的征稿凡例还特别标明希望收到何种稿件，不希望收到何稿，如《诗持二集》凡例云："一、傥不吝鸿章，下询蒭荛，必须全稿见贻，以便抉择。……若所惠教，仅寥寥一二篇，又多投赠祝挽之词，绝非得意者，悉置高阁。一、至

---

① 周在浚等辑：《尺牍新钞》，《四库禁毁书丛刊》本，集部第 36 册。
② 黄容、王维翰辑：《尺牍兰言》，《四库禁毁书丛刊》本，集部第 35 册。

若友人口诵，及扇头、单条上抄录者，不便赘叙。"（第119页）《清诗初集》凡例云："一、是刻将成，远方邮寄折柬，纷投其间。姓氏多讹，里居未晰。或素昧平生，单刺遥致者，概不敢轻入。"（第182页）《盛朝诗选初集》凡例云："一、祯因鄙性悭执，不欲冒昧操选，故必因其投赠，或系彼好友见贻，方敢入集。兹选有存有不存，非开罪脱略也。征引附于集端，凡有刻集抄稿，倘惠而好我，如锡十朋，敢不寿诸梨枣，以传世云。"（第246页）《清诗大雅》凡例云："一、同人或有故友遗编，果属大雅之章，寄到必先付梓，以表幽光。此仆之本志也。一、本朝先辈名家，既有专稿行世，而操选之家，多有借光者，固无待仆传。至于未有专稿，未入时选者，仆即急梓先传。"（第323页）

　　凡例对来稿的投递地址也有明确的说明，如《诗源初集》凡例云："而二集佳什，若于吴门，求寄金阊门外凌家巷清忠风世坊下口宅；秣陵，乞寄雨花台下梅冈书屋，必无有误。"（第66页）《诗观初集》凡例云："是编行后，即谋二集。鸿章赐教，祈寄至泰州寒舍。或寄至扬州新城夹剪桥程子穆倩、大东门外弥陀寺巷华子龙眉宅上。其京师则付汪子蛟门，白门则付周子雪客。邮寄最便。"① 前引《尺牍新钞》书前题记云："更祈海内同人共惠瑶篇，续成锦集。凡有所寄，望邮至金陵状元境内大业堂书坊，或苏州阊门外池白水书坊。二集即出，尤望早寄。"《名家诗永》凡例云："一、续到佳章，悉登二集。乐府诗余，将各成书。同志之人，惠而好我。金陵则胡致果，广陵则宗林宗，皖江则陈孔皆，秋浦则郎赵客，皆属心友，可托邮筒，庶无浮沉，曷胜跂望。"（第239页）《名家诗选》凡例云："凡有鸿章伟制，祈邮寄广陵运司前淮北会馆内自收，或北圈门程友声舍甥处亦可，北柳巷则梓人徒圣言处，书林则新胜街集古堂绿荫堂，俱无浮沉之失，皆可随次编选入卷。"（第274页）《清诗大雅》凡例云："一、南北同人鸿章，祈即寄至苏州阊门外山塘通贵桥湖田书屋，或寄至徽州休宁县城里西门桥由舟山房。随到随即选梓。"（第323页）从以上所开征稿地址可以看出，有的投递地址分为好几处，分散在南京、苏州、泰州、扬州等地，有的甚至远至北京，形成了一个个幅员广

---

① 邓汉仪辑：《诗观初集》，《四库禁毁书丛刊》本，集部第1—3册。

阔、通邮迅捷的征稿网络。这种征稿网络的设置，既方便投稿，又说明征稿者对征稿的重视。

（三）其他

其他征稿方法还有：其一，指名函索，如孙枝蔚《溉堂文集》卷二"与顾茂伦"云："向者屡蒙索及拙稿，云方有《骊珠集》之选。"① 李渔在编选《尺牍》系列时，曾致书向吴梅村征稿："至于尺牍新篇，尤望倾庋倒箧。"在复杜浚（于皇）信中亦提到："来牍九首，拙选已登其八。惟复何元方一札，过于抹倒时人，未免犯忌，故逸之。"② 其二，书店于门前贴告示征稿，如前引《儒林外史》第十三回载："那日打从街上走过，见一个新书店里贴着一张整红纸的报帖，上写道：木坊敦请处州马纯上先生精选三科乡会墨程。凡有同门录及殊卷赐顾者，幸认嘉兴府大街文海楼书坊不误。"其三，请朋友帮忙征求，如《皇清诗选》凡例："一、余索居京邸，眇见寡闻，一时佳选，惟见邓孝威之《诗观》……其余种种诸集，皆从合肥李阁学、高都陈掌院、合肥许比部三先生处借得外，或吉光片羽，得之壁上，得之扇头，得之残笺，得之蠹简，而广为罗致者……后得蕴雯先生将所征选定之诗尽以见饷，蔚然成大观矣。"（第174页）《清诗初集》凡例："一、厥后李子劭庵，寄自景陵；叶子井叔，邮来黄郡。篇帙累累，备采尤多。"（第182页）《名家诗永》凡例："独孔君振声，都门寄书，代征名作，至今未到。"（第238页）《清诗大雅二集》凡例："一、仆齿近古稀，艰于跋涉，各有赖同人为采访。惟京师乃人文聚会之区，上自公卿，下及韦布，著作彪炳，尤所心仪。倘蒙赐教，佳章交嘉定张太史南华先生处邮寄最便。"（第327页）

四　对晚明清初征稿之风的思考

晚明清初征稿之风对当时图书编刻产生了非常重要的积极影响，但是，征稿作为搜求编书资料的一种方式，有着自身的局限性与缺点，对编书也带来了诸多负面影响。兹简析如下。

---

① 孙枝蔚：《溉堂集》下册，上海古籍出版社1979年版。

② 参见李渔《李渔全集》第一册，第154页《与吴梅村太史》、第148页《与杜于皇》。

（一）征稿效果明显，但征稿只是当时编书资料来源之一

晚明清初，征稿效果非常明显，由此直接推动了一系列大型图书及连续出版物的编刻，如前引《诗观初集》凡例云："辛亥久驻维扬，诸公过存，辱以专稿见饷，兼以南北邮筒，络绎相望，遂成钜观。"由于邮寄、投赠的稿件太多，在《初集》编成后，又陆续编辑了二集、三集，据《诗观二集》自序云："予时坐昭明文选楼，日披四方所邮诗稿，虽困餧不倦。"（第147页）此外，王锡侯辑《国朝诗观》自序云："兹综十三郡之作及外省邮寄者口若干卷，镂之于木。"① 《盛朝诗选初集》凡例："一、海内篇什，星稠绮合，至今而蔑加矣。在京华者，十得二三，未能遍征。其外邮筒所及，无虑万家，搜罗难尽。"（第245页）可见当时征稿范围之广，征集的稿件之多。

但是，我们需要注意，征稿并不是晚明清初搜集编书资料的唯一途径。蒋寅《清诗话的写作方式及社会功能》曾指出："就资料的来源和采集方式而言，诗话的素材主要得自访求、徵稿和投稿。"程国赋在《明代坊刊小说稿源研究》亦总结说，坊刊小说的稿源渠道有四种，即购刻小说、征稿、组织编写、书坊主自编②。事实上，对于一般的诗文选集来说，其稿件来源亦有多种：或者友朋投赠，日积月累，渐至成集③；或者选自各家专集、选集④；或者四出采访⑤；或者抄自扇头、壁上；等等。此外，名人及有个性的士大夫往往不屑征稿，也不愿投稿，故投稿者多为无名之辈；征稿多为江南书坊主的行为，江南以外地区的书坊及编书者，多

---

① 王锡侯辑：《国朝诗观》，《四库禁毁书丛刊》本，集部第35册。

② 参见蒋寅《清诗话的写作方式及社会功能》，《文学评论》2007年第1期；程国赋《明代坊刊小说稿源研究》，《文学评论》2007年第3期。

③ 明清士人，因任职、求学、访友、投考、旅游等原因，常出游四方，故得访求各地之诗文，并与各地之士人诗文酬答，以搜集诗文，如前引《诗观初集》凡例云："仆历年来浪游四方，同人以诗惠教者甚众。"

④ 《清诗大雅》凡例云："一、本朝先辈名家，既有专稿行世，而操选之家，多有借光者。"（第323页）

⑤ 如陈子龙等编《明经世文编》，即派人四处访求稿件。据该书（中华书局1962年版）凡例云："……予等因遣使送出，往复数四，或求其子姓所藏，或托于宦迹所至，搜集千种，缮写数万。"

不通过征稿来搜集材料。因此，虽然征稿之风颇盛，而且在当时对编书确实起到很大的作用，但征稿并不是当时编纂图书稿件来源的唯一方式。

（二）搜罗范围扩大，保留了不少珍贵的资料，但其地域特征也很明显

通过征稿网络，江南书坊编书的稿件来源范围扩大至全国，而书坊也确实能征集到偏远地方的稿件。因此，较之以前士大夫独立的编书相比，晚明清初江南书坊通过征稿给编书带来了两个明显的变化：一方面，大量的偏远地方（相对于江南）的诗文得以选入总集；另一方面，大量小人物的诗文，通过征稿而编入总集得以流传于后世。事实上，目前存世的晚明清初诗文总集，确实是保留了不少历史上小人物的作品。甚至可以说，通过征稿，也唯有征稿，这些小人物的作品才有机会被刊行，获得当时人的了解，并流传至今天。

不过，如前所述，征稿主要是江南书坊主的行为，尽管他们也不断扩展征稿网络，包括留下诸多方便邮寄递交稿件的地址，也甚至委托北方尤其是北京的友人代为征求、收集，但很显然，征稿范围还是有限，远地的稿件难以罗致。这主要是因为书坊的征启、征稿凡例传布的范围有限，而且远地的稿件投寄费时，亦易浮沉（遗失）。所以，当时很多征稿者都曾抱怨征稿之艰难，尤其是抱怨远地稿件难收到，如《皇清诗选》"刻略"云："……鉉索居寡与，千里之外，足迹限焉。兼以困于诸生，不能专心搜园，故所得独吴越为最富，非有所徇，势则然也。京师各省之诗，多出乡先达邮寄，及同社见贻。若滇、黔每省，不过数人，人不过数章，孤陋之讥，自是难免。"（第214—215页）《名家诗永》凡例云："一、刻稿固自流传，抄本愈用珍惜。是集多得之散笺，故人不数首。至远省无从得稿，则次之各选。一、至有梓事告竣，而邮筒始至者，不得不列诸各卷之末，阅者谅之。……一、本郡地近易详，四方友人谅不责仆之私。"（第235—239页）《启祯遗诗》"凡例"云："一、三大事诸公，多四方之产，河山阻绝，重以兵戈，搜访有心，邮筒莫致。"[①] 从目前所见的诸家编选的总集中也可看出，江南地区诗文收入者多，而江南以外地区诗文则收入者少。

当然，江南本身文化发达，人文荟萃，诗文作品多，自然收入总集

---

① 陈济生辑：《启祯遗诗》，《四库禁毁书丛刊》本，集部第97册。

者多。不过，从当时征稿者的本意来说，他们是想通过广泛的征稿，使更多外地的优秀作品得以入选总集。但事实上，征稿的结果却没能很好地反映这一点，反而使江南诗文雄视天下的地位更突出。因此，从表面上看，征稿是一视同仁的，公平地对待各地士大夫，甚至是希望更多地挖掘江南以外地区的人才，但最后的结果却是在不断地强化着江南的文化地位乃至霸权。

（三）随到随刻，方便快捷，但体例不纯，质量较差

征稿多为书坊之行为，由于商业竞争的需要，这些书坊主往往等不及所有稿件到齐后再统一编辑，而是随到随刻，不加选择。这样做省却了编选的麻烦，方便操作，使得出书迅捷。据《太仓文略》凡例云："一、……一有所得，随选随刻，不复一一编定。"① 前引王锡侯辑《国朝诗观》"诗例"云："一、诗卷前后，随到随刻，未尝计及官阀履历世次工拙也。"《明诗选》凡例云："一、盛明百家诗，刻于嘉靖年间，随蒐随刻，不复选择。"② 前引《诗观初集》凡例云："诗随到随梓，不序前后。"《诗观二集》凡例云："一、惟以新篇赐教者，更为点定付梓。一、诗篇随到随刻，并不因爵位崇卑，人物之新旧。借是修隙，岂属同心。"（第148页）《昭代诗存》凡例云："一、集分十四卷。有居最先者，即有居后殿者。然亦第因邮筒所至之先后，为涉笔之先后，并为付梓之先后。"（第167页）《皇清诗选》凡例云："然或先或后，随得随梓，未能次第，其间高明自必原谅。"（第174页）《盛朝诗选初集》凡例："一、……每卷以五十页为则，盈则复起，随到随刻，不论年月，不限成数也。"（第245页）《清诗大雅》凡例云："一、诗到，随选随梓，不序前后，照《诗观》例。"（第322页）《国朝诗选》凡例云："一、集中诸名家诗，以得诗迟早为次第。位置参差，读者谅诸。"（第338页）

不过，这样一来，必然造成所编之书分类不清，排序混乱，甚至前后重见叠出，疏漏严重，最后只能通过不断地出续集以修正、补救，如《国朝诗别裁集》凡例云："初刻中邮寄篇翰，时候不齐，有镂板将成，

---

① 陆之裘辑：《太仓文略》，明嘉靖二十二年（1543）王梦祥刻本。
② 华淑辑：《明诗选》，《四库禁毁书丛刊》本，集部第1册。

陆续远到者，科目辈行之先后，不能倒置也，因于三十二卷外，复辑补遗四卷。"（第 346 页）又如陈子龙等编《明经世文编》，本想收罗全备，但在书贾对篇幅与出书速度的干预下，只好忍痛割爱，据该书凡例云："一、此编以详备为主，极目赏心，初无限制，及工告竣，而又得名集百部，予辈悉欲撮录，乃书贾捆载，迟重为嫌，难于行远，凡系续收，割入续集。"① 因此，那些书坊主持的征稿编书，其质量是很难保证的。

晚明清初士大夫编书，本重在"选"，以操持选政为荣。征稿之推行，正是配合编书、选政而开展的，其目的是使编书有更多的稿源。但是，征稿所带来的结果往往是"无所选择、未能次第、随到随刻"地编书，完全违背了士大夫"选"诗文之初衷。这从根本上反映了征稿迟速难定与书坊追求出书速度的矛盾。这也难怪有的书坊徒以征启虚张声势，而实际编书却是凭借现成的专集、选集撮合而成。

（四）投稿方便，但投寄稿件往往会有遗失

如前所述，江南书坊征稿网络众多，地址明确，交通方便，而且稿件交付方式多样（可以邮寄，也可以面交，也可以转托他人投送），有利于各地稿件的投寄，使稿件的收集变得相对容易了很多。

但是，由于诸多因素的影响，稿件在投寄过程中遗失也是非常普遍的事，尤其是偏远地方的稿件更是如此，据《诗源初集》凡例云："一、得一人如获一师，得一诗如获一璧。而梁溪钱子础日托人贻诗。此人拟向长安归，寄来浮沉石头者既多。……更有恨事，计子甫草、沈子子相、许子竹隐，及殿飏陈公、昼初马公、九万陆公，皆误投一童姓者。童坊鸣佩、采握二君，则善人也，外有一人，虽童氏，实非二君之比。今余不著其名，坊中之长脚耳。烟花无赖，灭裂风雅。诸公诗，偶入其手，辄废去。来谓予曰：'诸公诗，留于二集矣。'予曰：'何谓？'驵曰：'闻已竣工耳。'予曰：'未也。'急索之，已尘浣矣。此真名教之罪人也。"（第 65 页）

由于征稿中稿件遗失是常有的事，所以大多数征稿者往往会在征启或征稿凡例中明确声明，若稿件投寄遗失，不能收入所编之书，责任不在编者。如前引《诗观初集》凡例云："同人不分仕隐，诗到者即为登选……至

---

① 陈子龙等编：《明经世文编》，中华书局 1962 年版，第 57 页。

邮筒远寄，或致浮沉，实非仆咎。"《昭代诗存》凡例云："一、邮寄瑶章固多，然亦有付托失人，竟致沉阁未到小斋者；亦有舛致他手，虽明知惠仆，竟弗转致者，以故集中遂不获藉光。非余什袭藏之，不以示世也。"（第168—169页）《皇清诗选》"刻略"云："……千里邮笺，浮沉不免。其有竣役之余，瑶章始致。阙遗是愧，概俟将来。"（第215页）《清诗大雅》凡例云："一、同人不分仕隐，见诗即登拙选。倘邮筒浮沉，或被延揽者遗失，均非仆咎。"（第323页）

（五）征稿增加了士大夫的交流，但有人亦借此广泛结纳，求名逐利

以往学者选诗文，由于条件所限，多关注的是一时一地之诗文。而晚明清初的征稿者，则将搜集诗文的视野扩大至全国。在征稿过程中，频繁的稿件往来、诗文投赠、选编评点，无疑增加了全国范围内士大夫间的交流，尤其是增加了江南士大夫与异地士大夫的交流。

但是，由于征稿没什么限制，征稿者良莠不齐，故有一些人借此途广泛结纳，求名逐利，即如《清诗大雅》杜诏序所云："督督然妄操铅椠，胸中茫无决择。大都意在求名，甚或藉以射利。凡所胪列，多一时公卿贵人，下至阛阓贩负之徒，亦得滥厕其间。"（第321页）其具体表现在：其一，以征稿来结纳显宦名流。有的小人物在编选诗文时借大量收录显宦名流著作，谬加夸扬，以讨好他们，如《过日集》凡例云："一、周栎园语人曰，今之操诗选者，于风雅一道，本无所窥，不过藉以媚时贵耳。"（第192页）其二，曲徇人情，亲朋好友诗文滥入集中，如《国朝诗的》凡例云："一、凡选有借刻代刻之谬。或因好友嘱致，欲附噉名；或因解惠频施，藉以塞报。"（第304页）其三，本无意选刻诗文，实借此赚取名声，如《诗持二集》凡例云："盖近日征诗成套，初无选刻，实意不过借此作纳交之资。"（第117页）《国朝诗别裁集》凡例云："国朝选本诗，或尊重名位，或藉为交游结纳，不专论诗也。"（第343页）其四，本无意选刻诗文，实借此邀取刻资，如潘江《龙眠风雅续集》"例言"云："近今选家林立，非借为贡媚之具，即藉为网利之口，往往攫取多金，未锓只字，又顾而之他。"①

---

①　潘江辑：《龙眠风雅续集》，《四库禁毁书丛刊》本，集部第98—99册。

　　综上所述，尽管征稿为晚明清初编书带来了诸多便利，但征稿的负面影响也是十分明显的，因而当时士林即对征稿之风多有批评之声（参上段所引诸文），而《四库全书总目》更是将那些征稿编刻之书一概贬入存目之中，并对征稿编书的行为作了深入的批评："征选诗文，标榜声气之风，未可据为实录""又声气交通，转相标榜。其入品者洪武至正德仅七十九人，嘉、隆两朝乃至五十三人，而附见名姓者尚不在其数。大抵与起纶攀援唱和，有瓜葛者居多。卷末附书牍二十篇，皆答征诗谢入选者，其大略可睹矣""然其所选，则皆为交游声气地，非有所别裁也""由于随时续镌，故辗转增益。其编次漫无体例，亦由于是也"①。这些批评对我们全面反思及客观评价晚明清初征稿之风对编书之影响，有十分重要的参考价值。事实上，正如邓之诚在"《国朝诗品》跋"中一针见血地指出的："其实此等书，早应湮没……时值承平，游士得以此猎食。故清初诗选最多，今十不存一矣。"（第313页）晚明清初那些通过征稿编刻的图书，尽管数量颇多，但由于质量较差，大都如过眼云烟，随出随灭，难以流传久远。

---

　　①　以上分别见纪昀等《四库全书总目》"《留溪外传》提要""《国雅》《续国雅》提要""《皇清诗选》提要""《群雅集》提要"。

主要参考文献

一 历史文献

白居易著，朱金城笺校：《白居易集笺校》，上海古籍出版社1988年版。

包世臣：《艺舟双楫》，浙江人民美术出版社2017年版。

鲍廷博：《知不足斋丛书》，民国十年上海古书流通处影印本。

蔡显：《闲渔闲闲录》，民国初《嘉业堂丛书》本。

曹溶：《静惕堂诗集》，清雍正刻本。

曹溶：《静惕堂书目》，成文出版社1978年版《书目类编》本。

陈鼎：《留溪外传》，《四库全书存目丛书》本。

陈济生辑：《启祯遗诗》，《四库禁毁书丛刊》本。

陈枚辑，陈德裕增辑：《凭山阁增留青新集》，《四库禁毁书丛刊》本。

陈鳣著，李林点校：《陈鳣集》，浙江古籍出版社2018年版。

陈智超：《美国哈佛大学哈佛燕京图书馆藏明代徽州方氏亲友手札七百通考释》，安徽大学出版社2001年版。

陈子龙等编：《明经世文编》，中华书局1962年版。

《（道光）河内县志》，清道光五年刻本。

邓汉仪辑：《诗观初集》，《四库禁毁书丛刊》本。

丁秉仁撰，袁建校点：《瑶华传》，辽沈书社1992年版。

丁申：《武林藏书录》，载祁承㸁等撰《澹生堂藏书约（外八种）》，上海古籍出版社2005年版。

鄂尔泰修：《云南通志》，台湾商务印书馆1986年影印《文渊阁四库全书》本。

法式善：《存素堂文集续集》，上海古籍出版社 1996—2003 年影印《续修四库全书》本。

法式善撰，涂雨公点校：《陶庐杂录》，中华书局 1997 年版。

方苞：《方望溪全集》，中国书店 1991 年版。

冯梦祯撰，丁小明点校：《快雪堂日记》，凤凰出版传媒集团、凤凰出版社 2010 年版。

傅习、孙存吾辑：《皇元风雅》，上海商务印书馆 1919 年影印《四部丛刊初编》本。

傅增湘：《藏园群书题记》，上海古籍出版社 1989 年版。

高纲：《雪声轩诗集》，清增刻本。

耿定向辑著，毛在增补：《先进遗风》，中华书局 1985 年版《丛书集成初编》本。

顾嗣立：《秀埜草堂诗集》，《清代诗文集汇编》本。

顾炎武：《顾亭林诗文集》，中华书局 1983 年版。

顾炎武著，黄汝成集释：《日知录集释》，岳麓书社 1994 年版。

管庭芬撰，张廷银整理：《管庭芬日记》，中华书局 2013 年版。

归有光：《归有光全集》，上海人民出版社 2015 年版。

海瑞著，李锦全、陈宪猷点校：《海瑞集》，海南出版社 2003 年版。

何伟然、丁允和选：《皇明十六家小品》，《四库全书存目丛书》本。

洪良浩：《耳溪洪良浩全书》，韩国民族文化社 1980 年影印本。

洪良浩：《耳溪集》《耳溪外集》，韩国民族文化推进会 1998 年《影印标点韩国文集丛刊》本。

洪亮吉著，陈迩冬校点：《北江诗话》，人民文学出版社 1983 年版。

胡泰选：《倦圃曹先生尺牍》，清康熙、雍正年间含晖阁刻本。

胡应麟：《少室山房笔丛》，上海书店出版社 2009 年版。

华淑辑：《明诗选》，《四库禁毁书丛刊》本。

黄丕烈著，余鸣鸿、占旭东点校：《黄丕烈藏书题跋集》，上海古籍出版社 2013 年版。

黄容、王维翰辑：《尺牍兰言》，《四库禁毁书丛刊》本。

黄汝铨选：《曹秋岳先生尺牍》，清康熙刻本。

纪昀等:《钦定四库全书总目(整理本)》,中华书局1997年版。

蒋超伯:《南漘楛语》,清同治刻本。

兰陵笑笑生:《金瓶梅》,作家出版社2010年版。

李乐:《见闻杂记》,明万历刻清补修本。

李绿园著,栾星校注:《歧路灯》,中州古籍出版社1998年版。

李日华著,屠友祥校注:《味水轩日记》,上海远东出版社1996年版。

李卫等监修:《(雍正)畿辅通志》,北京燕山出版社2019年版。

李煦撰,张书才、樊志斌笺注:《虚白斋尺牍笺注》,中华书局2013年版。

李渔辑:《尺牍初征》,《四库禁毁书丛刊》本。

李渔辑:《四六初征》,《四库禁毁书丛刊》本。

李渔:《李渔全集》,浙江古籍出版社2014年版。

[韩]林基中编:《燕行录全集》,韩国东国大学校出版部2001年版。

刘瑞:《五清集》,明刻本。

刘士鳞辑评:《明文霱》,《四库禁毁书丛刊》本。

陆陇其:《三鱼堂书目》,载陈红彦主编《国家图书馆藏稀见书目书志丛刊》第二册,国家图书馆出版社2017年版。

陆陇其修,傅维櫺纂:《(康熙)灵寿县志》,清康熙二十五年(1686)刻本。

陆陇其著,王群栗点校:《陆陇其集》,浙江古籍出版社2018年版。

陆陇其撰,陈春俏点校:《三鱼堂日记》,中华书局2016年版。

陆容撰,李健莉校点:《菽园杂记》,上海古籍出版社2012年版。

陆之裘辑:《太仓文略》,明嘉靖二十二年(1543)王梦祥刻本。

缪荃孙著,张廷银、朱玉麒主编:《缪荃孙全集·日记》,凤凰出版社2014年版。

缪荃孙:《藕香零拾》,中华书局1999年影印本。

缪荃孙:《艺风堂文续集·外集》,《续修四库全书》本。

潘江辑:《龙眠风雅续集》,《四库禁毁书丛刊》本。

潘奕隽:《三松堂集·续集》,《清代诗文集汇编》本。

蒲松龄著,任笃行辑校:《全校会注集评聊斋志异》,齐鲁书社2000年版。

祁彪佳著,张天杰点校:《祁彪佳日记》,浙江古籍出版社2016年版。

祁承爜等：《澹生堂藏书约（外八种）》，上海古籍出版社 2005 年版。

钱镜塘辑：《钱镜塘藏明代名人尺牍》，上海古籍出版社 2002 年版。

钱谦益撰，陈景云注：《绛云楼书目》，中华书局 1985 年影印《丛书集成初编》本。

钱谦益著，钱曾笺注，钱仲联标校：《牧斋有学集》，上海古籍出版社 1996 年版。

钱泰吉：《甘泉乡人稿》，清同治十一年刻本。

钱仪吉：《衍石斋记事稿》，《续修四库全书》本。

钱曾撰，丁瑜点校：《读书敏求记》，书目文献出版社 1984 年版。

《清高宗实录》，中华书局 1986 年影印《清实录》本。

全祖望撰，朱铸禹汇校集注：《全祖望集汇校集注》，上海古籍出版社 2000 年版。

上海书店出版社编：《清代文字狱档》，上海书店出版社 2007 年版。

沈初等撰，杜泽逊、何灿点校：《浙江采集遗书总录》，上海古籍出版社 2010 年版。

沈善洪主编：《黄宗羲全集》，浙江古籍出版社 2005 年版。

沈维材：《樗庄文稿》，上海古籍出版社 2010 年影印《清代诗文集汇编》本。

素尔讷等纂修，霍有明、郭海文校注：《钦定学政全书校注》，武汉大学出版社 2009 年版。

孙枝蔚：《溉堂集》下册，上海古籍出版社 1979 年版。

孙致中等校点：《纪晓岚文集》，河北教育出版社 1995 年版。

唐顺之：《荆川集·文集》，《四部丛刊初编》本。

田茂遇辑，乔钵增辑：《燕台文选初集》八卷《补遗》一卷，《四库禁毁书丛刊》本。

屠英等修，江藩等纂：《（道光）肇庆府志》，上海书店、巴蜀书社、江苏古籍出版社 2003 年影印《中国地方志集成》本。

汪璐辑，傅以礼撰，李希圣撰，李慧、主父志波校点：《藏书题识、华延年室题跋、雁影斋题跋》，上海古籍出版社 2009 年版。

王夫之：《永历实录》，岳麓书社 1982 年版。

王甫白辑评：《古文未曾有集》，《四库禁毁书丛刊》本。

王懋竑:《白田草堂存稿》,《四库全书存目丛书》本。

王士禛撰,张鼎三点校:《王士禛全集·居易录》,齐鲁书社 2007 年版。

王希伊:《清白堂存稿》,抄本。

王锡侯辑:《国朝诗观》,《四库禁毁书丛刊》本。

王先谦、朱寿朋:《东华续录》,上海古籍出版社 2008 年影印本。

王显曾纂:《(乾隆)华亭县志》,清乾隆年间刻本。

王晫:《霞举堂集》,清康熙刻本。

吴光酉等撰,褚家伟、张文玲点校:《陆陇其年谱》,中华书局 1993 年版。

吴晗辑:《朝鲜李朝实录中的中国史料》,中华书局 1980 年版。

吴敬梓著,洪江校点:《儒林外史》,上海古籍出版社 2012 年版。

吴骞:《皇氏论语义疏参订》,钞本。

吴乔:《围炉诗话》,《续修四库全书》本。

谢应芳:《龟巢稿》,商务印书馆 1936 年影印《四部丛刊三编》本。

徐乾学:《传是楼书目》,清道光八年味经书屋钞本。

徐乾学:《憺园文集》,清康熙冠山堂刻本。

徐世昌辑:《晚晴簃诗汇》,中国书店出版社 1988 年版。

徐树丕:《识小录》,民国《涵芬楼秘笈》本。

徐文弼辑:《汇纂诗法度针》,《四库禁毁书丛刊》本。

〔朝〕徐滢修:《明皋全集》,韩国民族文化推进会 1998 年《影印标点韩国文集丛刊》本。

许宝衡著,许恪儒整理:《许宝衡日记》,中华书局 2010 年版。

许自昌:《樗斋漫录》,明万历刻本。

颜光敏辑:《颜氏家藏尺牍》,商务印书馆 1935 年影印《丛书集成初编》本。

杨浚:《冠悔堂诗钞》,《清代诗文集汇编》本。

叶昌炽著,王欣夫补正,徐鹏辑:《藏书纪事诗》,上海古籍出版社 1989 年版。

叶昌炽:《奇觚庼文集》,民国十年刻本。

叶昌炽:《缘督庐日记抄》,民国上海蟫隐庐石印本。

叶德辉:《书林清话 书林余话》,岳麓书社 1999 年版。

叶德辉著,李庆西标校:《书林清话》,复旦大学出版社 2008 年版。

叶元章、钟夏选注：《朱彝尊选集》，上海古籍出版社1991年版。

永瑢、纪昀主编：《四库全书总目提要》，海南出版社1999年版。

俞炳坤、张书才主编：《乾隆朝惩办贪污档案选编》，中华书局1994年版。

俞樾著，张燕婴整理：《春在堂书札》，凤凰出版社2021年版。

臧懋循撰，赵红娟点校：《臧懋循集》，浙江古籍出版社2012年版。

翟灏：《四书考异》，《续修四库全书》本。

张伯伟编：《朝鲜时代书目丛刊》，中华书局2004年版。

张潮编，刘仁整理：《尺牍友声集·尺牍偶存》，凤凰出版社2022年版。

张潮编，王定勇点校：《尺牍友声集·尺牍偶存》，黄山书社2020年版。

张世法：《（乾隆）房山县志》（即张世法个人之诗文集《大房纪胜》），
　　清乾隆四十一年刻本传钞本。

张书才主编：《纂修四库全书档案》，上海古籍出版社1997年版。

张天杰主编：《陆陇其全集》，中华书局2020年版。

张廷玉等：《明史》，中华书局1974年版。

张萱：《西园闻见录》，民国哈佛燕京学社印本。

张以忠辑：《陈明卿先生评选古今文统》，《四库禁毁书丛刊》本。

昭梿撰，何英芳点校：《啸亭杂录》，中华书局1980年版。

赵南星：《味檗斋文集》，中华书局1985年版《丛书集成初编》本。

赵翼著，李学颖、曹光甫校点：《瓯北集》，上海古籍出版社1997年版。

周亮工著，张朝富点校：《因树屋书影》，凤凰出版社2018年版。

周清原著，周楞伽整理：《西湖二集》，人民文学出版社2006年版。

周用：《周恭肃公集》，明嘉靖刻本。

周在浚等辑：《尺牍新钞》，《四库禁毁书丛刊》本。

朱豹：《朱福州集》，明嘉靖刻本。

朱睦㮮：《万卷堂书目》，《观古堂书目丛刊》本。

朱隗辑评：《明诗平论二集》，《四库禁毁书丛刊》本。

朱锡经编：《朱珪年谱》，清嘉庆年间刻本。

朱彝尊著，王利民校点：《曝书亭全集·曝书亭集》，吉林文史出版社2009
　　年版。

朱彝尊、汪森编：《词综》，上海古籍出版社1978年版。

二 近现代著作

[英] 阿尔比盖·威廉姆斯:《以书会友——十八世纪的书籍社交》,何芊译,北京大学出版社 2021 年版。

[澳] 安冬篱:《说扬州》,李霞、李恭忠译,北京联合出版公司 2022 年版。

[美] 包筠雅:《文化贸易:清代至民国时期四堡的书籍交易》,刘永华、饶佳荣等译,北京大学出版社 2015 年版。

[英] 彼得·伯克:《语言的文化史》,李宵翔等译,北京大学出版社 2020 年版。

陈宝良:《明代社会生活史》,中国社会科学出版社 2004 年版。

陈宝良:《中国的社与会》,中国人民大学出版社 2011 年版。

陈冠至:《明代的江南藏書:五府藏書家的藏書活動與藏書生活》,(台湾)明史研究小组 2006 年印行。

崔建英辑订,贾卫民、李晓亚参订:《明别集版本志》,中华书局 2006 年版。

[英] 崔瑞德、[美] 牟复礼编:《剑桥中国明代史 1368—1644》下卷,杨品泉等译,中国社会科学出版社 2006 年版。

[日] 大木康:《明末江南的出版文化》,周保雄译,上海古籍出版社 2014 年版。

[美] 戴思哲:《中华帝国方志的书写、出版与阅读:1100—1700 年》,向静译,上海人民出版社 2022 年版。

傅增湘撰,王菡整理:《藏园群书校勘跋识录》,中华书局 2012 年版。

顾志兴:《浙江藏书家藏书楼》,浙江人民出版社 1987 年版。

何朝晖:《晚明士人与商业出版》,上海古籍出版社 2019 年版。

何宗美:《明末清初文人结社研究》,南开大学出版社 2003 年版。

何宗美:《明末清初文人结社研究续编》,中华书局 2006 年版。

黄爱平:《〈四库全书〉纂修研究》,中国人民大学出版社 1989 年版。

黄镇伟:《坊刻本》,江苏古籍出版社 2002 年版。

[美] 贾晋珠著,李国庆统校:《谋利而印:11 至 17 世纪福建建阳的商业出版者》,邱葵等译,福建人民出版社 2019 年版。

[日] 井上进:《中国出版文化史》,李俄宪译,华中师范大学出版社 2015

年版。

［英］柯律格：《雅债：文徵明的社交性艺术》，刘宇珍、邱士华、胡隽译，生活·读书·新知三联书店2012年版。

孔令升：《清代文字狱解密》，古吴轩出版社2013年版。

刘尚恒：《鲍廷博年谱》，黄山书社2010年版。

孟森：《心史丛刊》，岳麓书社1986年版。

［法］米盖拉、朱万曙主编：《徽州：书业与出版文化》（《法国汉学》第13辑），中华书局2010年版。

启功著，赵仁珪等编：《启功讲学录》，北京师范大学出版社2004年版。

秦宗财：《明清文化传播与商业互动研究——以徽州出版与徽商为中心》，学习出版社2015年版。

沈津：《伏枥集》，广西师范大学出版社2019年版。

［日］松浦章：《清代帆船与中日文化交流》，张新艺译，上海科学技术文献出版社2012年版。

眭骏：《王芑孙研究》，华东师范大学出版社2011年版。

王勇等：《中日书籍之路研究》，北京图书馆出版社2003年版。

文革红：《乾嘉时期小说书坊与通俗小说》，世界图书出版社广东有限公司2015年版。

文革红：《清代前期通俗小说刊刻考论》，江西人民出版社2008年版。

项旋：《皇权与教化：清代武英殿修书处研究》，中国社会科学出版社2020年版。

谢国桢：《明清之际党社运动考》，辽宁教育出版社1998年版。

谢正光、佘汝丰编著：《清初人选清初诗汇考》，南京大学出版社1998年版。

徐雁平：《清代的书籍流转与社会文化》，南京大学出版社2021年版。

杨丽莹：《扫叶山房史研究》，复旦大学出版社2013年版。

杨雨蕾：《燕行与中朝文化关系》，上海辞书出版社2011年版。

俞士玲：《明代书籍生产与文化生活》，南京大学出版社2022年版。

张舰戈：《隐于书后：17世纪江南汪氏书坊经营实录》，文化艺术出版社2022年版。

张鹏程等：《物质文化的历史计量〈天水冰山录〉及其拓展研究》，三秦出版社 2017 年版。

张升编著：《历史文献学》，北京师范大学出版社 2016 年版。

[美] 张婷：《法律与书商：商业出版与清代法律知识的传播》，张田田译，社会科学文献出版社 2022 年版。

张献忠：《从精英文化到大众传播——明代商业出版研究》，广西师范大学出版社 2015 年版。

张秀民著，韩琦增订：《中国印刷史（插图珍藏增订版）》，浙江古籍出版社 2006 年版。

赵益：《中国古代文献：历史、社会与文化》，南京大学出版社 2022 年版。

郑伟章编著：《书林丛考：增补本》，岳麓书社 2008 年版。

郑伟章：《文献家通考（清—现代）》，中华书局 1999 年版。

郑幸：《清代刻工与版刻字体》，中华书局 2022 年版。

郑逸梅：《艺林散叶续编（新 1 版）》，中华书局 2005 年版。

[美] 周启荣：《中国前近代的出版、文化与权力：16—17 世纪》，张志强等译，商务印书馆 2023 年版。

周少川：《藏书与文化：古代私家藏书文化研究》，北京师范大学出版社 1999 年版。

[美] 周绍明：《书籍的社会史——中华帝国晚期的书籍与士人文化》，何朝晖译，北京大学出版社 2009 年版。

三　论文

曹之：《"书帕本"考辨》，《图书情报知识》1989 年第 1 期。

陈东：《关于皇侃〈论语义疏〉的整理与研究》，《恒道》2005 年第 3 期。

陈水云、孙婷婷：《汪森年表》，载杜桂萍主编《明清文学与文献》第四辑，社会科学文献出版社 2016 年版。

陈谊：《嘉业堂刻书研究》，博士学位论文，复旦大学，2009 年。

程国赋：《明代坊刊小说稿源研究》，《文学评论》2007 年第 3 期。

董火民：《中国古代抄书研究》，博士学位论文，山东大学，2011 年。

杜桂萍：《袁骏〈霜哺篇〉与清初文学生态》，《文学评论》2010 年第 5 期。

傅金柱、黄雅琴：《明清时代的两个流通书约》，《江苏图书馆学报》1994

年第 6 期。

顾国瑞、刘辉：《〈尺牍偶存〉、〈友声〉中的戏曲史料》，《文史》1982 年
　　第 15 辑。

顾洪：《王亶望与〈知不足斋丛书〉本〈论语义疏〉》，《文史》1987 年第
　　28 辑。

顾洪：《皇侃〈论语义疏〉释文辨伪一则》，《文史》1985 年第 25 辑。

郭孟良：《书帕略说》，《寻根》2010 年第 2 期。

何朝晖：《对象、问题与方法：中国古代出版史研究的范式转换》，《中国
　　出版史研究》2017 年第 2 期。

何朝晖：《试论中国传统雕版书籍的印数及相关问题》，《浙江大学学报》
　　（人文社会科学版）2010 年第 1 期。

胡先媛：《祭书与尊祖敬宗》，《中国典籍与文化》1997 年第 4 期。

花家明：《文化传播视野中的中国古代书籍的流通形式》，《图书馆论坛》
　　2007 年第 2 期。

黄裳：《祭书》，《读书》1980 年第 4 期。

汲言斌：《曹溶与〈流通古书约〉》，《图书馆工作与研究》2012 年第 7 期。

江庆柏：《四库全书私人呈送本中的家族本》，《图书馆杂志》2007 年第
　　1 期。

江庆柏：《图书与明清苏南社会》，《中国典籍与文化》1999 年第 3 期。

蒋寅：《清诗话的写作方式及社会功能》，《文学评论》2007 年第 1 期。

李杰：《我国古代文献流通形式初探》，《山东图书馆季刊》1996 年第 3 期。

李军：《朱彝尊、曹溶藏书交流考述》，载王绍仕主编《江南藏书史话》，
　　上海古籍出版社 2009 年版。

李乔：《鲁迅祭书神小考》，《群言》2021 年第 9 期。

李玉玲：《皇侃〈论语义疏〉堂本、斋本比较研究》，硕士学位论文，曲
　　阜师范大学，2013 年。

刘昊：《书生的旧业——〈三鱼堂书目〉抄本与陆陇其的书籍世界》，《古
　　典文献研究》2023 年第二十六辑上。

刘咏梅：《皇侃〈论语义疏〉研究》，硕士学位论文，曲阜师范大学，
　　2006 年。

罗时进：《作为清代文学批评形式的"岁末祭诗"》，《文艺研究》2017 年第 8 期。

秦曼仪：《书籍史方法论的反省与实践——马尔坦和夏提埃对于书籍、阅读及书写文化史的研究》，《台大历史学报》2008 年第 41 期。

石祥：《签条与封面：书籍史与印刷史的考察》，《古典文献研究》2022 年第二十五辑上。

孙卫国：《乾嘉学人与朝鲜学人之交游——以纪晓岚与洪良浩之往来为中心》，《文史哲》2014 年第 1 期。

汪小虎：《明代颁历民间及财政问题》，《自然科学史研究》2013 年第 1 期。

汪小虎：《明代颁历制度研究》，博士学位论文，上海交通大学，2011 年。

王定勇：《从〈尺牍友声〉〈尺牍偶存〉看清初扬州刻书业》，《古典文献研究》2017 年第二十辑下。

王国强：《从〈金瓶梅词话〉看明代的"书帕"本》，《图书馆研究与工作》1987 年第 4 期。

王国强：《关于"书帕本"的补充材料》，《郑州大学学报》（哲学社会科学版）1990 年第 5 期。

王建国：《明代北京的民间抄书活动》，《北京社会科学》2004 年第 3 期。

王文：《曹溶及其〈流通古书约〉》，《图书馆学研究》1984 年第 3 期。

吴世灯：《清代福建四堡刻书业调查报告》，载叶再生主编《出版史研究》第二辑，中国书籍出版社 1994 年版。

徐健：《试论〈流通古书约〉与〈古欢社约〉的图书馆流通思想》，《河南图书馆学刊》2001 年第 6 期。

徐雁平：《〈管庭芬日记〉与道咸两朝江南书籍社会》，《文献》2014 年第 6 期。

徐雁平：《用书籍编织世界——黄金台日记研究》，《学术研究》2015 年第 12 期。

易雪梅、曾雪梅：《阅微草堂收藏诸老尺牍》，《文献》2005 年第 2 期。

袁逸：《古代的征文征稿》，《光明日报》2000 年 6 月 28 日第 B3 版。

云妍、陈志武、林展：《清代官绅家庭资产结构一般特征初探——以抄产档案为中心的研究》，《金融研究》2018 年第 2 期。

云妍：《从数据统计再论清代的抄家》，《清史研究》2017 年第 3 期。

云妍：《十八世纪中国官绅的私人物品与文化收藏——1782 年闽浙总督陈辉祖的家产清单研究》，《暨南学报》（哲学社会科学版）2016 年第 11 期。

曾主陶：《中国古代文献流通管理（三）·文献流通的辅助形式：借阅与赠送》，《图书馆》1991 年第 6 期。

张丽娟、乔红霞：《来集之〈倘湖樵书〉与〈博学汇书〉版刻考》，《古籍整理研究学刊》2015 年第 2 期。

张升：《朝鲜文献与四库学研究》，《社会科学研究》2007 年第 1 期。

张升：《从"文字狱档"看清代以书为礼现象》，载杨共乐主编《史学理论与史学史学刊（2019 年下卷）》总第 21 卷，社会科学文献出版社 2020 年版。

张升：《法式善与〈四库全书〉》，载周少川主编《历史文献研究》总第 29 辑，华东师范大学出版社 2010 年版。

张升：《纪昀致朝鲜使臣书信四通辑考》，《古籍整理研究学刊》2013 年第 5 期。

张升：《晚明清初江南征稿之风初探》，载周少川主编《历史文献研究》总第 28 辑，华东师范大学出版社 2009 年版。

张升：《以书为礼：明代士大夫的书籍之交》，《北京师范大学学报》（社会科学版）2017 年第 5 期。

张升等：《论题：明清民间社会的"书籍之交"》，《历史教学问题》2015 年第 4 期。

赵益：《"装订"作为书籍"交流循环"的环节及其意义：一个基于比较视野的书籍史考察》，《中国出版史研究》2021 年第 3 期。

周生春、孔祥来：《宋元图书的刻印、销售价与市场》，《浙江大学学报》（人文社会科学版）2010 年第 1 期。

周中梁：《明代大统历日的流通方式》，《辽宁工程技术大学学报》（社会科学版）2012 年第 6 期。